U0810552

车轮上的历史

[英] 汤姆·斯丹迪奇 …………著
Tom Standage
李晓霞…………译

中信出版集团 | 北京

图书在版编目（CIP）数据

车轮上的历史 / (英) 汤姆 · 斯丹迪奇著; 李晓霞译. -- 北京 : 中信出版社, 2023.2

书名原文: A BRIEF HISTORY OF MOTION：From the Wheel, to the Car, to What Comes Next?

ISBN 978-7-5217-4964-9

Ⅰ. ①车… Ⅱ. ①汤… ②李… Ⅲ. ①交通运输史－世界 Ⅳ. ①U-091

中国版本图书馆CIP数据核字（2022）第223143号

A BRIEF HISTORY OF MOTION: From the Wheel, to the Car, to What Comes Next? by Tom Standage
Copyright © 2021 by Tom Standage. All rights reserved.
Simplified Chinese translation copyright ©2023 by CITIC Press Corporation
ALL RIGHTS RESERVED
本书仅限中国大陆地区发行销售

车轮上的历史
著者： ［英］汤姆 · 斯丹迪奇
译者： 李晓霞
出版发行：中信出版集团股份有限公司
（北京市朝阳区东三环北路 27 号嘉铭中心 邮编 100020）
承印者： 宝蕾元仁浩（天津）印刷有限公司

开本：880mm×1230mm 1/32 印张：10.75 字数：206 千字
版次：2023 年 2 月第 1 版 印次：2023 年 2 月第 1 次印刷
京权图字：01–2022–7017 书号：ISBN 978–7–5217–4964–9
定价：79.00 元

版权所有 · 侵权必究
如有印刷、装订问题，本公司负责调换。
服务热线：400–600–8099
投稿邮箱：author@citicpub.com

献给克里斯汀，

坐在我副驾驶座上的终身伴侣，

感谢你与我风雨同行

目 录

前言

与科技相关的许多问题之所以会出现，是因为一些表面看起来人畜无害的技术一旦被大规模使用，就会产生不可预见的后果。

——梅尔文·克兰兹伯格（1917—1995），美国历史学家

汽车时代是如何开始的呢？传统的版本通常是这样的。

19 世纪 90 年代，西方的大城市面临着一个日趋严重的问题。马车已经使用了数千年，很难想象没有马车的生活会是什么样子，但是随着 19 世纪马车大规模增加，这种交通工具的弊端在人口稠密的城市变得越来越明显：街道上堆积着马粪，可以想象那种恶臭，令人无处可逃。19 世纪 90 年代，仅在伦敦的街道上，就有 30 万匹马在奔跑；在纽约，这一数字也超过 15 万。每匹马平均每天产生 10 公

斤的马粪，外加约1升的马尿。从马厩和街道上清理数以千吨计的污秽物成为每天城市运行中越来越大的负担。

这个问题实际上已经持续几十年了。1857年，纽约市的一位报纸编辑写道：“除了很少的几条主干道，所有的街道都堆满了马粪，臭气熏天，令人作呕。有些道路上，马粪堆积到车轮下面，车辆几乎无法移动。”在其他美国城市，居民们也抱怨说，街道“比猪圈还脏”“肮脏极了”“太不利于健康了”。空气中充满了可怕的恶臭。每逢下雨，街道有如泥泞的粪坑。19世纪90年代，一位来自伦敦的亲历者描述说，经常淹没该市主干道斯特兰德大街的“泥浆”（维多利亚时代颇有教养的人普遍接受的委婉说法）就像豌豆浓汤一样黏稠。路过的车辆“会把这些浓汤甩上人行道，溅到男人的裤子和女人的裙子上”，邻近的房屋和店面都跟着“沾光”。

在大城市，马路清洁车可以帮助富人过马路，只需要付一点儿费用，清洁车就可以帮忙把新鲜的马粪处理掉。但是那些不经常清理的街道，据1899年一位美国作家的说法，“就会覆盖上一层暖暖的棕色碎屑的马粪地毯，臭气熏天。马粪微尘不断飘向四方”，因为把马粪碾压进地面的，是镶了铁的车轮和打了铁的马掌。在一些主要市镇的垃圾场，从街道上清理出来的马粪堆积如山。马厩旁边也堆积着大量粪便，为苍蝇提供了诱人的环境。纽约州罗切斯特市的卫生官员计算过，如果把该市1.5万匹马每年产生的粪便堆积起来，粪堆将高达 175 英尺①，覆盖 1 英亩②土地，并滋生 160 亿只苍蝇。与芝加哥相比，罗切斯特是个小城市，芝加哥的马匹数量是罗切斯特的 5 倍，纽约市则是 10 倍。

所有这些都会对公共健康造成危害。根据《纽约时报》1894 年的报道，纽约市卫生委员会的统计学家发现，“马厩附近 50 英尺内的住宅和学校比离得更远的地方”传染病发病率普遍更高。世纪之交时的一项统计证实，每年有 2 万纽约人死于“从尘埃里飞出的疾病”，对马匹的依赖所造成的健康危害由此可见一斑。更糟糕的是，过度劳累的马匹常常会倒地毙命，它们的尸体往往会被扔在街上，在腐烂了几天后才被肢解、运走，这对健康构成进一步的威胁。19 世纪 80 年代，从纽约市街头运走的死马多达 1.5 万匹。

令人费解的是，从 19 世纪 30 年代就开始出现的蒸汽机车和城际铁路反而使问题变得更加严重。城市之间更快捷、有效的交通增加了城市内部人货快速转移的需求，马车的使用反而增多了。一位观察家在 1872 年写道：“我们对马匹的依赖与对蒸汽机车的依赖几乎是同步增加的。”结果就是出现了更多的马车、更多的马粪，以及越来越糟糕的拥堵。另一位观察家在 1870 年描述说，在一天中的某些时候，曼哈顿的百老汇“几乎无法通行”。1890 年，《科学

---

① 1 英尺 =0.304 8 米。——编者注

② 1 英亩 ≈4 046.86 平方米。——编者注

美国人》杂志观察到，“每周有三四天的时间，这座城市南部地区的街道都会拥堵到水泄不通”。而马车一旦动起来，打了铁的马掌和铁皮包裹的车轮就会在不平整的路面上轰轰作响，震耳欲聋。19 世纪 90 年代，交通噪声淹没了纽约街头的窃窃私语，正常谈话成为一种奢望。为了减少噪声，医院和一些私人住宅有时会在墙外的路面铺上稻草。

污染、拥堵和噪声只是人们过多使用马车的表象。1872 年 10 月，北美暴发了一场马流感，所有的马匹和骡子都病倒了几周。这一事件让人们意识到一个严酷的现实：人类社会对畜力的依赖已经过分严重了，失去畜力对日常生活造成的冲击简直无法想象。《纽约时报》指出，街道上的“载重马车、运货马车、快运货车和所有普通车辆都消失了”。《国家报》写道：“目前的疫情让我们认识到一个令人震惊的事实，如果马匹作为劳动力突然消失，我们的工商业将遭到彻底破坏。”该报接着评论说，马匹和马厩“是巨型社会机器的轮子，它们如果停止转动，就会给各个阶层、各种生活水平的人造成伤害，对商业、农业、贸易和社会生活造成伤害”。

尽管如此，大西洋两岸的国家对马匹的依赖依然有增无减。从 1870 年到 1900 年，美国城市的马匹数量增长了 4 倍，人口却只增长了一倍。到 20 世纪初，英国每 10 人就拥有一匹马，美国则是每 4 人拥有一匹。为马匹提供干草和燕麦需要大片的农田，这样一来，供人们种植粮食的农田就减少了。美国有 1/3 的农田被用来供养 2 000 万匹马，而英国足足有350万匹马的饲料长期依赖进口。

马匹变成了一种既不可或缺又不可持续的存在。对新技术的支持者来说，解决方案显而易见：甩掉马匹，用自动推进的机动车取而代之。这种车在当时被称作“无马马车”，今天我们叫它汽车。

近些年来，人们开始引用这一事件（有时被称为“马粪大危机”，尽管当时并没有人这样称呼它）来印证创新的力量，并以此为例来证明，看似棘手的问题一旦出现，简单的技术解决方案就会应运而生——所以没有必要担心例如气候变化之类的事情。实际上，我们恰恰应该朝着相反的方向去思考：今天看似可以快速解决问题的方法，很可能会在明天产生严重且出乎意料的长期后果。从马车到汽车的转变，看似是一个美妙且及时的技术解决方案，事实却并非如此，因为汽车以各种出乎意料的方式改变了世界——从城市地理到石油地缘政治——并衍生出各种各样由其自身带来的问题。

今天，不可持续的不再是马匹，而是汽车。1895年创办的《无马时代》杂志在支持汽车技术时曾自豪地宣称，由于汽车轮胎是橡胶的，“各市、镇街道上的噪声与车轱辘的碾轧声将会减少”。可是在今天的百老汇大街上，噪声仍然大到让人很难沉思静想。在今天的伦敦市中心，汽车行驶的平均速度为每小时8英里[①]，与19世纪90年代的马车

① 1英里≈1.61千米。——编者注

速度持平。这与人们当初的预测——汽车在道路上占用的空间更小，因此会减少拥堵——非常不符。交通事故是世界范围内人员伤亡的主要原因。一天中平均 95% 的时间汽车都是闲置的，停车占用了大量土地。人类居住的城市此刻成了汽车的宿舍。《无马时代》宣称："让马匹远离城市街道，在卫生方面也是一件幸事。"可事实上，汽车产生的污染不但通过有毒气体和微粒对人体健康造成威胁，也通过温室效应改变气候对地球造成了伤害。简言之，尽管汽车污染比马粪更难察觉，危害却是有过之无不及。

今天我们所面临的这些问题为我们讲述汽车故事提供了一个全新视角，迫使我们对当初采纳汽车技术的做法进行重新思考。因为一个多世纪之后我们发现，人类不得不再次面对如何解决主要城市交通工具的可持续问题。和 19 世纪 90 年代一样，我们正走向一个岔路口，但这一次，历史会帮助我们做出正确选择。

正像当年人们难以想象没有马匹的社会将如何运转一样，今天，我们也很难想象没有了触目可见的汽车，现代社会将会如何。不过，又一场流行病出现了，城市的街道再次冷清下来，让人们得以窥视远离汽车后的生活。与 19 世纪 90 年代相似，出于对环境、安全以及拥堵的担忧，人们越来越认识到改变的必要性，开始争相考虑众多新出现的替代方案。

"无马马车"的形状和尺寸多种多样，驱动力也不一而足，主要包括内燃机、电动机和蒸汽。哪种车最终会盛行还不得而知，人们甚至还不知道该怎么称呼这些车。与马车一样,“无马马车”也被认为是只有富人才买得起的东西。但对那些不太富裕的人来说，叫出租车至少会便宜一些，因为没有了马匹，运营成本降低了。1899 年 6 月，《洛杉矶时报》发表了一篇题为“汽车来了”的文章，向城市居民简单介绍了这些“外形奇特，移动迅速，构造精巧的汽车”。文章预测，在一年之内，“人们就会在洛杉矶的大街小巷看到汽车，就像现在纽约、伦敦和巴黎的居民对汽车已经司空见惯了一样。舒适、便捷、廉价、快速，汽车的这些特点决定了它最终会流行起来”。文章进一步解释说，“人们普遍认为，电动汽车现在是最适合城市使用的”。将电动汽车引入洛杉矶，市民可以获得“比现在更便宜的出租车服务……因为比起养护马匹和保养马车的成本，维护电动出租车的成本要低得多”。然而，去过洛杉矶的人肯定都会注意到，最终结果并非如此：大多数人不会去叫电动出租车。

19 世纪 90 年代，一切都还悬而未决。尽管变化已不可避免，但是没有人知道无马时代的世界会是什么样子。今天，随着一些新的出行方式突然涌现，人们又一次感受到变化、机遇与不确定性。电动汽车在 20 世纪早期未能起飞，却在一个世纪后占据优势。尽管拥堵和安全方面的问题依然存在，但是将汽车全部转变为电能驱动可以大大减少对环境的影响。与此同时，智能手机应用程序使公共交通服务变得容易很多，只需在打车软件上轻按几下就能叫到出租车，而基于应用程序的汽车租赁和汽车共享服务更是可以让人们轻松地租到汽车，租期从几个小时到几天都可以。在许多城市的街角，我们可以看到按分钟计时的共享单车和电动车。一些更加不同凡响的出行方式也纷至沓来。自动驾驶汽车的支持者预测，在需要时叫来一辆自动驾驶出租车总体上会比拥有汽车更便宜，同时还可以减少交通拥堵和车祸伤亡。雄心勃勃的新兴公司开始研发所谓的飞行汽车——一种大到足以载客的巨型无人机。

重温汽车的历史，了解汽车如何改变世界，我们可以从中看到社会力量、政治力量和技术力量是如何相互作用并产生意料之中和意想之外的结果的。这样，我们就可以更好地理解这些最新的出行方式。这就是本书要讲述的故事，将汽车的崛起和城市交通的未来放在一个更广阔的历史背景中。我们的故事从古老的地中海东部沿岸地区开始，然后转向欧洲。最终，在很大程度上，它将是一个以美国为中心的故事，因为美国在全球汽车习俗和文化的发展中扮演了极为重要的角色——从小小的停车标志，到巨型的购物中心。本书将探讨汽车塑造现代世界的各种方式，其中许多我们已经熟悉到视而不见的程度。为什么红色表示"停"，绿色表示"行"？为什么有些国家靠左行驶，有些国家靠右行驶？汽车如何重新定义了约会、饮食和购物？这些问题并非无足轻重，它们提醒我们，看似不重要的决定可能会在未来几十年甚至几百年后产生重大影响——这是我们未来再做抉择时必须铭记于心的。人们现在的许多习惯、行为以及对汽车的态度，都是在20世纪上半叶一个短暂时期内形成的，并且一直延续至今。但是我们已经忘记了它们源起何处，也不再对它们产生怀疑，仿佛事情就应该是这样的。

今天，以汽车为中心的文明是数千年来一系列选择的结果。许多选择在当初本可以轻易被改变，但是到了今天却很难被撼动——这就是所谓的“路径依赖”现象。但是，通过了解这些选择和做出选择的背景，我们可以从过去汲取一些教训，以指导今天的行动。

请大家系好安全带，来一场穿越五千年历史的公路之旅吧。从车轮到汽车，再到未来的交通工具——这将是一部人类的移动简史。汽车带来的问题，将会为我们面对新的交通工具及其可能带来的不可预测的影响提供思路。通过总结过去的经验，我们有可能提出更准确的问题，并在未来做出明智的选择。当我们开始把汽车从现代生活的结构中剥离出来时，看看它当初是怎样进入我们的生活的，这样的故事令人神往。

第一章

古代的车轮

车轮上转动的是人类的命运。风水轮流转，没有谁会一直好运。

——希罗多德

历史的转折点

◆

一切要从车轮说起。显然，今天的世界是建立在车轮上的世界，很难想象有一种生活方式会离开轮式交通工具。车轮改变世界的故事，可以追溯到公元前 3500 年——车轮发明的时候。现在回想起来，这个发明让世界焕然一新。车轮的重要性在今天似乎显而易见，然而，把它视为历史上最伟大的发明的说法，是从近代才开始出现的。尤其是刚刚过去的一两个世纪，在车轮运转的世界里，车轮的作用越发显著。轮式交通工具的发展历程并不平坦，也曾经屡遭冷落，甚至抵制。几千年来，人们对车轮的热情起起落落。在一些文化里，尽管知道车轮的存在，人们却拒绝使用它。

一直以来，人们都认为，车轮发明的地点位于底格里斯河和幼发拉底河之间的美索不达米亚，大致相当于现在的伊拉克。这里是城市和文字最早出现的地方之一——在公元前3200年至公元前3000年，是西方文明的摇篮。所以，车轮起源于这里也是合乎常理的。在美索不达米亚已经发现了这一时期车轮的考古证据：从刻在泥板上的象形文字中似乎可以看到轮式马车，尽管它们也有可能是安装在滚轴上的雪橇。这一时期，旋转的（水平式）陶制轮子，已经在该地区被使用，垂直安装的车轮也算不上什么大的飞跃。考古学家认为，车轮的使用一定从发源地美索不达米亚得到迅速传播，因为考古证据表明，几乎同一历史时期，轮式交通工具也出现在北欧和东欧。

不过近几十年来，碳-14年代测定法为车轮最早出现在欧洲的观点提供了证据。目前已知最早的带有车轮的样本，是安装在四个轮子上的陶制公牛模型，出土于乌克兰西部的喀尔巴阡山脉，碳-14测定法推测其年代为公元前3950年至公元前3650年。这个时间比在美索不达米亚找到的轮式交通工具迹象早了几百年。在喀尔巴阡山脉以北，波兰南部的布洛诺西，考古学家在一个陶罐上发现了一个刻有四轮车的图案，经碳-14测定，可追溯到公元前3630年至公元前3380年。在德国北部的弗林特贝克也发现了一些与此匹配，可追溯到公元前3400年的车辙痕迹。似乎当时人们在建造一座坟冢时，使用了一辆轮式车来运土。凹凸不平的车辙显然是车轮轧出来的，而不是雪橇滑出来的。迄今为止，人类发现的最古老的车轮，即所谓的卢布尔雅那沼泽轮，可以追溯到公元前 3200 年左右，发现于今天的斯洛文尼亚。

生活在喀尔巴阡地区的人们在这一时期，也就是众所周知的铜器时代，已经具备了制造轮式车的动机和手段。铜器时代是金属锻造技术的起源期，人们第一次用铜代替了石头来制造工具（人们后来又发现了青铜，一种铜和锡的合金，比单纯的铜更加坚固，由此推动人类进入青铜器时代）。喀尔巴阡山脉拥有丰富的铜矿石，但生产铜需要加工大量的矿石，而矿石必须从山上经手工作业挖出来。随后的搬运则愈加沉重，难上加难。当时的搬运工具仅有柳条编成的背筐以及用雪橇或木制滚轴拖拉的大篮子。

最早的轮子，如卢布尔雅那沼泽轮（可以追溯到大约公元前3200年），是用板条将厚木板固定在一起制成的

图片来源：City Museum of Ljubljana

可以推想，一个富有进取心的矿工力图改进搬运矿石的方式。他做了四个木轮，然后把它们绑在柳条筐的底部，制作出了第一台我们现在称作“矿车”的轮式工具，只不过这个“矿车”是用手推拉的。使用凿子和锛子之类的铜制木工工具劈开木材来制作车轮和车轴完全可能，这些工具都是铜矿工人可以接触到的。与人们的普遍认识不同的是，最早的木制车轮并非由一大根原木切割成圆片制成——这需要金属锯，而金属锯是后来发明的。由原木切片制成的单片车轮通常体积较小（很难在凹凸不平的地面上前行），而且很脆弱。实际上，人们用锤子和楔子将原木从一端到另一端纵向劈开，再从劈开的木板上切割出车轮。将两块或两块以上的木板固定在一起，可以制作出比原木本身直径更大的车轮（例如，卢布尔雅那沼泽轮就是用人们通常称为板条的木条，将两块木板固定在一起制成的）。

历史学家理查德·布利特在 2016 年提出，最早的轮式车是出现在喀尔巴阡山脉的手拉矿车。这一观点也解释了为什么在该地区及周边区域可以发现如此多的关于车轮的早期证据。在喀尔巴阡山脉南侧，考古学家发现了 150 多个刻有四个轮子的陶制饮水器皿，其历史可追溯到公元前 3500 年至公元前 3000 年。这些器皿是在定居点或坟墓中发现的，这表明这些“矿车”不仅仅是工具，还是在当地文化中发挥过重要作用的车辆的模型。车辆本身的个头肯定会更大一些。而且，这些陶制品的许多侧面都刻有看似柳条编织的图案。如果确定这些“矿车”就是最早的轮式交通工具，那么，距离牛拉木制四轮车的诞生就只有一步之遥了。在布洛诺西陶罐刻着的四轮车上，还刻有供两头牛使用的车辕和牛轭，这是最早能够运载重物或人员的车辆。不管车轮和四轮车是起源于欧洲还是美索不达米亚，或是它们之间的地区，即黑海北部的庞蒂克草原，四轮车的概念在联结这几个地区的贸易线上都迅速传播开来。到公元前 3000 年，这三个地区都已经出现了四轮车，尽管这些车辆的用途各不相同。

在波兰南部的布洛诺西，考古学家在陶罐上发现了四轮车的图案，可追溯到公元前3500年左右

图片来源：Wikimedia Commons

面貌迥异的车轮

◆

在欧洲，四轮车似乎主要用于农业，用于长途运输的可能性不大。毕竟，长途运输需要相对平坦、开阔或是养护良好的道路。早期的马车没有转向装置，很难驾驭，同时还需要保养和维护。修理坏了的车轮或车轴需要木工工具，这在车子外出时很难做到。所以早期马车的活动范围可能非常有限。在欧洲，马车的行程可能只局限于特定的农场或社区，比如把粪肥运到田地里，把收获的庄稼和秸秆运回村庄。

然而，在黑海北部和东部的平原上，庞蒂克草原的牧民发现了四轮车的另一种用途：做移动的房屋。用马车运送食物、补给和其他财产，牧民可以带着自己的牛羊深入开阔的大草原。马车以步行的速度缓慢移动，牛群从一片草地转到另一片草地吃草，每天可能走不了多远。“马车坟墓”的考古发现让我们可以看出马车当时的文化意义。“马车坟墓”的每个角落都埋有一个车轮，这使墓穴本身变成了马车，载着它的主人进入来世。这种坟墓最早出现在公元前 3300 年左右的黑海平原上，该地区独特的马车游牧传统持续了数千年。希腊历史学家希罗多德曾经在公元前 5 世纪提到过这种马车游牧传统。公元前 13 世纪，蒙古人开始采用这一传统，并一直持续到现代社会。

在同一时期的美索不达米亚，四轮车的用途扩展到军事和仪仗等领域。一件公元前 2600 年左右的工艺品——美索不达米亚的“乌尔王军旗”，绘制了作为仪仗队一部分的四轮战车的图案。战车由中亚野驴拉动，其中有四辆战车上载有一名驭手、一名战士和一车长矛标枪，可以看出战车是作为移动作战平台使用的。画板上还能看到敌军作战人员被车轮碾轧的场景。不过我们现在还无法证实，这些战车在战斗中是否起到了重要作用，显然，这些战车还不能为驭手或战士提供保护，也不能快速移动。由于缺乏转向装置，战车也不易操作。或许，当时战车的主要用途是运送国王和他的将军们亲临战场（画板上，国王拥有自己的战车，车上没有长矛），或是设置观察哨，或是恐吓敌人。它们也可能会成为胜利游行或葬礼游行队伍的一部分。正如历史学家斯特凡·伯迈斯特所说，轮式交通工具“将人的移动与社会地位完美地结合在了一起”，让美索不达米亚的统治者能够凌驾于臣民之上，赋予了他们站着不动也可以随意移动的超能力。

可追溯到公元前2600年左右的“乌尔王军旗”，描绘了美索不达米亚的轮式车辆

图片来源：Wikimedia Commons

这一时期的轮式车辆对定居点或早期城市的布局影响还很小，甚至可以说根本没有影响。一些最早的人类定居点似乎根本就没有联结各个建筑物的街道。房屋都是紧挨着建造的，人们在屋顶上行走，从一栋建筑走到另一栋，再从天井下来，走到下面的房屋。美索不达米亚的城市在各个主城门之间是有大道的，有些地方还有专门的仪仗通道。这些大道会修得足够宽阔，以供轮式车辆在游行中使用。那些如迷宫般不规则的狭窄街道，可以保护人们免受风吹日晒和沙暴袭击，而适合车辆使用的宽阔、笔直的道路却少有用武之地，因为货物是由搬运工或驮畜运输的。在欧洲和美索不达米亚，定居点的布局——也就是我们现在所说的城市规划——完全是由人本身的需求而不是车辆驱动的。与此相反，对住在马车上的游牧民来说，他们的建造环境不仅仅受到交通工具的影响，实际上就是由交通工具本身组成的。

马车在这三个地区的使用方式明显不同。“乌尔王军旗”上描绘的车轮在外观上就与欧洲和黑海的不同，它由三块木板组装而成，是弯曲的木板，而不是笔直的。这说明，从车轮的诞生地传播开来的，是使用车轮作为工具的设想，而非具体的制造车轮的知识。毕竟，只要看过车轮，你就可以把它描述出来，或者试着自己做一个，这与需要专业知识的新型冶金技术或农业技术是完全不同的。尽管如此，人们还是只有在感觉物有所值时，也就是觉得车轮带来的便捷能抵得过制作它所花费的时间和精力时，才会使用它。这也解释了一个令人惊讶的事实：自从被发明后，车轮在长达几千年的时间里都没有被广泛使用。

古战车的兴衰

♦

以埃及人为例，他们在公元前 3000 年建造金字塔时，并没有使用车轮。对“车轮”这个概念他们肯定是熟悉的，因为与邻国美索不达米亚的贸易既包括实物（如黄金），也包括思想（如文字）。但是埃及人对车轮却并不感兴趣。实际上，运输物品并不是非得使用轮式车辆不成。当拥有尼罗河这条贯穿埃及文明的生命线时，你哪里还要为制作轮式车辆费心呢？就像在美索不达米亚一样，在埃及，使用驳船或木筏在水上运送沉重的货物是最容易的。在陆地上，埃及人使用杠杆和滚轮来移动建筑用的大石块，这个重量对于任何轮式车辆来说都难以承受。还有其他文化也选择了忽视车轮，一种常见的解释是，轮式车辆还需要额外的役畜。但是用牛拉犁的埃及人也一样选择了忽视车轮，撒哈拉以南非洲的牧牛社会也是如此。在美洲，人们也曾经发现配着车轮的小型动物雕像，造出手拉矿车对美洲人来说并非难事，但最终他们得出的结论却是，没有必要如此费劲地制作什么轮式车辆。

配有四个实心木轮的马车笨重而缓慢，因为没有转向系统，只能慢慢转弯，这限制了它们的用途。公元前 3000 年出现的两轮交通工具（即手推车）则更容易操作，可以急转弯，特别是当车轮独立转动，而不是固定在一个轴的两端时。大约从公元前 2000 年开始，两轮车开始演变成一种新的更快捷的交通工具——战车。与手推车一样，两轮战车由一个车轴负载车身，达到平衡。不同的是，战车的车轮是有辐条的，而非实心的。辐条可以使车轮变得更大、更轻，减少滚动阻力，让战车达到前所未有的速度。战车速度的进一步提高还与拉车的役畜由牛变成了马有关。公元前 3500 年左右，在北方的大草原上，人们开始驯养马匹。两匹或四匹马一路小跑，可以将战车的速度提升到每小时 8 英里，是牛拉两轮或四轮车速度的两倍多。当马匹在平坦和相对开阔的地面上飞奔起来时车速还可以更快。

制造辐条轮比制造实心轮要复杂得多，需要将几十个形状精巧的零件精确地组装在一起，这也只有使用专业工具的专业轮匠才可以做到。辐条轮的价值不仅仅在于它自重更小，转得更快，更重要的是在车轮直径上取得的突破。由三块木板组成的实心轮，其尺寸会受到木板尺寸的限制，而木板尺寸又受到树木最大直径的限制，最终，这个限制被辐条轮打破了。在没有大树的情况下，人们也可以制造大型辐条轮。在辐条轮发源地的黑海平原，情况便是如此。有的辐条轮的直径甚至达到 2 米，在不太平坦的地面上仍然可以让战车行驶自如，迅疾前进。马拉两轮战车一出现就快速传播开来，先是在中东地区，然后西达不列颠群岛，东至中国。在古老的战场上，战马嘶鸣，战车驰骋，强有力地证明了这是一项革命性的技术革新。

赫梯人是使用快速、轻便古战车的先驱。到公元前1700年，他们凭借纯熟地使用这种战车，征服了安纳托利亚（现在土耳其）的大部分地区。邻国见势也开始采用此类战车，其中也包括首次使用车轮的埃及人。古战车的速度可以达到令人咋舌的每小时25英里，此前，人类历史上从未达到过这样的速度。所以它一经出现，就与国王的威望和军事威慑力紧密结合在一起。古战车通常由两匹马牵引，作为移动作战平台，可搭载两到三人：一名驭手，一名弓箭手，有时还需要一名盾牌手。埃及人进一步改进了古战车的设计，使其自重更轻，速度更快。在图坦卡蒙陵墓中发现的一辆古战车，重量仅35公斤（相比之下，一辆采用实心轮的四轮车重达600到700公斤，一辆实心轮两轮马车的重量也差不多是实心轮四轮马车重量的一半）。

在战场上，双方战车要么面对面排成两列战阵，直接发动进攻（弓箭手将弓箭射向敌军战车方向）；要么万箭齐发，侵扰敌军，为步兵冲锋提供支援。战车上的武士还携带长矛标枪，在双方距离较近时投向对方。发生于公元前1274年的卡迭石战役被认为是世界历史上最早的战车大战。当时，约有5 000辆战车和5万多名士兵一起出现在战场上，规模之大，令人震惊。战斗双方是由仅有5年统治经验的年轻法老拉美西斯二世率领的埃及人和由国王穆瓦塔里二世率领的赫梯人。赫梯人诱骗埃及人进入了设好的埋伏圈，然后发起战车攻击，出其不意，迅速驱散了埃及人军队。面对仓皇后撤的士兵，拉美西斯二世跳上战车，振臂疾呼，发起反击。他利用埃及战车轻便、灵巧的优势，连续数次组织冲锋。赫梯人笨重的战车难抵埃及战车的冲击，损失惨重。残存的赫梯士兵被困在一条河边，最终只能选择放弃战车，脱下铠甲，渡河逃命。

历史学家普遍认为，埃及军队最终未能占领卡迭石城，但这并没有影响拉美西斯二世将自己描绘成勇士。在埃及各地寺庙的一系列浮雕中，处处可以看到他驾驭战车驰骋疆场，单枪匹马扭转战局的英姿。在战车主导战争时期，有一类艺术品专门描绘骁勇善战的国王。他们亲自驾驭战车，横扫千军；他们举行胜利游行，接受膜拜；他们挥矛猎杀野兽，展现力量。拉美西斯的浮雕就是这类作品的典型。这一时期，战车也是统治者的陪葬品，象征着他们

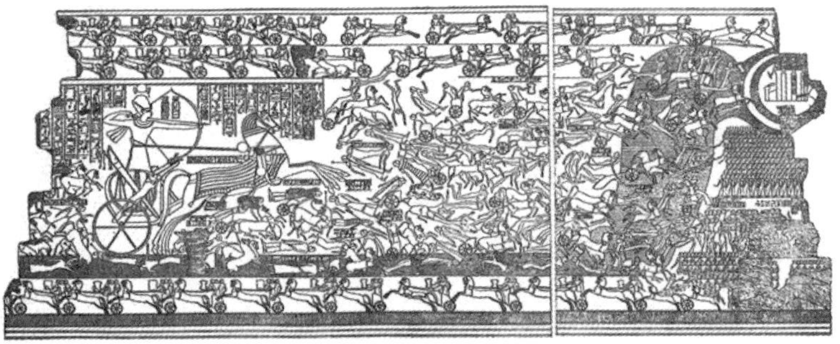

位于埃及底比斯的拉美西斯神庙，墙上的浮雕描绘了在卡迭石战役中，法老拉美西斯二世驾驭战车的英雄形象

图片来源：Wikimedia Commons

对军事力量的掌控。在法老图坦卡蒙的陵墓中，人们总共发现了6辆战车，根据现在的估算，建造每辆战车大约需要600个工时。如此昂贵的“高科技”武器，是社会精英和军事精英身份的象征。赫梯人和其他民族还描绘了驾驭战车的神，暗示战车上的国王是神在人间的代表。

但是战车的战争优势并没有持续很久。由于在崎岖不平的路面上很难行进，人们只要设置路障，就可以在战场上阻止战车的进攻。或者，只要简单地避免在平原上作战，战车的优势就可以被轻易抵消。与此同时，饲养方法的改进，驯养手段的进步让马匹逐渐高大、强壮起来，足以用来承载全副武装的士兵。与战车相比，骑兵部队的迅疾行军更为敏捷，且对路面的要求大大降低，即使凹凸不平，仍能如履平地般快速移动。公元前331年的高加米拉之战已经清楚地表明，战车过时了。战场上，波斯国王大流士三世在战车车轮上捆绑了镰刀，甚至还清除了战场上可能阻碍战车移动的灌木和植被。而亚历山大大帝命令希腊军队撤到两边，任由对方的战车冲入阵地，然后对其进行分割包围，并一举摧毁了他们。在罗马庞贝古城发现的一幅根据早期希腊绘画创作的镶嵌画，描绘了亚历山大骑着战马威风凛凛，而战败的大流士驾着战车逃离战场的情景。

公元前1世纪，尤利乌斯·恺撒率领第一支罗马远征军来到英国，他惊奇地发现，英国人仍在使用欧洲大陆已经弃用的战车（恺撒注意到，英国的战车载着将士们上战场，但是作战时，战士下车步行，战车则停在一边等候，随时准备在需要的时候把他们接走。实际上，战车成了逃跑的工具）。不过，战车的威名并没有离开人们的记忆，在战车从战场消失很久之后，它仍然保持着与王权和神位的联系。人们仍然认为众神在驾驭战车，比如，希腊太阳神赫利俄斯每天都会驾着战车飞过天空。获胜的罗马将军们会乘着战车参加庆典游行，虽然他们在真正的战场上是不会死于战车之中的。当时，战车比赛也是“奥运会”的重要项目，在罗马文化中非常流行。由于速度惊人，加之随时可能发生各种出人意料的事故，战车比赛可能是当时世界上观众规模最大的运动。盖乌斯·阿普雷乌斯·迪奥克利斯是公元 2 世纪的一位“赛车手”，他是一位名人，也是历史上收入最高的运动员之一。据说他获得的奖金超过了 3 500 万塞斯特斯①，相当于今天的 1 亿多美元，这使他位列罗马富豪榜，成为当时最富有的人之一。

罗马的道路规则

♦

罗马人虽然在战场上告别了战车，但仍会使用质朴的两轮车和四轮车运输军事装备和物资，将农产品和其他货物运进城市，再将城市里的产品或废弃物运出来。罗马的

① 塞斯特斯，古罗马货币。——译者注

公路网不但范围广，而且维护良好。公元前 312 年修建的阿皮亚大道是罗马人铺设的第一条路，从罗马向东南方向延伸，是一条军事高速公路。此后，道路在城镇内外迅速普及起来。规定罗马大道与街道最小宽度的法律，可以追溯到公元前 5 世纪。为管理轮式车辆的使用而制定的一些正式规则，以及为适应轮式车辆使用而改造城市环境的最早例子，都可以追溯到古罗马时期。

罗马城建好后的最初几个世纪里，交通工具似乎是完全禁用的。街道太窄太挤，不适合车辆通行。承担城市街道上运送货物的，是骡子或人力搬运工。为了便于城市运输和建设，尤利乌斯·恺撒在公元前 45 年颁布了《朱利亚城市规划法》（Lex Julia Municipalis），允许轮式车辆在城市里通行，但是仅限于从黄昏至黎明这个时段，也就是街道最不繁忙的时候。这条法规的执行优势就是，谁违规了会明显暴露在光天化日之下，一清二楚，被立即发觉。允许白天驾驶的车辆，只有那些运载男女祭司的车子，或是拉建造材料、供应寺庙日常用品的车辆。尤维纳利斯，一位罗马诗人，曾对轮式车在夜间发出的吱吱噪声耿耿于怀，说明直到公元 2 世纪早期，《朱利亚城市规划法》依然是有效的。

罗马以南 150 英里的庞贝古城，采用的则是另一种交通管理方式。庞贝古城是欧斯干人于公元前 6 世纪建成的，并于公元前 1 世纪成为罗马殖民地，后来成为一个广受罗马富人欢迎的旅游胜地。庞贝古城的网格状街道相当规范，但是在设计时并没有将车辆考虑在内，因此无法应对城市繁荣带来的交通压力。当地政府采取了一系列交通管制措施，包括要求车辆在特别繁忙的街道或十字路口绕道行驶，以及设置越来越复杂的单行道交替使用系统，就像现在的曼哈顿一样，以防止狭窄的街道无法容纳双向交通，造成拥堵。庞贝古城的交通规则及其交通流量的变化模式，可以通过分析路石的形状，特别是路口的路石，以及金属镶边车轮在路石上留下的独特磨痕推断出来。来自多个古罗马遗址的考古发掘表明，其他城镇也采用了类似的交通措施。

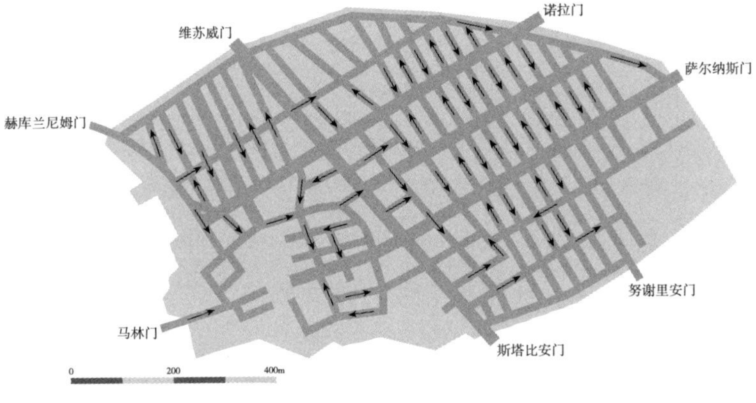

庞贝古城地图，显示了该城的单行道交替使用系统，很像现在的曼哈顿
（根据波勒的《庞贝古城交通系统》绘制）

图片来源：Courtesy of the author

与庞贝古城不同，后来出现的一座古罗马城市，由罗马皇帝图拉真在公元前 100 年左右于阿尔及利亚建立的提姆加德城，则是从一开始就对车辆交通进行了规划。城市面积的三分之一（这一比例比庞贝古城高两倍多）被用于道路建设，平均路宽超过 15 英尺。宽阔的道路呈规则的网格状布局，每条都足以容纳双车道交通。很多街道都配有带廊柱的人行道，将行人和车辆分开。坡道、马厩区和为动物提供水的石槽随处可见。这表明，提姆加德城在建造时就考虑到要支撑起比庞贝古城密度更高的交通流量。

在双向行驶时，罗马人显然更喜欢靠右侧行驶，这可以从庞贝古城、提姆加德城和其他古罗马遗址路边石的磨损痕迹及坡道位置来判断。最丰富的证据来自庞贝古城，这个在公元 79 年维苏威火山爆发后，被厚厚的火山灰覆盖并保存起来的城市。虽然庞贝古城 3/4 的街道只能容纳一个车道，但是通过对其余数以百计的双车道街道进行分析，可以推测车辆总是靠右行驶。例如，在该市的主干道之一的诺拉大道上，89% 的磨损痕迹都与右侧行驶有关。描绘古罗马战车比赛和葬礼队伍的镶嵌画以及骨灰瓮上的画作，也表明人们更喜欢靠右侧驾驶。

这种偏好本质上可能是出于实用。大多数人都是右撇子，在驾驶两匹或四匹马拉的两轮或四轮马车时，右撇子会喜欢坐在马车的左侧，或者骑在最左边的马上，这样，他挥动右手握着的鞭子，就可以抽到所有的马匹。坐在左边时，让车辆靠右边行驶更轻松，因为这样车夫会更靠近道路中心，可以更好地看到迎面而来的车辆以及马路另一侧通行的车辆。对罗马人来说，靠右侧驾驶在宗教意义上也更积极。他们把人生比作一条岔路，高尚的人一定会选择右边。在进入寺庙和其他建筑时，罗马人总要让自己的右脚先跨过门槛。这就是为什么 sinister（拉丁语中“左”的意思）也有“邪恶”或“不幸”的意思。

车辆通行规则和为车辆通行服务的基础设施建设，塑造了城市的布局和城市生活的结构。在罗马，车辆和行人靠时间隔开，狭窄的街道在白天属于行人，在晚上则属于车辆。在提姆加德城，车辆和行人是用空间隔开的，带廊柱的高架人行道供行人使用，而宽阔的马路可以让车辆通行无阻。要防止交通堵塞，就要为车辆提供更多空间，这种错误观念早在那个时候就体现出来。罗马人的偏好则恰恰相反，从公元 1 世纪开始，他们就倾向于建造具有观赏性的林荫大道作为宽敞的步行公共空间。道路两侧是市政建筑、喷泉和公共设施，不允许车辆通行。庞贝古城的一些主要道路也是禁止车辆通行的，它的车辆绕行系统也是不得已而为之的举措。古罗马人是最早开始应对交通管理挑战的群体，既要为行人提供舒适的环境，也要让车辆高效地流动起来，使两者达到平衡。

我们今天还在遵循罗马标准吗？一个很流行的说法是，美国现代的铁路轨距直接来自罗马街道上的车辙宽度，因为其轨距与庞贝古城和其他罗马遗址中发现的车辙宽度一样。美国铁路轨距的选择是为了与英国的标准轨距相匹配，而英国的标准轨距又与两轮或四轮马车的标准轮距相匹配——据说，这一标准的选择是为了让车辆能够轧着古罗马道路上的车辙行驶。美国的标准轨距（4 英尺 8.5 英寸[①]，等于 1.43 米）与古罗马的平均轮距 1.4 米（根据车辙推算）确实非常接近。但是从最早的轮式车辆出现以来，轮距的标准并非完全固定，浮动在 1.3 米至 1.6 米之间，平均为 1.45 米。此外，古罗马似乎曾经使用过几种轮距，庞贝古城的车辙（被过往的车辆轧出来的，而不是故意切割出的车轨）宽度，可以承载 1.3 米到 1.6 米的轮距范围。在铁路发明之前，英国的农用马车也曾经使用过多种轮距。在固定为 1.43 米的标准之前，英国和美国的铁路也都使用过多种轨距。

由此可见，现代的火车并非直接源于罗马的马车。更准确的说法应该是，几千年来，车辆的平均轮距约为 1.43 米。认为火车源于罗马马车的说法还存在另一个问题，它假设带有车辙的罗马道路直到 18 世纪仍在英国继续使用。事实上，罗马统治结束后，大多数古罗马道路就破败了。在北非的大部分地区，道路和轮式车辆被完全弃用，人们选择骆驼作为交通工具。与此同时在欧洲，马匹成为最负盛名的交通工具。在人类历史的道路上，车轮的使用又一次撞上了减速带。

---

① 1 英寸 =2.54 厘米。——编者注

第二章

适合你的马车就停在不远处

此外，人是所有生物中最高贵的，四足动物因为人的需求而存在，是为人服务的。所以两轮马车是人的象征，四轮大马车是野兽的象征。就像人有两条腿一样，两轮马车有两个轮子。人比野兽优越，淳朴憨厚，相应而生的两轮马车也比那些百无一用、自命清高、稀奇古怪且耗时费力的四轮马车更尊贵，更值得尊重。

——约翰·泰勒，《世界在轮子上奔跑》，1623

为什么英雄需配骏马

◆

公元 176 年前后，罗马皇帝马可 · 奥勒留的巨型雕塑诞生了。他留有希腊式的胡须，样貌威严端庄，以当时世界最有权势者的雄姿傲视前方。奥勒留统治期间，罗马帝国政治清明，局势稳定，后世史家把这一时期称为黄金时代。作为皇帝，他夙兴夜寐，决事公断，深受人民爱戴；作为统帅，他战功赫赫，知人善任，在对抗帕提亚帝国、亚美尼亚王国和各日耳曼部落的战争中，征战四方，决胜千里；作为学者，奥勒留著书立说，设帐教学，是历史上公认的斯多葛派著名哲学家。这座表皮包金的青铜雕像高达 4.25 米，基座上，奥勒留皇帝身披长袍，右臂抬起，指向前方，宣示帝国走向胜利——他的胯下，是一匹骏马。

自从战场上骑兵取代了战车，帝国统治者就希望把自己塑造成英勇的骑士，而非战车的驭手。马也因此成为社会高等级人士的首选交通工具。战场上，罗马皇帝和他的随从跨骏马，挥长剑，高举进军的旗帜。和徒步拼杀的普通兵士相比，他们的位置更高，视野更开阔，战斗场面尽收眼底。(那是一个马镫和硬马鞍还未出现的年代，他们骑在无鞍的马背上，或者坐在层层叠起的布上——这是“刀剑竞技场”[①]式的电影经常弄错的地方。）一座建于同时代凯旋门上的浮雕描绘了马背上的马可·奥勒留——他俯视着被征服者，一群敌兵在向他投降。这座巨型浮雕起初的创意，可能也是要表现被打败的敌方将领匍匐在他马蹄下的情形。

骑马，似乎是罗马男人的专属，轮式交通工具则与罗马的女性精英相关联。从公元1世纪开始，在罗马城镇内，禁止马车通行的禁令逐渐放松，克劳狄皇帝的第三任妻子梅萨利纳和第四任妻子阿格里皮娜都曾得到元老院的特别许可，可以乘坐 carpentum 马车——一种华丽的有拱形车篷、坐垫和丝绸窗帘的双轮马车。这种特权后来传递给所有皇帝的妻子，然后是元老的妻子，最后，所有富家女性都要坐豪华马车，而普通的两轮马车和四轮马车就专门用来运输货物。对罗马的政治家和将军来说，一条铁定的规则就是，骑马是唯一的、有尊严的出行方式。

蔑视轮式交通工具的并不只有罗马男人。在此之前的几个世纪，波斯和亚述的统治者在艺术品中的英雄形象已经从

---

① swords-and-sandals，一款网络游戏。——译者注

驾驭战车转变为骑乘战马。在后罗马时代，整个北非地区，一直向东延伸到阿富汗，都用骆驼取代了轮式交通工具。与两轮或四轮马车不同，骆驼不需要道路，并且可以轻松穿越沙漠。罗马衰落后，轮式交通工具在欧洲留存下来，至少还需要用两轮或四轮马车运送农业物资。但是在此后的若干个世纪里，欧洲上流社会的男士都认为坐马车是丢脸和可耻的，他们渴望成为骁勇的马背骑士，因此在各种场合下都避免乘坐马车。9 世纪查理曼帝国的学者艾因哈德嘲笑过几位早期的法兰克国王，称他们“坐着由农夫驱赶的两轮牛车，土得掉渣”。他的潜台词是，骑在马背上的查理大帝才真正合乎体统。同样，神圣罗马帝国皇帝腓特烈二世的马医兼骑士约旦努斯 · 拉弗斯在公元 1250 年断言说：“马是动物中最高贵的，因为把王公贵族、商贾富豪、上流骑士跟普通平民区分开的，就是马。”他宣称，“（一位贵族）出现在下层平民中是不合适的，除非他骑在马上”。

法国作家克雷蒂安 · 德 · 特鲁亚曾在 12 世纪写过一首名为《马车与骑士》的长诗，讲述了中世纪亚瑟王的传奇骑士兰斯洛特营救王后桂尼维亚的故事，也将当时民众对坐马车的人的蔑视展现得淋漓尽致。失去了自己的马，兰斯洛特遇到了一个赶马车的侏儒，当时，马车被用作惩罚的工具，任何被定罪的人都要被拉到马车上游街示众，失去自己的荣誉和所有合法权益。因此，当侏儒说只有到马车上来才会告诉他王后的下落时，兰斯洛特犹豫了。不过，对桂尼维亚王后的爱让他克服了自己的不情愿，他爬上马车。然而他发现，人们开始用另一种眼光看他，不愿意帮助他，不再协助他找寻王后，因为马车上的兰斯洛特在大家的眼里像个卑贱的罪犯。骑士们也嘲笑他，说他的旅行方式竟如此不光彩。有人告诉他："任何骑士，一旦登上马车，就会在整个王国名誉扫地。"

这个故事反映了当时的一种社会观念：不骑马的男人没有体面。不过对女性来说，情况却恰恰相反。女性骑马被认为是不得体的（更不用说当时女性的服装也不便于骑马）。按照罗马的传统，地位较高的女性在长途旅行时坐在车篷封闭的马车里才是恰当的，因为可以远离窥视。罗马人发明了一种可以转向的前轮，让四轮马车变得更容易驾驭。赶马车的人要么是专职的车夫，要么是某个不属于上流社会的男性。伴着马车一起前行的男士都是骑马的。在婚礼上，新娘使用的交通工具一定是那种特别华丽的马车——这种模式化的形象一直保存在童话故事里：马背上的骑士爱上了坐着马车旅行的公主，马车篷上镶满宝石。一个典型的例子发生在公元1476年，那不勒斯的比阿特丽斯公主来到匈牙利：

> 公主是匈牙利国王马提亚·科维努斯选中的新娘。公元1476年，她在众多随从的陪伴下来到布达。3 000名贵族骑着马，陪同国王新郎到塞克什的费哈尔瓦尔去迎接。公主到了，她坐在一辆镀金的马拉轿车上，车上罩着绿丝绒遮篷，绣着金边。随从人员乘坐

的马拉轿车也镀着厚厚的金箔。每辆轿车都由 6 匹马拉着，马车夫穿着天鹅绒套装，金纽扣闪闪发光。

但这种情景并非天天可见。直到公元 1500 年，世界上仍在使用轮式交通工具的地区，大多都还是低端的两轮农用车。车轮发明 5 000 年后，仍然没有被广泛使用。北非和中东的大部分地区甚至完全弃用了，中世纪的阿拉伯语和波斯语居然找不到涉及轮式交通工具的词语——旅行者直到 18 世纪还在讲述一个童话般的故事，那就是轮式交通工具在阿拉伯世界完全不存在。公元 1500 年前的欧洲，轮式交通工具对上流社会的男人来说仍然是不可接受的。但是随着 16 世纪的到来，欧洲人对轮式交通工具的态度突然来了个 180 度大转弯，我们现在把这一改变称为一场革命也绝不过分。

四轮马拉轿车（coach）何以流行起来

◆

究其原因，这种态度转变及其地理起源与一个词密切相关，即 kocsi。Kocs（英语发音为“coach”）是从布达通往维也纳路上的一个匈牙利村庄。不知何故，这个村庄给一种四轮交通工具命名为 kocsi（发音为“coachee”）。随着这种交通工具向西传播到欧洲其他国家，这个名字也传播开来，并作为外来词融入其他语言，首先是捷克语和塞尔维亚语，然后是德语、荷兰语、意大利语、法语、西班牙语和英语。这种四轮马拉轿车与以往马车的不同之处在于，地位高的男人也开始接受它，而且是自愿的——他们摒弃了自己对轮式交通工具的鄙视。然而，它的设计并没有什么特别新颖的地方，尽管 coach 的前轮可转向，同时还使用了各种形式的悬挂，不过这两样装置已有几百年的历史了。所以，coach 被迅速接纳，让男人们觉得坐马车和骑马一样具有男子气概，一定另有原因。原因是什么呢？

可能仅仅因为速度。与之前的四轮马车比，coach 要轻得多、快得多，但更可能的原因是，像之前的战车一样，coach 披上了军事色彩，从而得到高度重视。尤其是在 15 世纪晚期，马车在军事上有了新用途。面对奥斯曼帝国扩张的威胁，匈牙利指挥官采用了一种新战术：在战场上将马车排成一圈，用铁链将它们绑在一起，形成马车堡垒，作为一种可以抵御骑兵冲锋的机动防御工事。马车上配有炮台，也可以作为保护平台，战士可以在上面发射小型加农炮，或是早期的火绳枪。马车与火药武器这种引领时代的结合，让骑在马背上的盔甲骑士一下子显得过时了。这就可以解释，为什么一下子在整个欧洲，男人们开始认为乘坐豪华马车并不是那么尴尬的事——只要这种马车被称为 coach。

到了 1560 年，繁荣的欧洲金融中心安特卫普已经拥有超过 500 辆 coach。（据说当时伦敦只有两辆，巴黎有三辆。）对 coach 的热情从欧洲皇室开始迅速蔓延。英国的一位编年史家记载，1564 年，沃尔特·里彭——据说他在 1555 年为拉特兰伯爵建造了“英国有史以来第一辆 coach”——“作为女王陛下（伊丽莎白一世）的仆人，为女王建造了第一辆有遮篷、能转向的 coach”，注意，这是一辆前轴可以旋转的马车。从此，豪华的 coach 成为欧洲君主们非常喜欢的礼物。1582 年，法国亨利三世送给伊丽莎白一辆“超级漂亮的豪华马车”，作为对伊丽莎白此前送给他一批英国猎犬的回赠。亨利三世这样做并不仅仅为了显示慷慨，也是为了显得高人一等，因为这辆马车达到了当时交通业制造技术的巅峰，亨利希望借此一展法国 coach 工匠的技能。

coach 迅速成为地位的象征。乘 coach 兜风不仅变成一种休闲方式，拥有一辆或多辆 coach 也被富人们拿来炫耀。这种情况引起一些人的忧虑，他们担心贵族慢慢丧失骑马的能力，继而在未来的军事冲突中失去优势。1588 年，德国王子朱利叶斯·冯·布伦瑞格颁布了禁止乘 coach 兜风的政令，理由是，“德意志民族的男子气概、美德、尊严、勇气、荣誉与忠诚遭受了损害，驾驶马车无异于游手好闲，好逸恶劳”。但是 coach 的流行并没有因此受阻，车主们为了让旁人看到自己的马车是多么奢侈豪华、富丽堂皇而展开的竞争还在继续。

对那些买不起 coach 的人来说，在短途城市旅行中租用这种新型交通工具也不失为一个好主意。随着 coach 开始挤满伦敦的街道，1601 年，议会开始讨论一项法案来“限制 coach 的过度使用”。此时，摩洛哥驻伦敦大使馆拥有 4 辆

coach，俄罗斯大使馆有8辆。1603年詹姆斯一世即位时，法国使团拥有30辆。一个伦敦人曾经这样记录伦敦的交通堵塞：在非常严重时，coach“就像厨师放在烤箱里的羊肉馅饼，你很难在它们中间插进一根签子”。伦敦在许多方面都遭到这种新型交通工具的“严重困扰”。那些租来船只，为伦敦人在泰晤士河上提供轮渡服务的船工收入急剧下降，因为马车蚕食了他们的生意。约翰·泰勒原本是一名伦敦船夫，曾为演员和剧作家划船渡河，后来成为一名诗人。他在自己1622年创作的《十恶不赦的小偷》这首诗中，严厉声讨coach无处不在，大行其道。他写道，1558年“伊丽莎白女王登基时，马车在英国几乎不为人知”，但是现在，因为“暴发户般的该死的coach”的兴起，对他和其他船夫来说，“我们所有的利润都被车轮卷走了”。第二年，他在另一首诗《暴发户般的四轮乌龟》中抱怨道，“大街小巷，水泄不通”。他说，这是一个“吱吱嘎嘎、轰轰隆隆的时代，世界在车轮上奔跑”。1662年通过的一项法律，将“出租马车”的数量限制在400辆。这个数量显然不够，1694年又将其提高到700辆。比较而言，私人马车的数量要多得多。

人们都愿意乘坐coach，也愿意在需要时租用这种马车，长途coach服务因此应运而生。长途马车的线路是固定的，每10英里左右有一个定点停靠站，可以更换马匹，让乘客稍作休息。这种做法把旅程分成几个阶段，于是就有了驿站马车（stagecoach）这个名字。1667年的一则广告是这样说的：一种“飞速行驶的交通工具”，提供从伦敦到巴斯的定期服务，全程 105 英里，行驶 3 天，“所有渴望从伦敦到巴斯，或是到中途任何其他地方的人，就去伦敦卢德盖特山的贝尔萨瓦奇酒店集合出发吧，或是到巴斯的白狮餐厅去，每个星期一、三、五，这两个地方都会提供驿站马车服务。早上 5 点出发，3 天内走完全程（如果上帝允许）”。马车上的每个座位收费 1 镑 5 先令[①]，每位乘客可以携带 14 磅重的行李。（当时的伦敦，一名普通劳动者的工资大约是每年 30 英镑，可见这种方式的旅行只有富人才能负担得起。）

与出租马车一样，驿站马车也饱受争议。在其诞生的一个世纪前，coach 还是一种新奇事物，然后它快速地占领了大街小巷。1673 年，伦敦出版的一本小册子指责驿站马车是一种巨大的罪恶，因为“乘坐驿站马车旅行的人会染上懒散的毛病，再去骑马，走不了几里路，就会疲乏无力，从此不能或不愿坐在马背上，也不能忍受雨雪风霜”。但是就在同一年，另一位作家却这样写道，“近来，无论对男人还是女人来说，从伦敦到我国其他主要城镇，旅行都便捷且舒适，令人愉悦。这种舒适感，人们以前从未体验过。获得这种舒适感的方法，就是乘坐驿站马车。想去哪里都可以，恶劣的天气和糟糕的道路不再是障碍。驿站马车不仅价格低廉，而且速度惊人，一小时能走的路程，堪比别的国家发送邮件一天走的距离”。不过坦率地说，早期的驿站马车并不比步行快多少，在泥泞道路上的平均速度为每小时 3 英里，

① 英国的旧辅币单位，于 1971 年货币改革时被废除。——编者注

乘客还要面临事故和拦路抢劫的危险。当时的路况是如此之差，1703 年，一辆载有未来神圣罗马帝国皇帝查尔斯大公的 coach，在从伦敦到佩特沃斯的 50 英里旅程中，发生了 12 次翻车事故。不过总的来说，乘坐 coach 还是可以让城际间的旅行稍稍舒服一些，特别是能遮风挡雨，让乘客免受糟糕天气的影响，这一点非常重要。

对那些买不起车的人来说，租一辆出租马车或买一张驿站马车票很是方便。但是 coach 已经成为重要的财富象征，1640 年出版的法国礼仪指南《勇士法则》（*The Laws of Gallantry*）指出，对一个刚刚踏入社会的人，人们问的第一个问题常常就是："他有车吗？"因此，一些人，比如英国的一位日记作家，海军行政官塞缪尔·佩皮斯就深切感受到，"在出租马车里被人看见简直可耻"。佩皮斯最终还是买了一辆 coach，并在日记中说，"和夫人单独坐着自己的 coach 去看戏，令我们的形象看起来光辉耀眼多了，真是一件赏心悦目、令人无比兴奋的事情"。轮式交通工具在离开聚光灯 2 000 多年后，再次成为人们渴望的权力与地位的象征。

贵族在左，平民在右

随着 coach 在欧洲的流行，城市建筑的设计方案也应需而变。方便马车进出的拱门，以及方便乘客上下马车的内部庭院，成为大型住宅的标准特征。这种新近流行起来的交通工具的影响远远不止这些，它们甚至开始影响城市的格局。为了方便马车通行，街道变得更宽了，道路更直了。新兴城市会直接规划出放射状的宽阔、笔直的大道，最终条条大道汇聚于市中心。狭窄且不规则的街道很容易让叛乱分子用路障把城市封锁起来，并分割成几个部分，因此让这些不规范的街道消失，既满足了 coach 的通行需要，也满足了城市的安全需要。

城市建设的另一项创新，就是建造包括林荫大道在内的公园，供富人们驾着自己的豪华马车招摇而过，顺便彼此炫耀。1616 年，亨利四世的王后玛丽·德·美第奇把这一想法带到了巴黎，仿照佛罗伦萨阿诺河畔的 Corso 公路，在塞纳河畔建造了 Cours-la-Reine 马路公园。英国日记作家约翰·伊夫林这样写道，“这里是宫廷豪门与贵妇户外消遣的地方，中心的圆圈地带可以容纳 100 辆马车随意掉头转弯”。根据伊夫林的记载，Cours-la-Reine 马路公园宽 38 米，长 2 千米，足够容纳五六个马车车队。两端的大门都由瑞士卫兵把守，他们接到了严格的命令，只允许社会精英进入。这种公园在马德里（普拉多）、罗马（在古罗马广场的旧址上）和伦敦（海德公园）都可以找到。

“cours”这个词的意思也在逐渐发生变化，既可以指马路（公园）这样的空间，也可以指一天中进行仪式性马车交际活动的特定时间。一位来到伦敦的法国游客注意到，海德公园的马路与巴黎的马路有一个很重要的不同点，那就是租用的马车也可以参加活动。在巴黎，任何乘坐租来的马车出现在 Cours-la-Reine 马路公园里的人都会被其他人吹口哨，直到他羞愧地离开。定期参加巴黎马路公园社交活动的荷兰贵族菲利普 · 佐特 · 德莱克，曾经于 17 世纪 50 年代用“混乱不堪”和“水泄不通”来描述活动现场。有一次他声称自己数到了超过 2 000 辆的马车，所有的车都很难移动。还有一次他看到一位贵妇人的马车翻了，贵妇人和其他 3 名乘客摔到地上，起因是她的马车在插队时与另一辆马车相撞。每逢国王来参加活动，马车之间便开始了竞争，坐在各自车里的人也不甘寂寞，想出风头，彼此

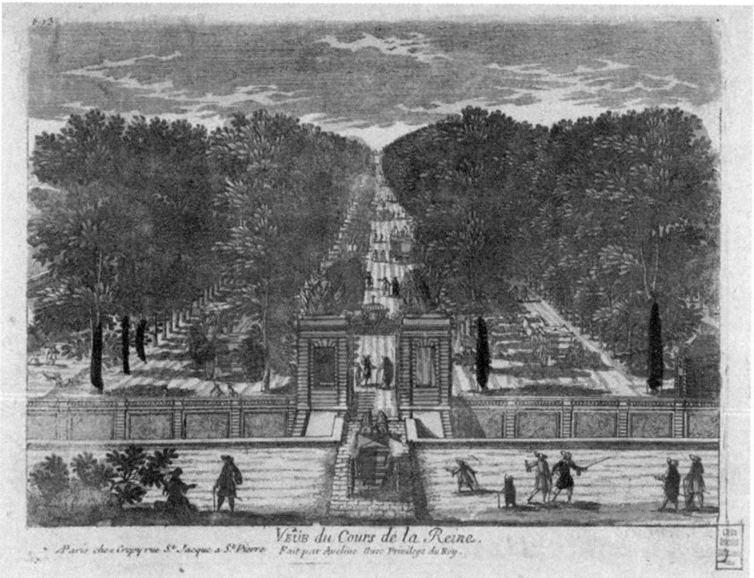

17世纪早期巴黎Cours-la-Reine马路公园里的马车，这种仪式性的马车社交活动只有社会地位很高的人才能参加

图片来源：Musée Carnavalet,Histoire de Paris

的争执愈演愈烈。所有车辆必须给国王的车子让路，就像现在的交通部门允许紧急车辆通行那样。但是每个人都想靠国王近点儿，由此产生的车夫之间的对抗有时会演变成暴力冲突。

局面失控之际，马路公园的秩序需要被整顿。控制马车流量，规划道路的使用权限已迫在眉睫，尤其是要解决车辆应靠道路哪边行驶这一基本问题。为什么一些国家最终选择靠右行驶，而另一些国家选择靠左行驶？很多人曾经对此进行过猜测。但是在中世纪的大部分时间里，似乎并没有对这一条的硬性规定，车辆一般都尽量在马路中间行驶，人们的主要关注点还是如何躲开那些沟沟坎坎，避免翻车。对超车的规定差异很大，不管是同向行驶还是相向行驶。比如，德国在这一时期规定，载重较轻的车辆必须给载重较重的车辆让路，这说明大多数道路是单向的，靠哪侧行驶并不是人们特别关注的问题。所以，只有当人们对在道路的哪一侧行驶达成共识时，在欧洲各个城市新修的大马路上，交通才开始畅通起来。这一共识直到18世纪才得到正式确立。

一个特定的国家或地区是选择靠右行驶还是靠左行驶，在很大程度上似乎是偶然的，因为选择左还是右，理由难以一致，优势各有千秋。在宽度足够容纳两条车道的马路上，车辆由两匹或多匹马拉着，靠右行驶似乎是更自然的选择（古罗马时期也是出于同样的原因）。然而，对右撇子来说，上马和牵马更容易从马的左侧完成（不管骑马的人是否佩剑）。所以那些在路边上马的人，可能更倾向于在道路左边骑乘。法国人当时的传统，即骑马的贵族走左侧，其他人走右侧，可能就是这么来的。然而，到了法国大革命时期，为了刻意低调，或者为了自身安全，贵族们也开始不约而同地走起右侧来。法国 1794 年出台的一项规定要求，车辆必须靠右行驶。在接下来的几年里，拿破仑·波拿巴的大军席卷欧洲，他在自己征服的那些国家强制施行了靠右行驶的规定。但是在他的统治范围之外，英国、葡萄牙和瑞典等欧洲国家依然保持着靠左行驶的传统（葡萄牙和瑞典在 20 世纪改为靠右行驶）。在英国及其殖民地，靠左行驶的既定传统直到 1835 年才正式写入法律。一些之前受英国殖民统治的地方，包括印度和澳大利亚，依然保持着靠左行驶的传统。然而，在殖民地时期的美国，靠右行驶似乎从一开始就大受欢迎，尽管直到 1804 年，纽约州才成为第一个在公共道路上强制要求靠右行驶的州。到了 19 世纪 60 年代，其他所有州也全部做出靠右行驶的强制要求。最终，一些国家坚持靠左行驶，而另一些国家选择靠右行驶，这是一个路径依赖的典型案例——过去所做的决定会限制未来的行为和选择，使改变变得困难重重。人类的交通史，恰恰是一部充满了路径依赖的历史。

乘坐马车的人们不仅希望道路更宽，交规友善，还希望路面更加平坦，减少颠簸。为了改善城市内部以及城市之间的道路质量，各种新技术蓬勃发展起来。其中最重要的变化，就是把从罗马时代传下来的常规做法——用小石子铺设基座，再把大石板铺在上面——倒过来。考虑到金属镶边车轮对这些石板可能造成的损害——这些损害在庞贝古城那些有车辙的道路上依然清晰可见——筑路工人转而开始先铺设大石板，再把一层小石子铺在上面。从18世纪80年代开始，苏格兰工程师约翰·马卡丹进行了一系列实验，提出一项相当关键的技术改进——用边缘锋利的压碎了的岩石子铺路，而不是圆圆的鹅卵石。这些小石子笔直的边缘使它们能够在车辆经过时更紧密地贴合在一起，而不是分散开来。马卡丹的方法后来被称为“马卡丹碎石路面”，在19世纪20年代被英国正式采用，并传播到其他国家。（用柏油处理碎石路面的方法在1902年获得专利，于是就有了tarmac这个词，即柏油碎石路面。）

路况更好了，马车的设计也随之进步——已经开始使用钢制弹簧悬挂和刹车，这就让平均时速提高到8～12英里成为可能。1750年，驿站马车从伦敦到剑桥需要驾驶两天，距离约65英里，中途还要停车过夜（可以计算出平均时速约为3英里）。但是到1820年，这段旅程可以在7小时内完成，相当于平均时速超过9英里。驿站马车速度的提高，让城镇之间的距离缩短了，这一变化令人惊叹不已，以前需要数周才能完成的长途旅行，现在就是几天的事。不过，当时的大多数人依然负担不起轮式交通工具的高昂费用，直到19世纪20年代，一种新型交通工具出现。

车轮上的民主

共享马车首先出现在17世纪的巴黎。与驿站马车相比，它的载客量更大，而且是在城市内部运行。令人没有想到的是，开创这项服务的企业家，竟然是法国数学家及哲学家布莱士·帕斯卡。他因概率论和流体物理学（压力单位以他的名字命名）方面的成就而闻名于世。作为哲学家，他最著名的理论被称作“帕斯卡的赌注”：在缺乏上帝存在证据的情况下，人们无论如何都应该相信他的存在，因为他如果真的存在，就会把不信上帝的人送进地狱。帕斯卡不仅是一位伟大的思想家，也是一位实用的发明家。17世纪40年代，他制作出最早的机械计算机，即数字计算机的前身。17世纪60年代，他提出运输系统共享计划，以能容纳8位乘客的马车为客车，在固定线路上载客。国王路易十四授予垄断权，由贵族支持者出资，“五便士马车”于1662年3月开始运营。这种客车一经出现就大受欢迎，但是好景不长，各个社会阶层一起搭乘的局面引起人们的担忧，客车的使用很快就被限制在“资本家和社会精英”身上，也就是那个最担心乘坐公共马车就好像告诉别人自己买不起车的阶层。因为很难赚到钱，这项服务在1675年被正式取消。

19世纪20年代，另一位法国人斯坦尼斯劳斯·鲍德里重新提出了共享马车的想法。鲍德里是南特市一家面粉厂的老板，他在工厂旁边开了一家公共澡堂，利用为面粉厂提供动力的蒸汽机所产生的多余热量让大家洗热水澡。为了鼓励南特人光顾他在城郊的澡堂子，1826年，他开始运营一辆往返市中心的免费马车，希望通过提高澡堂子的顾客人数来收回马车运营成本。但是他很快就注意到，乘坐免费马车的人并没有真的去他的澡堂子。这表明市场上存在着进城和出城的定期服务需求。很快，鲍德里就转行去做交通运营商，经营两辆特制马车，每辆都能搭载16名付费乘客，在不同的线路上运营，每条线路都有固定站点。这项服务一经开始便立刻盈利，这些独特的大型交通工具被冠名为omnibus①，在拉丁语中就是“为所有人服务”的意思。1828年，鲍德里获得在巴黎的10条路线上经营100辆公共马车的经营权，并再次迅速获得成功。竞争对手也如雨后春笋般涌现出来，在两年内，巴黎已经拥有10家公共马车公司，264辆公共马车。

其他国家也开始效仿这一做法。1829年，伦敦开始推出公共马车服务，使用的是可搭载20名乘客的马车。最初公共马车被禁止进入市中心，因为那里的经营权是由出租马车垄断的，但是这一垄断政策在1832年被取消了。公共马车服务快速增长，到1838年，运营中的公共马车已经达到620辆。公共马车的理念也传到了纽约市，1833年，一份当地报纸宣告了“公共马车时代”的到来。19世纪三四十年代，公共马车服务传播到欧洲和美洲的其他城市。

---

① 当代英语中的公共汽车。——译者注

正如它的名字 omnibus（为所有人服务）所表明的，公共马车对所有人开放，因此成为民主的象征。虽然乘客主要是中产阶级，但是一些城市设立了补贴，希望将使用范围扩大到最贫困的工人。使用减价车票或“通勤”票的人被称为通勤者。19 世纪的一位法国评论家将公共马车誉为人人都可以进入的“平等圣殿”，纽约的一位观察家对于不同社会阶层的人士乘坐同样的公共马车大加赞扬，尽管他也指出，从初级职员一大早赶去上班，到有钱的女士晚些时候去购物，不同阶层乘坐的时间不尽相同。现在在英国，公共汽车上的乘客一般被视为普通民众的代表，这要归功于英国政治作家沃尔特·白芝浩。他在 1863 年写道：“公众舆论……就是坐在公共马车后排的那个秃头男人的意见。”这一观察结果解释了为什么英国法院后来采用一个假设出来的“克拉珀姆[①]公共马车上的人”作为具有正常理性的普通人的标准。

从驰骋疆场的战车到都市街道上的豪华马车，公共马车与它们相比，体现了更多的平等，它的流行标志着轮式交通工具终于实现了民主化。自从第一个车轮被发明出来，这一过程经历了 5 000 多年。诗人约翰·泰勒曾在 1623 年宣布，“世界在轮子上奔跑”。当时这样说似乎为时过早，等时间走到了 19 世纪上半叶，由动物牵拉的轮式车终于无可争议地成为世界上多数地方的普通人可以随便使用的交通工具。

---

① 克拉珀姆是伦敦市南部的一个地名。——译者注

第三章

让蒸汽机为我服务

等不了多久，呼啸而来的将是一种由蒸汽推动的机器，它动力十足，眨眼间从远方来到眼前。它能拖动沉重的驳船缓慢滑行，它能驱动车辆飞速前进。

——伊拉斯谟斯·达尔文，1791

动起来，动起来

◆

到 1800 年，由畜力拉动的木制交通工具已经发明了 5 000 多年，但依然是地球上最先进的陆路交通工具。不可否认，19 世纪的 coach 拥有早期马车所没有的一些特征，比如金属镶边的辐条车轮、转向系统、钢制弹簧悬挂系统和玻璃窗等。但几千年来推动人类移动的基本逻辑并没有发生变化：用木轮支撑起一个长方形的木质结构，再用木杆和轭系住一匹或多匹人类驯化的牲畜，以拉动整个木质结构前进。但是到了 19 世纪，随着新型材料和推进技术的出现，全新的交通工具呼之欲出，人类的交通技术在这 100 年内的变化比过去 5 000 年还要大。出现于 19 世纪上半叶的蒸汽火车和 19 世纪下半叶的自行车重新定义了人们对快速出行和个人自由的态度。

早在古希腊时期，人们就已经掌握了蒸汽动力的概念，但是利用蒸汽动力来做工的实用装置直到18世纪才出现。1712年，英国发明家托马斯·纽科门在前人实验的基础上建造了第一台固定式蒸汽机，用来从发生透水事故的矿井中抽水。早期的蒸汽机体积很大（纽科门蒸汽机通常需要安装在三层楼高的建筑物中），效率也低，但这并没有影响蒸汽机的使用，因为蒸汽机是由煤炭驱动的，只要靠近煤矿就可以获得足够的燃料。

在接下来的几十年里，发明家对纽科门的设计进行了不断改进，其中最著名的当数苏格兰工程师詹姆斯·瓦特的设计。1763年的一天，有人请瓦特去修理一台纽科门蒸汽机，瓦特很快就看出纽科门热量浪费的关键点，并着手进行改进。他给发动机增加了一个单独的冷凝室，以减少运行过程中的热量损失，因此大大提高了效率。瓦特蒸汽机使用的煤炭只有相应规格的纽科门蒸汽机的一半。值得一提的是，瓦特还改进了发动机的运转方式。纽科门蒸汽机的活塞是来回抽动的，瓦特蒸汽机则以旋转的方式运转。在工业革命后如雨后春笋般涌现的各种工厂和作坊中，各种各样的机器都可以用瓦特蒸汽机来驱动。这些机器以前都是由水车驱动的。瓦特蒸汽机的出现，意味着工厂不再必须建在河边，只要有煤就行。瓦特的改进设计也促进了人们开发一种更小型的蒸汽机，小到让人类以机械代替畜力驱动轮式车辆的努力得以实现。

第一个尝试制造蒸汽动力车辆的，是法国发明家尼古拉－约瑟夫·屈尼奥。1769 年，他为法国军队制造了一辆拉大炮用的蒸汽动力车，能以大约每小时 3 英里的速度拖拉四五吨的重物。按比例缩小（但仍然很大）的蒸汽机安装在车辆的单前轮上，用以驱动车轮，驾驶员则通过操纵舵柄让前轮转向。车辆有两个后轮。但是，前轮转向需要带动整个蒸汽机，因此需要费很大的力气，这就让车辆难以控制——这也许就是它在测试时撞到了墙上，损坏严重的原因。法国政府一看此项发明并不灵光，就果断收回了资助基金。

炮兵蒸汽车，1769年由法国发明家尼古拉–约瑟夫·屈尼奥建造。
前轮转向需要带动整个蒸汽机装置，使得车辆难以控制

图片来源：Bildagentur-online/Getty Images

1801 年，英国发明家理查德·特里维西克用另一种方法制造了一辆蒸汽动力车。蒸汽机安装在四个轮子上，后轮由活塞的往复运动驱动，前轮较小，通过舵柄控制转向。1801 年 12 月 24 日，这台机器在康沃尔郡的坎伯恩山上首次运行，特里维西克操作蒸汽机，他的助手安德鲁·维维安操纵方向盘，作为乘客的另外五六个人，则是紧紧抓着车身前后的站立平台。虽然他们只行进了1英里左右，但并不妨碍这趟旅程成为机械动力载人的首创之举。圣诞节当天，这台机器再次出行，一位女士看到后神秘地形容说这是一个“会走路、能喘气的魔鬼”，自此这个名字便被传了下来。首次测试几天后，在一条车辙不平的道路上，“喘气的魔鬼”翻车了。特里维西克几个人在路人的帮助下，把“魔鬼”费力翻了过来，之后把它停在了一家酒馆的院里。当他们享用“烤鹅和美酒”时，发动机突然起火，“魔鬼”被焚毁了。

当然，这已然证明了，将蒸汽动力应用在车辆上，在技术层面是完全可行的。特里维西克决定不再制造被烧掉的那种车，而是转向一种新的、旨在载客的三轮设计，即所谓的“伦敦蒸汽马车”。车辆由蒸汽机驱动，乘客舱安装在直径8英尺的巨大后轮上，坐在乘客舱前面的驾驶员通过舵柄来操纵车辆的单前轮。这一奇妙设计在伦敦进行了几个月的测试，通常是在清晨道路畅通的时候，其速度最高可达每小时12英里。但问题来了，这辆车驾驶起来非常不舒服。由于重量太大，还会对路面造成损害。而且很难驾驶，最终会撞上栏杆。批评者说，相比之下，马车反倒更安静，操作成本更低。特里维西克想把自己的发明卖给驿站马车服务公司的希望破灭了。在当时看来，用蒸汽动力来驱动公路车辆，似乎是不切实际的。

但是特里维西克并不甘心。考虑到蒸汽驱动的车辆在公路上驾驶起来很困难，尤其是在崎岖不平的道路上，他意识到，这样的车辆更适合在轨道上行驶，就是矿上使用的那种轨道。使用固定轨道为矿车引路，这种做法，最早出现的确切时间和地点已经模糊不清，不过到 16 世纪的时候，使用木质轨道在欧洲已经很普遍。19 世纪早期，矿车开始使用铁轨，并获得“矿车轨道”这样一个专门称呼。英国的煤矿和铁厂开始使用轨道矿车来运输煤炭和矿石。矿车在地下的隧道里是人工手推的，到地面上改用马拉。用蒸汽来拖拉矿车的想法不无道理，因为轨道不需要转向装置，而作为燃料的煤更是触手可及，拖拉一列由几辆相连的矿车组成的车队，对蒸汽机来说绝非难事。

理查德 · 特里维西克于1803年建造的“伦敦蒸汽马车”

图片来源：DEA PICTURE LIBRARY/Getty Images

1804 年，在南威尔士经营一家铁厂的英国实业家塞缪尔·霍姆弗雷与其竞争对手，另一位实业家理查德·克劳谢打了个赌。某财团修建了一条从梅瑟蒂德菲尔采矿中心到附近运河的 10 英里长的矿车轨道，霍姆弗雷作为财团的成员之一，雇用特里维西克建造一辆能在轨道上行驶的蒸汽机车。他们赌了 500 基尼[①]。霍姆弗雷赌机车可以把 10 吨重的铁拖到运河，然后把空车拖回到铁厂，克劳谢则认为不可能。经过几次短距离测试后，赌局终于在 1804 年 2 月 21 日开始了，在现场的除了霍姆弗雷和克劳谢，还有一位前来观察的政府工程师。第二天，特里维西克写信给一位朋友说："我们用 5 节车厢驮着 10 吨铁，车厢里还搭载了 70 个人……那位用 500 基尼赌我们不会成功的绅士，跟我们一路相伴，他输掉赌局后还兴致勃勃。"这是人类历史上的首次蒸汽火车旅行。

然而对矿车轨道来说，机车的重量太大了，霍姆弗雷后来重新使用了马车。至今还不清楚他是否真的得到了赌金，因为赌局的裁判认为，铁轨受损，而且机车的锅炉在回程中已经漏水，这意味着演示活动并未完全成功。但是对特里维西克来说，最重要的是他已经证明了蒸汽火车的可行性，以及机车取代马匹的可能性。他在给朋友的信中自豪地写道："之前公众一直说我在耍花活，但是现在他们的调子变了很多。"

---

① 基尼，英国旧货币名。——编者注

为了宣传自己的想法，以及显示自己在设计蒸汽机车方面的高超技术，1808 年夏，特里维西克在伦敦的布鲁姆斯伯里区成立了一个“蒸汽马戏团”。游客只需支付 1 先令，就可以乘着他最新推出的机车“有本事就追上我”（Catch Me Who Can）在环形轨道上兜圈子，时速可达 12 英里。这是首辆运载付费乘客的机车。特里维西克的目的原本是要证明火车比马车快，但是机车的重量（约 8 吨）超出了铁轨的承受能力，机车最终脱轨。特里维西克被迫关闭了马戏团，由此造成的经济损失导致他在第二年破产。特里维西克最终放弃了研制蒸汽动力车的想法，转而专注于将固定式蒸汽机应用于抽水和其他有强烈需求的工业用途。

然而，其他致力于蒸汽机车应用的工程师仍在继续实验，尤其是在运煤方面。在随后的几年里，蒸汽机车的动力和可靠性得到稳步提升。1825 年 9 月，位于英格兰东北部的斯托克顿—达灵顿铁路开通，成为第一条使用蒸汽机车的公共铁路。煤炭由英国工程师乔治·斯蒂芬森建造的蒸汽机车沿着这条 25 英里长的铁路运输（尽管在早期同时使用了马拉火车）。客车最初只有马拉火车（这条铁路的所有者自己并不经营客运服务，而是向其他使用铁路的人收费）。但是，在铁路上混合使用马拉火车和蒸汽机车危险又低效。1828 年，铁路所有者做出决定，完全改用蒸汽机车。该决定立刻引发了争议：蒸汽机车是否快速、廉价、可靠到足以取代马匹？这些质疑声在那几年里一直存在。

为了彻底解决这些问题，1829 年 10 月，英国人举行了一场名为“雨山测试”的比赛。当时，一条联结英国工业城市利物浦和曼彻斯特的铁路正在建设中。人们常开玩笑说，把货物从美国运到利物浦（总共 3 300 英里）花费的时间，比通过运河把货物从利物浦运到曼彻斯特（总共 35 英里）的时间还短。建设一条双轨铁路就可以解决这个问题。斯蒂芬森被任命为项目工程师，他做出的决定是，这条铁路将使用蒸汽机车来进行货物和人员的运输。并不是所有人都认为这是个好主意。所以人们决定在雨山村附近一段 2 英里长的直线铁轨上举行一场为期一周的比赛，胜出的机车重量不能超过 4.5 吨，成本不能超过 550 英镑，并且要能够承载超过自身重量 3 倍的货物超过 35 英里，行驶速度不低于每小时 10 英里。10 辆机车报了名，但是真正参赛的只有 5 辆。

获胜者是由乔治·斯蒂芬森与其子罗伯特设计的“火箭号”。它在测试中的平均时速为 12 英里，但实际过程中最高时速达到了 30 英里。在各种技术故障导致所有竞争对手（包括一辆马拉火车，测试时马不是真的在轨道上拉车，而是在一个被称作踏车的平台上面原地行走）退出后，“火箭号”成为唯一完成测试的机车。这条新铁路在 1830 年 9 月 15 日开通，斯蒂芬森如期签下了为该铁路供应机车的合同。但是，由 8 列火车组队完成的首次运行仪式，虽然有首相亲临，却因一场悲剧而蒙上阴影：当地颇受欢迎的一位政治人物威廉·赫斯基森在仪式现场不幸被“火箭号”

撞倒，一命呜呼。虽然开局不利，这条铁路却在经济上迅速获得成功。修建这条铁路的初衷是运货，结果客运服务却出人意料地获得了巨大利润。这是第一条城际服务铁路，第一条为一日游旅客提供打折车票的铁路，也是第一条速递邮件和报纸的铁路。

利物浦—曼彻斯特铁路取得的巨大成功引发了英国铁路投资热潮，议会很快又批准了50多条新的线路，覆盖距离长达1 600英里。19世纪三四十年代，其他国家也开始效仿英国修建城际铁路，并在主要城市周边延长了通勤线路。铁路使进出市中心更加便捷，这刺激了城市的快速扩张。这是人们第一次在没有自己的马匹的情况下可以每天通勤，而不再需要住在离工作地点很近的地方。铁路线路也使工业品和农产品的配送更加容易，铁路城市便因此诞生。四通八达的铁路是这些城市经济蓬勃发展的根基，尤其是在美国，到1860年，美国铁路的总长度达到3万英里，这一数字比世界其他地区的总和还要大。这些新兴铁路城市成为新的工业中心，并由此提供了大量就业机会，对欧洲移民产生了巨大的吸引力。

铁路改变了城市。既改变了现有城市的面貌，也孕育了更多新的城市。由铁路连接起来的城市之间的距离突然变近了，这实际上也重新定义了国家地理。例如，1834年，纽约和费城之间的铁路修通，将美国两个最大城市之间的旅行时间从两天缩短到5小时。为了规范统一的火车时刻表，各个国家采用了标准化的国家计时系统。这一切都发生在19世纪中叶的几年内。但当时最令人震惊的，还是铁路前所未有的行驶速度。1825年，英国杂志《每季评论》发出这样的惊叹："看着比驿站马车还要快两倍的机车高速奔跑，还有什么比这更荒谬可笑的情景呢？"没有人知道高速旅行会不会给人体带来影响，如果有，它会阻碍人们正常呼吸，正常思考吗？1830年，当"大拇指汤姆号"蒸汽机车载着36名乘客，在巴尔的摩—俄亥俄的铁路线上进行测试运行时，一位目击者观察到，"乘客中有一些先生兴奋不已，他们拿出自己的记事本，在火车行驶到每小时18英里的最高速度时，写下自己的名字和一些连贯的句子，目的就是要证明，即使在那样的高速下，也有可能做到这一点"。

在城际线路上，铁路很快取代了驿站马车。但是如前所述，城市之间更快、更有效的交通，反而增加了城市内部的人员与货物快速运送的需求。也就是说，对马车的需求反而更大了。英国各城市的铁路公司购买了大量的马匹，以提供城市内部的货运服务。一些主要车站分配给马厩和机车车棚的空间几乎一样大。1873年，一位伦敦的马厩管理员回忆道，"铁路刚刚出现时，我们以为我们应该无事可做了，但事实并非如此……每出现一条新的铁路，就会需要新的马匹……因为取货送货的工作随之而来"。从1850年到1873年，一匹强壮的拉货健马的价格上涨了25%到30%。铁路旅行也增加了城市内部对马车客运服务的需求，人们需要乘坐公共马车赶往车站或离开车站，或是从一个车站赶到另一个车站。从 1830 年铁路时代开启到 1900 年，伦敦的马车数量总共增长了 10 倍。铁路运输使乘客和货物可以以前所未有的速度到达目的地，但这非但没有把城市从对马匹的依赖中解放出来，反而增加了这种依赖。正如历史学家 F. M. L. 汤普森说的那样："所谓铁路时代，也是显示马的能力最伟大的时代。"

机械马上的动作宛若溜冰

◆

使用蒸汽动力驱动车辆是制造无马马车的一种方法。一些发明家也在探索另一种方法，即建造人力驱动车辆。由乘车人自己驱动四轮马车的想法已经存在了几个世纪：威尼斯工程师乔瓦尼·丰塔纳早在 15 世纪初就设计出这样一辆四轮车的草图。乘车人拉着一根缠绕在圆筒上的绳子，通过圆筒旋转，带动一系列齿轮来驱动车轮。这一设计并不实用，连方向盘都没有。其他发明家提出了一些改进版本，其中许多版本需要用到两个人：坐在前面的乘客用绳套控制车辆方向，一位侍从在后面通过踩踏木板让车轮旋转。

1774 年在伦敦，1779 年在巴黎，发明家分别展示了这种形式的无马马车。1813 年，德国物理学家兼发明家卡尔·冯·德雷斯制造了一辆可乘四人的无马马车，其中一人使用舵柄驾驶，另一人通过踏板提供动力。这些车辆的一个共同问题是，因为体积和重量的限制，人力很难让车辆保持一定的速度持续前进。下车走路反倒更快。

后来，德雷斯完成了一次观念上的飞跃。他意识到，与其制造一种模仿马车的人力交通工具，不如直接模仿马匹。这次观念转变可能是受到了 1815 年 4 月坦博拉火山爆发的启发。大量火山灰飘往世界各地，导致数月的农作物歉收和食物短缺，这就是后来人们所说的“无夏之年”。德雷斯想到，拥有一匹用人力驱动的机械马，就可以省去喂养一匹真马的费用。随后他开始研究一种全新的两轮木制自行推进交通工具。在现代人看来，它就像一辆没有踏板的自行车，德雷斯称之为 Laufmaschine（字面意思就是“跑动的机器”）。1817 年 6 月，这辆车准备好进行首次行驶。德雷斯从他居住的曼海姆出发，沿着维护良好的道路前往施韦青根。德雷斯坐在这个奇妙装置的马鞍上，双脚着地，每隔几米就蹬一次地面向前推进，同时用固定在舵柄上的把手来把握方向。在沿着这条路走了 4 英里后，德雷斯掉头转向回家的方向，在大约一个小时内总共骑行了 8 英里。他的新发明像一匹小跑的马匹一样快，骑车者不用费多大力气就可以驱动它。一个比较棘手的问题是在滑行时如何保持平衡，以及在用脚推动时如何维持这种平衡。这需要一些练习。德雷斯将这种技巧与滑冰所需的技巧进行了比较。

Laufmaschine（跑动的机器），也叫draisine（德雷斯机），
现代自行车的前身，由卡尔·冯·德雷斯于1817年发明
图片来源：Wikimedia Commons

为了宣传自己的发明，德雷斯在第二个月宣布，他将在4个小时内骑行40英里，从卡尔斯鲁厄到凯尔。按照自己宣布的时间、地点，德雷斯如期完成了这次骑行任务。当地警察局长证实，骑行从中午12点开始，到下午4点前结束。人们开始把他的发明称为“德雷斯机”。德雷斯随后出版了一本插图小册子来描述该设计，其他人看到后也开始尝试制造自己的“德雷斯机”（在图纸中，德雷斯巧妙地将用绳子操纵的刹车机制隐藏在骑手的一条腿后面，让那些未经授权的仿制者无从发现）。他在好几个国家获得了这项设计的专利，并于1818年在法国注册了一个新名字：

vélocipède（飞毛腿）。这个名字来源于“swift”（快速）和“foot”（腿脚）的拉丁语单词。在英国，这一发明的仿制品被称为“玩具木马”（hobbyhorses）或“极品军马”（dandy chargers）。美国的第一辆“飞毛腿”自行车出现在1819年2月，是当时的一位乐器制造商詹姆斯·斯图尔特根据从欧洲传来的图纸制作的。他宣传说，这是“一种新型的旅行方式，结合了马车、马匹和步行的优点”。人们成群结队地去巴尔的摩音乐厅观看这辆车的表演，仿制品很快开始激增。那年夏天，多个城市掀起自行车的热潮，在波士顿、纽约、华盛顿等地的公园里都可以租到自行车，新手还可以学习骑行。“只要上几堂课，就可以克服这一新奇设计在骑行中的困难”，一家纽约报纸这样评论道。

但是，人们对这种新型交通方式的热情并没有持续多久。在1816年这个“无夏之年”后，天气恢复了正常。德雷斯和他的发明第一次上路，也正是在这个时候。1817年，北半球收成颇丰，食品和饲料价格下跌。尽管自行车不需要吃饭，但价格昂贵，只有富人才能买得起，而富人更喜欢骑马。与此同时，自行车爱好者的名声变得越来越坏。因为木制或金属车轮非常坚硬，在不平或有车辙的道路上骑行会很疼，骑车者更喜欢在铺了路面的人行道上疾驰。但是这样做很危险。到1817年底，已经有好几个城市禁止自行车在人行道上行驶，包括自行车运动的故乡曼海姆。美国也发生过类似的事情。1819年7月，纽约的一家报纸刊登了一位男士的来信，讲述了他目睹一个四岁小男孩被两个在人行道上骑车的人撞倒并受伤的情形。他抱怨道，“我们的公民，他们的妻子和孩子，是如此平和温顺，晚上享受散步的乐趣时，却不得不面对被这些新创造的野兽碾轧的危险”。到这年年底，美国有许多城市禁止自行车在人行道上行驶。

一些欧洲的狂热者却一直热情似火，他们创造了新的自行车速度纪录，参加各种秘密比赛。但是到了 19 世纪 30 年代，对那些想要快速出行但又不想骑马的人来说，铁路已经成为最令人兴奋、最值得谈论的交通技术。火车虽然没有给人们带来像自行车那样令人忘乎所以的个人自由，但是也不需要乘客学习那些棘手的新技能。

尽管如此，发明家仍在探索自行车的各种新变体，包括一些三轮或四轮的设计。19 世纪 60 年代，对自行车的探索出现了突破性进展——在车身上增加了踏板，最初固定在前轮上。这样骑车的人就可以直接用脚驱动车轮，而不是反复地推踏地面。这一想法的起源尚不清楚，研究自行车的历史学家对此争论不休。但它确实发生在 1865 年，那一年出版的一本法语词典对 vélocipède（“飞毛腿”自行车）一词是这样定义的：

> 一种安装在两个轮子上的木马，人在轮子上需要保持平衡，并同时用脚为自己提供前进的动力。在现代自行车上，骑车人的脚放在像曲柄一样的马镫上，通过蹬动就可以转动大车轮，提高速度。

这种所谓“现代自行车”很可能是三轮车，踏板可能最早出现在这种交通工具上。人们一开始骑车时害怕把脚踩在踏板上是可以理解的，相比之下骑三轮车就不会那么担心，因为三轮车没有摔倒的危险。但是在1866年4月，法国报纸《安省日报》（*Le Journal de l'Ain*）明确地描述了一种前轮装有踏板的“飞毛腿”两轮脚踏车（即两轮自行车）。许多人都声称自己是这种设计的先驱，其中最主要的是两个法国人——皮埃尔·拉勒曼和皮埃尔·米肖，他们关于专利权的争斗持续了几十年。但是，无论踏板是谁发明的，它的出现都重新激发了人们对自行车的兴趣。不像老式自行车，这是一个令人惊异的新机器，骑车者可以通过自己的腿让车身保持直立，这些带踏板的自行车就像魔法一样直立着——移动得越快就越稳。1868年，发表在《科学美国人》杂志上的一封信这样写道，让两轮自行车“保持直立的姿态，在肤浅的观察者看来，是实用力学中最惊人的壮举之一”。

大西洋两岸开始出现许多基于这种新设计的变体。当时，人们对带有大前轮的所谓“高轮”设计非常热衷。这种“高轮”可以让熟练的骑手骑行得更快，缺点是很难上下车。这些机器（也被称为“前轮大后轮小自行车”）在竞技比赛和其他公共展览中很受欢迎，但它们太贵，也不实用，不适合日常使用。与此同时，其他方面的创新也在稳步推进，成为后来众所周知的“自行车”（英文为bicycle）标准设计的一部分。这些创新包括：使用滚珠轴承来保持车轮的平稳转动；使用钢管框架减轻重量；改善刹车；采用带有钢丝辐条的轻型金属轮；采用飞轮装置，让驾驶者不需要蹬踏板就可以滑行；给车轮外围包上橡胶圈，并由此演变出充气轮胎；采用后轮链传动技术，解决了直接蹬踏安装在前轮上的踏板所带来的影响转向的问题。到 19 世纪 80 年代末，所有这些元素都被组合在一起，构成一个耀眼的、有两个大小相同的轮子，被称为“安全双轮自行车”（safety bicycle）的现代设计。这个名字想要强调的是，自行车，曾经被认为是富有的年轻人昂贵而危险的玩具，现在已经成为普通人的选择。

这一新设计带来了自行车的黄金时代。骑自行车被视为一种休闲活动，一种真正的个人旅行方式。人们可以像骑在马背上一样快速行进，却不用花钱买马、喂马和养马。虽然火车也可以高速行驶，但是它规定了严格的时间表和固定地点，而自行车却可以去往任何地方。自行车赋予了骑车人前所未有的自主权和自由，因而被视为更广泛的社会变革的推动者。这不仅仅是因为骑车的女性对维多利亚时代女性服装的不切实际提出挑战，由此改穿长裤或灯管裤，自行车更是受到妇女参政论者和社会主义者的青睐，与个人解放和社会进步越来越广泛地联系在一起。美国民权运动家苏珊·安东尼宣称，自行车“在解放妇女方面的贡献超过了世界上其他任何东西。每当看到一位女性蹬着车轮经过时，我都会站起来欢呼。它给女性带来一种自由和自立的感觉”。《世纪》杂志称自行车为“伟大的平等主义者”，认为“它把穷人放到了与富人平等的位置上，让他们能够像百万富翁一样自由自在地‘唱起坦途之歌’”。

早期“安全自行车”的广告

图片来源：Wikimedia Commons

这些说法都有些夸大其词了。但是自行车确实是在一个特别的领域产生了直接的社会影响，那就是谈情说爱。人们可以骑着自行车离开自己熟悉的社区，拓宽自己的社交圈，潜在的结婚对象在数量上大大增加。骑自行车成为一种很受欢迎的社会活动，它可以让年轻男女逃避监护人的监视。正如 1899 年一家报纸解释的那样，“自行车在年轻人眼中的主要优势，就是它可以甩掉监护人……它赋予生活以户外的新鲜与自由，而在此之前，生活是为习俗所捆绑、所约束、所压制、所束缚的”。另一份来自 1896 年的报告则直截了当地说，“自行车聚会经常举行，而且从聚会一开始，骑车的人往往就会按对儿分组，每对儿通常由一个男孩和一个女孩组成……匆匆穿过大片绿荫浓密的树林与洒满阳光的草地，这是很容易让人产生要命的浪漫感情的”。1892年出现的一首歌曲《黛西·贝尔》，又称《一辆双人自行车》，将允许情侣一起骑行的双人自行车载入了史册。甚至轮胎漏气也制造了浪漫的机会。女士们不能自己修理自行车，只能依赖男士们的殷勤，“有很多车胎是被故意扎破的，这样他们就得聊着天一起走回家——没有一位男士会让一位女士自己走回家”。

当然，确实也有人担心，经常骑车会导致“自行车脸”（一种面部变形）或“自行车狂热综合征”（一种对快速骑行的不健康的痴迷）。维多利亚时代那些反感自行车的人还担心骑车会让女性不孕，让她们放松自己的道德标准，导致她们的肌肉组织过于男性化，威胁到世界的自然秩序。事实证明，这种可怕的担忧是没有根据的。随着自行车变得越来越便宜，越来越普及，人们开始将骑车视为一种出行方式，而不是某种社交活动。

汽车之路

◆

蒸汽火车证明，不用马匹奔跑，出行也可以迅疾飞速；自行车证明，不用马车的遮篷，出行也可以私密得悄无声息。有可能二者兼有吗？有没有这样一种交通工具，可以像火车一样飞速奔驰，像自行车一样方便隐蔽，还能像马车一样在现有的道路上行驶？有一种方法发明家一直没有放弃，就是像屈尼奥和特里维西克所做的那样，在马车上安装蒸汽机。19 世纪 30 年代，在大西洋两岸，蒸汽铁路的成功重新激发起人们对“蒸汽马车”的兴趣。英国城市甚至短暂尝试过几次提供蒸汽公共马车服务。但是出于种种原因，“蒸汽马车[①]”并没有流行起来。

第一，汽车在平坦道路上表现最佳，而这一条件在当时是很难满足的（以蒸汽为动力的交通工具在铁路上的表现要好得多，水上的明轮蒸汽船表现也不错）。第二，由于担心汽车所产生的噪声和烟雾，以及蒸汽机锅炉爆炸，城市当局对汽车也持不赞许态度。基于这样的原因，1840 年，伦敦开始明令禁止汽车在城市道路上行驶，其他城市也纷纷效仿。第三，汽车不得不与铁路公司和驿站马车公司做斗争。这些公司的所有者担心，能够在普通道路上行驶的汽车会威胁到他们的生意。为了阻止汽车上路，他们游说议会，最终通过立法。最著名的限制就是英国于 1865 年通过的“红旗法案”，它要求每一辆“在高速公路上行驶的机车”都必须配有三名乘务人员，其中一人需举着红旗或灯笼走在汽车前面至少 60 码[②]的地方，以警示其他道路使用者汽车即将出现。这些规定使汽车失去与火车、驿站马车

① 后文简称汽车。——译者注

② 1 码 =0.914 4 米。——编者注

或公共马车竞争的机会，也阻碍了那些试图制造自行推动马车的发明家在研发机械动力交通工具方面的创新。

因此，最终从蒸汽火车中借鉴并应用到城市交通中的，是关于铁路的想法，而不是蒸汽动力。在城市道路上铺设轨道，供公共马车使用，这就是所谓的有轨马车或矿车。在铁轨上，而不是在高低不平的道路上运行公共马车，可以减少摩擦。这样，马能够拉动的货物更多了，同时也意味着，每辆马车需要的马匹更少了。运行成本降低，马车速度提高，票价大幅下降成为可能（通常不到传统公共马车的一半），从而促进有轨马车的乘客范围大幅扩大。从19世纪50年代开始，有轨马车就在欧洲和美国城市中流行起来，经常性地取代了传统公共马车服务。一位同时代的观察者认为，相比之下，传统公共马车被认为是“拖沓而恼人的”。

在纽约市，每年乘坐有轨马车的人次从1857年的2 300万增加到1880年的1.61亿。当时纽约有超过136英里的马车轨道，用于有轨马车的马匹数近1.2万，马车有1 500辆。铁路的出现再次产生了一种矛盾效果，让城市更加依赖马匹。有轨马车也开始影响城市的布局和扩张，尤其是在美国。由于有轨马车车次更加频繁，且价格低廉，城市内部区域间的快速连接更方便了，城市被划分为功能不同的商业区与住宅区的趋势得到进一步发展。

尽管有轨马车数量激增，蒸汽马车未能流行起来，但是将火车的速度与自行车的个人自由特征及灵活性完美结合的想法却从未消失。一些发明家决定不再在马车上添加蒸汽机，而是采用另一种方法：把发动机安装在自行车上。在自行车上安装巨大、沉重的蒸汽机显然是不切实际的，德国的一些工程师开始针对另一种发动机进行试验——一款19世纪50年代由比利时发明家艾蒂安·勒努瓦研发的发动机。蒸汽机的原理是将燃料燃烧产生的热量输送到注满水的汽缸外部，勒努瓦的发动机与蒸汽机不同，其原理是通过电火花点火，让燃料与空气的气态混合物在汽缸内燃烧，推动活塞。因此，这种设计被称为内燃机。勒努瓦将自己的几台发动机卖给工厂，用于为机器提供动力，德国工程师尼古劳斯·奥托见到了其中一台。

为了提高效率，奥托对勒努瓦的设计进行了几项改进，并成立了一家公司，将自己新研发的发动机卖给工厂。在随后的几年里，奥托一直在不断改进自己的设计。其中最值得关注的一项改进，就是通过在点火前让活塞压缩油气混合物（发动机使用的是一种被称为粗汽油的石油），并通过控制燃烧，使发动机的运行更加平稳。19世纪70年代末，奥托的公司每年已经能够销售数百台发动机，用于为工厂的机器提供动力。但是奥托无意将自己的发明应用于交通运输，这让他的工厂经理戈特利布·戴姆勒感到非常沮丧。因此，1882年，戴姆勒和他的朋友，奥托的另一名员工威廉·迈巴赫辞职，成立了自己的公司，生产车辆发动机。他们的目标是制造出更小、更轻的内燃机，并将运行速度从每分钟150转提高到几百转，从而提高功率输出。

1885 年，他们把自己新研发的小型发动机安装在一辆自行车上，戴姆勒 17 岁的儿子保罗在 11 月 18 日开着这辆车出去兜风，行驶了 6 英里。这是第一辆摩托车，也是第一辆由内燃机驱动的车辆。

就在这辆摩托车上路的时候，另一位德国工程师卡尔·本茨正在为自己研发的一辆汽车进行收尾工作。与戴姆勒和迈巴赫一样，本茨也曾将制造工厂固定式发动机的经验，应用到适用于道路交通的小型内燃机的研发上。他是一个自行车爱好者，却没有把发动机安装在自行车上，而是围着发动机建造了一辆大三轮车。他将这辆于 1886 年 1 月获得专利的三轮车命名为“机动车”（Motorwagen）。尽管是一辆三轮车，而且很大程度上这辆车还基于自行车部件（包括驱动链条和钢丝辐条车轮），但它被认为是第一辆现代汽车——因为它是第一辆从零开始围绕内燃机设计的在马路上行驶的车辆，而不是仅仅在原有车辆上添加引擎。这辆汽车能同时搭载一名司机和一名乘客，最高时速约为 10 英里。这辆汽车首次公开展示的时间是 1886 年 7 月，此时，戴姆勒和迈巴赫已经在一辆四座马车上安装了自己生产的发动机，创造了第一辆四轮汽车。和奔驰汽车一样，它的时速也只有 10 英里。戴姆勒和迈巴赫并没有自行制造汽车，而是决定成立一家生产发动机的公司，将发动机卖给生产各类汽车的厂家。

第一辆真正的汽车，奔驰专利机动车，诞生于1886年

图片来源：Ullstein Bild Dtl/Getty Images

显然，为汽车铺平研发道路的是自行车，而不是蒸汽机。从字面意义上说也是如此。从 19 世纪 80 年代开始，骑车人开始为改善道路状况游说议会。在英国，骑车人在 1886 年成立了“道路改善协会”，随后发生了美国的“良好道路”运动。骑车人争取的另一目标，是解除对自行车的交通限制，比如在一些桥梁上的限制，以及在纽约中央公园（那里的道路专供豪华马车使用，是 17 世纪巴黎马路公园的“镀金时代”版本）的限制。路面更加平坦了，允许新型交通工具在公共道路上行驶的法律也相继出台，阻碍汽车后续发展的障碍被扫除殆尽。正如布鲁克林市长在 1896 年所说的，“在改善道路状况方面，自行车比其他任何形式的交通工具贡献都大，未来也会如此”。美国工程师海勒姆·珀西·马克西姆在回忆19世纪90年代的经历时说，自行车也“令人们想到在普通公路上独自进行长途旅行的可能性”，它“创造了铁路无法满足的新需求。自行车本身也无法满足它所创造的需求，人们需要的是机械驱动的，而非脚踏的交通工具。现在我们知道，汽车才是解决问题的答案”。

马粪，又回来了

◆

在19世纪90年代自行车热潮出现时，人们也开始关注马匹对城市的影响。城市里的私人马车、公共马车、有轨马车、货运马车和出租马车，这一切，都是靠马拉的，这就凸显了以马为动力的城市交通的局限。到19世纪80年代，纽约市的有轨马车容量已经达到极限，在交通高峰期，最繁忙的线路每分钟都会有马车定点出发。为了运送更多的人员和货物，马车变得越来越大。有单马拉的车，也有几匹马共同拉的车，这样各种马队相应变得更庞大。这就需要占用更多的道路空间，同时会产生更多粪便。马厩也越来越大，第七大道铁路公司在1888年启用的一座马厩高达四层，可同时容纳2 500匹马，据说是当时世界上最大的马厩。然后是马粪的堆放问题。到1870年，纽约市已经有 14 个马粪堆放场。马粪通常会在堆放场储存好几个月，然后作为肥料出售。19 世纪 80 年代，随着马粪总量的增加，供应过剩造成了价格暴跌，马粪问题变得更加棘手。1881 年，《纽约时报》的一篇文章在谈到马匹时曾经这样写道，“它确实养活了自己，但是它的生活费用可真是不低”。文章接着写道，另一个选项很快就会出现：

> 在拥挤的城市里，反对马的声浪，随着其服务的增多反而越来越高……尤其是让街道污秽不堪的马粪，简直令人作呕。许多铺设轨道的街道，更是马粪不断堆积的地方……尽管城市最初的建设规划是围绕马车的交通服务而来的，但是没有必要将马匹永远作为城市的中心……我们可以认为，它作为一种交通工具不可或缺，但是一旦更好的工具出现，我们就可以放弃它。

到了 1894 年，这家报纸依然在抱怨，“城市里的马越来越令人生厌——当然，它的功劳也不可磨灭”。但是有些事情已经发生改变。一直以来人们都感觉，对马的依赖是不可持续的。现在这种感觉已经让位，人们开始觉得，改变不仅不可避免，而且迫在眉睫。该报宣称：“每一个有一点儿想象力的文明都会非常高兴地预料到，由马匹驱动车辆的时代正在迅速走向终结。”在人们需要将城市从马的暴政中解放出来的关键时刻，汽车出现了。人们对这种新机器的到来又会做何反应呢？

第四章

橡胶轮胎横空出世

一开始它只是一个科学实验，接着就成了冒险家的工具，然后做富人的玩具，之后又成就了穷人的野心，最后成为所有人的仆人。

——菲尔森·扬，《我们的时代》，1911

伯莎·本茨的公路之旅

◆

历史上第一个用现代方式使用汽车的人是伯莎·本茨，卡尔·本茨的妻子。1888 年 8 月的一个大清早，她提前起床，没跟丈夫打招呼，就悄悄和两个 10 多岁的儿子尤金和理查德登上了“奔驰一号”。这是一辆原型车，并且只有三个轮子。他们从曼海姆出发，前往 65 英里外的普福尔茨海姆，伯莎·本茨的妈妈住在那里。她的目的就是要向丈夫证明一件事：他的发明足以应付长途旅行了！不要只在车间的院子玩闹了，完全可以拉到公路上去遛遛。伯莎·本茨的这趟旅行多年来已经被讲述成神话，故事大概是这样的：为了不吵醒她的丈夫，她和儿子们在发动汽车前，先把这辆车推到了车间外的道路上。她故意在餐桌上留下了一个措辞含糊的便条，说自己要去看望母亲，但是用什么办法走这段旅程却秘而不宣。

研发第一辆车，伯莎·本茨的作用不可小觑。她的嫁妆为这辆车的研制提供了资金，她还和丈夫一起试驾过几次。她对这辆车的技术细节非常感兴趣，这一点在这趟旅途中发挥了重要作用。她知道，凭着“奔驰一号”的单缸发动机和两个挡位，最多只能爬上平缓的山坡，再陡一点儿的地方便难以为继。她带儿子们一起去看望外婆，就是想在必要时，这两个半大小子可以下去推车。另外，要保持车辆行驶，就必须给化油器及时添加燃料（此时，这辆三轮车还没有单独的油箱，只在发动机顶部有一个很小的存油器），同时给散热器加满水。发动机使用的粗汽油，一种石油溶剂油，作为家用溶剂可以在药店买到。因此，本茨太太选择的路线会经过几个有药店的市镇，她第一次加油是在沿途的威斯洛克镇药店。水则可以从路边的酒馆、小溪或供马匹饮用的水槽中获得。

不出所料，上坡确实需要人工协助。在将汽车开上一个很陡的山坡时，路边有两位惊呆了的农民，本茨太太就请他们帮忙推车。并不是每个人都赞赏这个奇怪的新物件，据说一些围观的路人，因为觉得它太过可怕，开始跪下祈祷。除此之外，本茨太太还有其他的事情要担心。据说她不得不用一根帽针拨通堵塞的燃油管，用吊袜带堵住一个漏水的阀门，并更换了一根短路的点火线上磨损的绝缘材料。不过，因为后车轮镶了钢圈，前轮是实心橡胶轮胎，这辆车倒是没有爆胎或漏气的危险。一路上她将进展情况通过电报告诉了丈夫，最终在黄昏时分，她和儿子们赶到了母亲家。几天后他们开车返回自己家，这次他们选择了一条山路不多的路线，一路上还是不断停下来加油加水。为了使刹车效果更好，途中他们还请鞋匠在刹车片上加了一层皮革。

世界上第一次家庭自驾游就这样发生了！这次旅行为汽车技术带来了几项改进，在妻子的建议下，卡尔·本茨额外增加了一个较低挡位，让汽车在爬坡的时候，不需要人在车后撅臀振臂，奋力推动了。因为刹车片在下坡时的减速效果不佳，本茨还改进了刹车系统，保留了伯莎的创新——在刹车片上覆盖一层皮革。最重要的，妻子的这趟旅行以及由此带来的惊喜让本茨信心爆棚，让他的发明得以继续推进，让车辆距离上市更近了。一个月后，慕尼黑车展隆重开幕，这辆汽车不出所料受到热烈欢迎，本茨获得一枚车展金牌，新闻界的闪光灯对着他和他的爱车啪啪地闪个不停。不久之后，他的汽车正式开卖了。今天，在伯莎·本茨行驶过的线路上有许多纪念标志，她在威斯洛克镇买到粗汽油的那家药店自豪地宣称，他们是世界上第一家加油站。这次大胆的旅行将汽车介绍给了世界，并向世人表明，汽车非常适合日常使用，尽管偶尔也需要小帽针来帮忙。这趟旅行引发的困惑、钦佩和恐惧，也预示了日后公众对汽车的反应。但是，这只是沿着乡村公路噗噗驶过的一辆汽车。在接下来的几年里，随着汽车数量的激增，人们对它的态度迅速发生了改变。

比赛马上开始

♦

可以说汽车时代是从一场不寻常的比赛开始的。比赛的组织者是在法国广受欢迎的《小日报》，一家在利用宣传噱头提高发行量方面颇负盛名的报纸。报社希望可以将人们对无马马车新技术日益增长的兴趣转化为商业利益。但是这些交通工具的实用性到底如何？它们有哪些局限性？哪类车的前景最为广阔？“到 19 世纪末，人类在不到 100 年的时间里创造了蒸汽、燃气、电力以及一些其他种类的驱动力，但是，这样的创造力仍然没有让人们找到以机械形式的驱动装置代替马匹的方法。”《小日报》在 1893 年 12 月写道，“《小日报》希望可以在 1894 年解决的正是马车的替换问题，但愿我们能够取得重大进展”。

该报宣布，将在第二年夏天举行一场比赛，以评估“无马马车”作为一种实际交通工具的可行性，并确定各种驱动形式——蒸汽、电力或汽油发动机，哪一种最适合广泛使用。参赛者将按要求驱车从巴黎前往位于诺曼底的鲁昂，全程 79 英里。车辆可以使用任何形式的驱动装置提供动力，比赛对所有国家的参赛者开放。然而，评判这些车辆的标准并不是它们的速度，而是安全性、便捷性和经济性——这一规定把除了司机还需要司炉或机械师的车辆挡在了门外。最符合这些标准的参赛者将获得 5 000 法郎的头奖。

在接下来的几周里，共有 102 名选手报名参赛，报名费为10法郎。但是，当参赛者于1894年7月18日聚集在巴黎参加预赛时，只有26辆汽车到场，并且全都是由蒸汽或汽油发动机驱动的车辆。没有一辆以电或是其他更新奇的推进技术（如空气压缩、液压和“重力”）为动力的汽车停在起跑线上。26名参赛者参加了在巴黎街头举行的公众游行，这是一场堪称最先进汽车技术的展览。现场非常具有感染力，吸引了大批热情观众。

在接下来的3天里，参赛选手被分成5组参加资格赛，每组需要在巴黎不同的郊区跑完31英里的指定线路。每组都是由来自不同制造商的蒸汽汽车和汽油汽车组成的，因此每条路线上的观众都可以感受到无马马车的各种类型和设计，并见证他们在性能方面的不同。这一切不仅为观众提供了娱乐的机会，也为汽车制造商提供了展示的机会，更为《小日报》提供了自我宣传的机会。

参赛选手和他们的汽车为新兴的汽车行业提供了一份名人录，其中包括法国贵族朱尔－阿尔贝·德·迪翁伯爵。这位伯爵有两大爱好，一是决斗，二是摆弄蒸汽机。他参赛的车辆是自己公司制造的一台蒸汽拖拉机，后面拖着一架普通马车，用蒸汽拖拉机直接代替马匹。其他以蒸汽为动力的参赛车辆包括几辆由塞波莱蒸汽机驱动的汽车（其中一辆属于一家颇具前瞻性的巴黎百货商店），以及一辆外观相当精致的蒸汽三轮车。

以汽油为动力的汽车包括一款“奔驰一号”改进版，名叫奔驰 Velo。这款车在当年早些时候已经上市销售。除了其他方面的改进，Velo 用四轮代替了三轮。卡尔 · 本茨那天并没有到巴黎来，代表奔驰公司的是法国企业家、自行车制造商埃米尔 · 罗歇。“奔驰一号”于 1888 年上市销售，罗歇是该车的第二个客户，后来他获得了在法国制造和销售奔驰汽车的独家代理权。

还有 5 台汽油驱动发动机是由法国制造商标致制造的，另外 4 台由另一家法国公司庞阿尔 – 勒瓦索尔制造，其中一台由公司创始人之一埃米尔 · 勒瓦索尔驾驶，另一台由公司联合创始人的儿子伊波利特 · 庞阿尔驾驶。自 1890 年以来，这家公司已经向巴黎及其周边地区的客户出售了大约 100 辆汽车，他们开创了将汽油发动机放在汽车前部（而不是后部，座椅下面）的先例，并首先采用了后轮驱动，这种设计被称为庞阿尔系统。此后，这一系统也逐渐被其他制造商采用。除了一辆庞阿尔汽车，所有参赛车辆都采用了舵柄转向，车主阿尔弗雷德 · 瓦舍龙对该车进行了改装，用方向盘代替了舵柄。各式各样的车辆轰隆隆驶过，现场的观众在不经意间瞥见了汽车的未来。

戈特利布 · 戴姆勒也站在观赛的队伍中，参赛的几辆汽油汽车的发动机就是由他（和他的同事威廉 · 迈巴赫）设计的。在法国，他们的设计已被授权给庞阿尔 – 勒瓦索尔公司，后者用它为自己的汽车提供动力，也为标致汽车提供发动机。然而，到巴黎 – 鲁昂汽车大赛时，戴姆勒和迈巴赫已经与他们的投资人闹翻，对方迫使他们卖掉所有的股份和专利，从他们自己的公司辞职。看着这些赛车为比赛做准备，戴姆勒的心情一定十分复杂。作为一个对内燃机的优越性坚信不疑的工程师，毫无疑问，他会希望汽油驱动车比蒸汽驱动车表现更好，所以他特别支持标致和庞阿尔－勒瓦索尔公司制造的汽车。但是此时，他自己亲自创建的那家公司，在将这项技术商业化的同时，也让他失去了对公司的控制权。

阿尔弗雷德·瓦舍龙，1894年巴黎–鲁昂汽车大赛的参赛者之一

图片来源：Mercedes-Benz Classic

他们出发了

♦

经过 3 天的资格赛，21 辆汽车获得了参加于 7 月 22 日

（周日）举行的决赛资格。据《纽约先驱报》驻巴黎记者报道，聚集在一起观看赛车出发的有“好几千人”。按照现场规定，赛车每 30 秒钟开走一辆。比赛当天晴空万里，阳光明媚。沿途也挤满了围观的人，有些人或骑自行车、骑马或步行跟随着比赛车辆：

> 快到 8 点的时候，比赛开始了，共有 21 辆车参赛。它们大小不一，外观各异。有的搭载着十几个人，有的只有两个人。有的看起来美观雅致，有的看起来丑陋笨重。比赛开始得很顺利，有的赛车让观众眼前一亮，大家一起鼓掌叫好。那些看起来老旧过时的赛车，也被人们无情地嘲笑和戏弄。确实有几辆车毫无新意，老旧过时，因此人们得出结论，要完善这些无马马车，还有很长的路要走。

伴着滚滚尘烟，21 辆参赛车辆向西驶出巴黎，驶向大约半程距离的芒特镇。一辆蒸汽汽车不久就因为断了一个车轴退赛了。迪翁伯爵的蒸汽拖拉机在上午 11 点左右首先抵达芒特镇。一名目击者说，他车里的两位乘客身份不凡，是萨冈王子和拉普拉斯上尉，“（他们）脸色苍白如灰”，但仍表示这趟旅程让他们“感到很高兴”。大约 10 分钟后，开着一辆标致车的阿尔贝·勒迈特和驾驶自家车的埃米尔·勒瓦索尔分别抵达。到中午时，其他车辆也陆续出现了，每辆车的到达时间都被记录下来。选手们停下来享受

90 分钟的午餐休息时间，到下午一点半，喇叭声响起，选手们开始了前往鲁昂的第二段旅程。

大多数参赛车辆都是以每小时 10 英里左右的速度平稳行驶的，后面还跟着骑自行车和骑马的观众。车队和随行的观众花了几分钟时间，才穿过聚集在沿途城镇和村庄观看比赛的人群。一些观众挥舞着旗帜，还有些人向路过的司机献上鲜花或水果。拥挤的道路上发生了几起事故：有 7 只狗被车碾轧，还有一名骑自行车的人受伤。当天下午，一辆蒸汽机车的锅炉管爆裂，一名操作人员受伤。这是第二辆中途退出的蒸汽汽车。还有几辆车的薄橡胶轮胎损坏。迪翁伯爵仍然领先，但是他在一个陡峭的山坡上拐错了弯，开到了一片土豆地里，在别人的帮助下才重新上了路。

一位《纽约先驱报》的记者报道，他于 12 点半在午餐休息时从芒特镇骑自行车出发，希望能在所有参赛选手到达之前赶到鲁昂，但路上被迪翁伯爵超越了。伯爵的车“在平地上以每小时 17.5 英里的平均时速行驶，像一列特快列车一样冲向群山”。在一天的比赛中始终处于领先地位的迪翁伯爵在傍晚时分第一个抵达鲁昂，紧随其后的是两辆标致和两辆庞阿尔 – 勒瓦索尔。最后一辆车是在快 9 点时抵达鲁昂的。在那天早上从巴黎出发的 21 辆车中，有 17 辆完成了旅程，除了 3 辆是蒸汽驱动汽车，其余的都是汽油驱动汽车。有 3 辆蒸汽车和 1 辆汽油车在途中退出比赛。

在第二天的颁奖典礼上，迪翁伯爵的蒸汽拖拉机虽然跑得最快，第一个到达终点，但是只获得了二等奖，赢得了2 000法郎。毕竟，比赛的目的是要确定非畜力推进车辆是否安全、易用、经济实惠。裁判裁定，伯爵的蒸汽动力汽车不能成为总冠军，因为它需要一个熟练的机械师来保持发动机运转，而且运行成本很高。共同获得5 000法郎一等奖的是标致和庞阿尔–勒瓦索尔，他们的汽车“使用了戴姆勒先生发明的汽油发动机”，整体上“最接近评判标准”。三等奖由一辆塞波莱蒸汽汽车获得，四等奖的获得者是两名对汽车进行创新改装的参赛者——其中一位是阿尔弗雷德·瓦舍龙，第一个使用方向盘的人。五等奖获得者是第14个到达终点，驾驶奔驰汽车的埃米尔·罗歇。简言之，组织者确保每个参加比赛的主要制造商最终都能获得某种奖励。

由朱尔–阿尔贝·德·迪翁伯爵制造的蒸汽拖拉机拉着一种被称为calèche的两轮马车。尽管迪翁伯爵在1894年的巴黎–鲁昂比赛中第一个到达终点，但是他没有获得一等奖，因为裁判认为他的汽车操作起来太复杂，也太昂贵

图片来源：Universal History Archive/Getty Images

这是一场不同寻常的比赛，最快的参赛车辆没有获得一等奖，而获得一等奖的却是第二名，真正的赢家在事后才得以知晓。事实上，那天真正的胜利者是由汽油驱动的内燃机，尤其是戴姆勒设计的那一台。戴姆勒没有直接参加比赛，但是在完成比赛的 12 辆汽油汽车中，有 9 辆使用的是他设计的发动机，其中包括共同获得一等奖的 4 辆。戴姆勒获得了评委们的特别表扬，评委表示，他在自动推进车辆方面的努力，“使石油或汽油作为燃料变成了一种实用的解决方案”。对戴姆勒发动机的需求很可能会迅速增长，但戴姆勒和迈巴赫与拥有获胜设计的公司已经不再有任何关系。不过，此时他们已经设计出了一个叫作“凤凰”的更好版本，老公司的专利许可商都已跃跃欲试。为了解决当时的困境，戴姆勒的朋友，一位名叫弗雷德里克·西姆斯的英国投资商同意向公司注资，条件是戴姆勒和迈巴赫必须带着他们的新设计重新回到公司，并重新担任高管。1895 年，两人如期回到他们共同创办的公司。

戴姆勒的儿子、摩托车的先驱探索者保罗也参加了比赛。他是这样回忆驾驶蒸汽动力汽车和汽油动力汽车的赛手之间的鲜明对比的：“看着这些千差万别的汽车相互竞争，感觉真是一个奇特的场面。在重型的蒸汽汽车上，司炉汗流浃背，满身煤烟，奋力添加燃料；小型蒸汽三轮汽车的司机们则紧盯着安装精巧的管状小锅炉的压力和水位，随时调节燃油的燃烧状态；汽油和煤油动力汽车的司机们则平静地坐在驾驶座上，偶尔动一下舵柄，仿佛是出来进行一次愉快的旅行。这种极为独特的形象对比留在我的脑子里，再也挥之不去。”

世界各地的报纸纷纷报道了这场比赛。7 月 23 日，《纽约先驱报》发了特刊。7 月 24 日，伦敦《蓓尔美街报》刊登了一篇总结性报道，认为“周日举行的巴黎 – 鲁昂汽车大赛似乎大获成功”。《纽约时报》在 8 月初的一篇题为《公路汽车赛中的获胜者》的报道中援引《伦敦电讯报》，列出了这次大赛的结果。《纽约先驱报》在 11 月的一篇报道中说：“巴黎人对无马马车这一话题越来越狂热了。与 7 月巴黎 – 鲁昂汽车赛类似的另一场比赛已经安排在明年 6 月举行，路线是从巴黎到波尔多，然后返回。”

彻底抛弃马的肉身

♦

第二场赛事于 1895 年 6 月 11 日举行。从各方面来说，这场比赛相比第一次都更为重大。首先，比赛的距离长了很多。从巴黎到波尔多再返回的距离为 730 英里，几乎是巴黎到鲁昂距离的 10 倍。（非常幸运的是，法国当时拥有欧洲最好的一些道路。拿破仑在一个世纪前的投资为此做出了贡献，他当时已经认识到，拥有良好的道路才能快速调动军队。）其次，一等奖奖金也比前一年大大提高了，达到 31 500 法郎。这次在起跑线上蓄势待发的 22 辆汽车，大多数是汽油驱动汽车，但也有少数几辆蒸汽汽车。另外还有两辆电动汽车，司机事先已安排好在沿途定期停车更换电池。与前一年的赛事不同的是，这是一场真正意义上的比赛：奖金将颁发给在最短时间内跑完全程的车辆。但是，这场比赛的一些细节让人似曾相识：和 1894 年一样，迪翁伯爵开着他的蒸汽拖拉机与埃米尔·勒瓦索尔对决，埃米尔·勒瓦索尔还是开着自己公司的一辆汽油车，只是发动机已经换成戴姆勒新设计的“凤凰”。

与上次一样，迪翁伯爵在开始时保持领先。但是在他停下来加油加水时，勒瓦索尔超过了他。在后面的比赛中，勒瓦索尔一直保持领先地位。他几乎连续开了两天两夜，只做了几次短暂休息。他返回巴黎的时间是 6 月 13 日，比赛平均时速达到了每小时 15 英里。21 名参赛选手，共有 9 名完成了比赛，前 8 名驾驶的都是汽油汽车，最后一名驾驶的是蒸汽汽车。两辆电动汽车都没有跑完全程。但是因为技术原因，最终公布的获奖名单中获得大奖的并不是勒瓦索尔，因为参赛车辆按要求应该是四座车，而他的车只有两座。第二个到达终点的车也是两座车。因此，大奖最终由位列第三、驾驶标致车的保罗·凯什林获得。他比勒瓦索尔整整晚到了 11 个小时。这一结果引发了强烈抗议。组织者后来同意，在未来的比赛中，大奖一定会颁给跑得最快的车。

比起头一年的比赛，1895 年的这场赛事更为重要的一点，就是它吸引了大量媒体的目光，舆论宣传前所未有。《蓓尔美街报》于当年9月刊文称："人们开始对用机械设备代替马匹来驱动轿车和其他车辆的实验产生巨大兴趣，从这一点来看，似乎我们不久就将看到一场这方面的革命。"文章接着指出，这场比赛巩固了内燃机即将取代马匹的技术地位。该报还宣称："法国已经向所有不带偏见的观察者证明，使用石油发动机的交通工具，其维护成本还不到马匹的一半。它们在其他方面也有着明显优势，这些优势肯定会导致马的肉身最终被彻底抛弃。这些'voitures mécaniques avec moteur à petrole'[①] 看起来确实古怪，不过那是因为我们习惯了在车子的前方看到一匹老马，而不是一个装机器的盒子。"就连迪翁伯爵也很快将他的公司从制造蒸汽动力汽车转向制造汽油动力汽车。

随后几年，在1895年法国汽车大赛的刺激下，许多其他比赛，以及从一个城市到另一个城市的竞速赛，不仅在法国，也在其他国家相继展开了。大家都生怕自己会在这个全新的重要领域落后于人。在英国，《工程师》杂志很快就拿出1 000基尼，为一场竞争国产最佳汽车的比赛提供奖金。1895年的这场比赛也在美国触发了一场类似的赛事，时间是1895年11月28日，感恩节，地点是芝加哥，赞助商为《芝加哥先驱时报》，奖金为5 000美元。这些比赛激发了工程师和车手超越竞争对手，提升汽车技术水平的热情，也让媒体更热衷于为制造商做宣传。自此，西

① 原文为法语，意为"使用石油发动机的机械车辆"。——译者注

方社会形成了颇具现代文化色彩的赛车传统，这一传统一直延续到今天。1895 年 11 月，在纽约发行的《无马时代》第一期的一篇社论，捕捉到了科技带给美国的突如其来的兴奋之情：

> 公众情绪先是冷漠，然后迅速变得热情高昂，转变之快，发生时间之短，简直令人咋舌。1894 年 7 月那场从巴黎到鲁昂的第一次汽车大赛，激发了我们更多关于发动机的创造性思考，不过并没有引起美国人民的普遍反响。去年 6 月从巴黎到波尔多的比赛就不同了，参赛选手的表现是如此精彩，以至整个基督教世界都停了下来，把目光集中在飞速行驶的汽车上。48 小时 53 分钟跑完 1 207 公里！自行推进的交通工具在那一刻已经证实了自己。机械工程领域立刻开始热烈讨论这一话题，报纸刊载了有关这一成就的报道，把相关故事发送到了每一个小村庄……此时此刻，美国人民似乎开始意识到汽车的重要性。

这段摘录所言不虚。对法国汽车大赛的报道将法语单词“automobile”① 引入了英语，比起“horseless carriage（无马马车）”，这个词要简练得多。但并不是每个人都喜欢使用这个词。《无马时代》更喜欢使用 motor vehicle

① 原意为“自行移动”，后专门指“汽车”。——译者注

（机动车）这个词，它为这个选择辩护的理由是，因为“motor”这个词可以和其他现有的词组合在一起，用来表示 motor bicycles（两轮机动车，即摩托车）、motor wagon（机动货车）、motor carriage（机动轿车）等等。该杂志在 1895 年 12 月的一篇社论中这样写道：“目前，人们似乎对‘无马马车’这个名字很着迷，但是……似乎可以肯定的是，这个尴尬的表达方式将被逐渐抛弃，取而代之的是上面所提及的更简洁、更具有表现力的术语。”在英国，autocar（自动车辆）和 automotor（自动马达）这两个词获得了一些支持，《汽车与无马车辆》（***Automotor and Horseless Vehicle Journal***）这个杂志的名称使用的就是 automotor 一词。但是《无马时代》指责这些词为“异教徒的可憎之物”，因为它们给人一种暗示，“车辆是在无人帮助的情况下自己行走的”。1899 年 1 月，《纽约时报》评论道：“一件非常不可思议的事情是，这些新式车辆都丑到无法形容。而且名字都不好听，甚至没有一个名字是让人可以忍受的。”《泰晤士报》则是从词源学角度拒绝接受 automobile 一词，因为它将 auto（来自希腊语）和 mobile（来自拉丁语）结合在一起。该报还抱怨说，“说英语的人被毫不相干的‘无马’一词吸引得要命”。但实际上，《泰晤士报》很快就开始频繁使用 automobile 这个词，而 car 这个词之前指的是各种有轮子的车辆，包括火车车厢，以及在轨道上行驶的有轨车辆，到 20 世纪早期才开始更具体地专指机动车辆。与此同时，在英国更受欢迎的是 motor car 一词（通常缩写为 car），而 automobile 或 auto 却从未流行起来。

从新奇到厌恶

♦

1888 年，目睹伯莎 · 本茨公路旅行的只有几十个困惑的旁观者，而到了 19 世纪 90 年代，观看汽车大赛的人群已经可以用人山人海来形容。到世纪之交，欧洲和美国的数十家汽车制造商已经向富有的汽车爱好者出售了数千辆汽车，这些车主也开始频繁地在公共道路上驾驶汽车。1900 年，欧洲生产了大约 6 000 辆汽车（大部分在法国），美国生产了 4 000 辆，在大西洋两岸道路上行驶的汽车数量均达到了大约 8 000 辆。许多早期驾驶者的鲁莽行为导致公众对汽车的态度发生转变，从一开始觉得它是偶尔一见的新奇事物，变成认为它是天天可遇的讨厌鬼。

法国记者路易 · 博德里 · 德 · 索尼耶曾在 1900 年写道："汽车让最冷静的人也对速度产生了熊熊燃烧的渴望。" 1902 年，加州杂志《越野月刊》的一位作者表示，希望"随着时间的推移，汽车的快速运动所带来的陶醉感将会逐渐消失，开车的乐趣将会体现在享受新鲜空气，体验风景变换，欣赏自然美景等方面。开车的人还可以感受火车无法提供的自由感和独立感"。但是，他的希望落空了。奥地利作家阿道夫·施马尔在1913年出版的《驾驶员手册》中写道：“我认识一些平时原本善良、有教养、体贴的人，但是他们的手一摸到方向盘，脚一踩到油门，就会为汽车癫狂。似乎我们通常所说的良好教养在他们身上突然就消失了。”

施马尔认为，开车的人应该是有教养的，因为购买汽车的高昂费用意味着早期开车的人必然是社会精英中的富有成员。汽车出现在公路上不仅仅代表着一种新型交通工具的闯入，更代表着富人阶层的闯入。早期的汽车还没有被强制规定安装消音器，所以噪声很大，而且司机可以随意按喇叭警告行人——他来了！他的车来了！

人们对汽车在乡村道路上扬起的灰尘怨愤不已，认为马和马车带来的困扰远没有这么糟糕。1905年，一位驻日内瓦的美国外交官这样写道：“汽车扬尘常年带来困扰，郊区和乡村居民，特别是住在主要干道路边的居民，生活环境变得非常不健康，他们感到非常不舒服。”法国里维埃拉地区是世界上最早开始流行娱乐驾驶的地区之一，那里的居民受到的影响尤其严重。这位外交官接着写道：“我听说近期在法国里维埃拉地区，有些别墅根本无法出租或出售，开车人的天堂已经变成了居民的地狱。”同时他也写道，在日内瓦和瑞士的其他地方，当地政府采取了相应措施，在道路上铺设“防尘层”，即热的煤焦油或柏油。事实证明，用这种方法铺路能有效地减少汽车扬尘，有些人甚至自己花钱在自家房前的道路上铺设“防尘层”。但是对所有现有的道路进行这样的处理似乎不切实际，因为成本太高了。因此，人们开始呼吁更严格的速度限制，或是对特定路线的限制。

不仅仅是噪声和灰尘这么简单，汽车数量激增还带来了重大安全问题。行人和动物不得不面对不确定的风险。鸡经常被卷到车轮下面，人们指责有司机以此取乐，是故意这样做的。对鸡的不同态度凸显了一道鸿沟，鸿沟的两边是贫穷的农民和富裕的车主。法国《费加罗报》甚至在 1913 年讲述了一个“汽车与鸡”的故事，据说这些鸡是农民专门喂养的，等汽车过来时它们就冲到汽车前面，这样鸡的主人就可以要求车主赔偿 5 法郎。马匹是冲突发生的另一个原因。驾车者不喜欢被缓慢行驶的马车阻碍，他们觉得，从广义上讲，人们对马的感情和老式态度阻碍了汽车的发展。汽车的支持者认为，在马匹造成更多交通事故的情况下，指责鲁莽的司机危及其他道路使用者是不公平的。他们抱怨说，汽车带来的危险被夸大了，而涉及马匹的事故却被认为是自然规律的一部分，因而被忽略不谈。1904 年，一份德国汽车杂志哀叹道：“高贵的马，尽管优点多多，但还是比一个开车的人要愚蠢，而人们却不愿正视这一点，尽管马和马拉的车比汽车造成的事故更多这一点已经被证明了千百次。”一份持类似立场的意大利杂志在 1912 年发文说，“即使马匹、有轨马车、火车发生剧烈碰撞，杀死这世上一半的人，也不会有人关心”，然而，“如果汽车在一个车前跳舞的顽童身上留下一点儿擦伤，或者在一个醉酒驾车，没有开灯的马车夫身上留下一点儿划痕”，就会有人跳出来大声疾呼。

在肯尼思·格雷厄姆的小说《柳林风声》中，蟾蜍先生这个角色就是一个鲁莽的、不为他人着想的上流社会驾车者的化身。这本书于 1908 年出版，书中这个模式化的人物得到了广泛认可。故事中，蟾蜍先生是一个疯狂的跟风者。有一次，他的马车被一辆路过的汽车逼迫着驶离了道路，之后他就疯狂地爱上了开汽车。“当我毫无顾忌地疾驰而去时，扬起的灰尘是多么壮观啊！”从驾马车改成开汽车，蟾蜍先生这样夸耀道。不久之后，他就撞了 7 辆车，住了 3 次医院，还因违章驾驶交了一大笔罚款。为了阻止他因爱好而不顾死活，朋友们把他软禁在家里，但他还是跑了，并且偷了一辆车，最终被送进监狱。之后他再次逃跑，偷了同一辆车，并把车开进了河里。

小说都有现实生活中的灵感，蟾蜍先生的原型可能来自美国百万富翁、汽车的疯狂爱好者威廉·范德比尔特二世。1888 年，10 岁的范德比尔特在法国南部乘坐了一次蒸汽驱动三轮车，就此激发了对驾驶汽车的浓厚兴趣。10 年后，他订购了一辆由内燃机驱动，迪翁伯爵的公司制造的机动三轮车，并把它运到纽约。（1897 年至 1901 年，迪翁公司的这种三轮车共售出约 1.5 万辆，成为首批销售范围极为广泛的机动车之一。）范德比尔特收集了很多汽车，据说，正是由于他与“蟾蜍先生”在驾驶汽车时一样的冒险和越界行为，1900 年，罗得岛的纽波特市（就在他家附近）

开始了人类历史上第一次对汽车的限速。基于同样的原因，长岛的首次限速措施开始于 1902 年。范德比尔特不仅在美国家乡不受欢迎，也在一系列的欧洲汽车旅行中引起了欧洲人的反感。在 1899 年访问法国期间，范德比尔特杀死了两条攻击他汽车轮胎的狗，面对围拢而来的愤怒民众，他不得不溜之大吉。还有一次，他居然鸣枪示威，来吓唬手持鞭子和石头迫近他的人群——人们知道他总是随身带着一把左轮手枪来保护自己。1906 年，在意大利，他开车撞了一名儿童，愤怒的民众夺走了他的枪，最终警察不得不介入营救他。1909 年，一帮瑞士农民袭击了他，威胁要点火烧了他的汽车。

这一时期，有范德比尔特这样的人在公路上“逍遥”、闯祸，人们对开车的人普遍怀有敌意就没什么奇怪的了。1905 年，一位最早驾驶汽车的德国女性在日记中写道：“驾车穿越荷兰是一件很危险的事，因为那边农村里的人对开车的人大都极度憎恶。我们甚至遇到了一些老人，他们的脸因愤怒而扭曲，在没有任何理由的情况下就向我们扔石头，有些石块足有拳头那样大。”这种情况下，人们想到了很多试图阻止司机开车的办法，比如，在公路上撒钉子或碎玻璃扎破轮胎，或者在车道上捆绑绳子和铁丝，还有向汽车投掷新鲜粪便的。1904 年至 1906 年，为了阻止汽车通行，明尼苏达州罗彻斯特市附近的农民铲掉了一些道路。1909 年，在加州萨克拉门托市附近，有人在道路上挖了一些横沟，13 辆汽车掉进沟里。这一时期的德国驾驶员手册建议，驾驶员应携带武器保护自己。一些司机认为，在事故发生后尽快离开现场才是明智的选择，否则可能会遭到愤怒农民的严厉惩罚。1909 年，德国甚至通过一项法律，允许驾驶员在事故发生后赶紧逃掉，只要他们及时向警方报告情况。与此相反，1910 年，一位德国国会议员建议货运马车车夫购买枪支，以保护自己不受汽车驾车者伤害。

在 1906 年的一次演讲中，时任普林斯顿大学校长的伍德罗·威尔逊曾表示，他担心鲁莽的驾驶者正在煽动人们对富人的怨恨之火，“在这个国家，没有什么比汽车的使用更能传播社会主义情绪了。在乡下人看来，汽车就是财富的傲慢，它象征的不是独立自由，而是无所顾忌”。而车迷一方，则谴责批评人士是进步的敌人。一位德国作家在 1906 年写道：“要求政府出面对付驾驶者的是些什么人呢？他们和半个世纪前不希望使用煤气照明的是同一群人，他们也曾向普鲁士国王请愿，要求停止修建从柏林到波茨坦的铁路。”1908 年，法国作家奥克塔夫·米尔博以讽刺的口吻模仿了开车人的怨愤之词：“多么令人灰心，多么令人沮丧，这些爱闹事的顽固村民，我撞到他们的鸡和狗，有时还会撞到他们的孩子，他们却意识不到我代表着社会进步和普世幸福。他们自己不想要，我也要为他们带来这些好处，即使他们不能活着享受这些恩泽！”

在 19 世纪 90 年代和 20 世纪初，各个地方曾经有过一些完全禁止使用汽车的尝试，但这些禁令要么是过眼云烟，要么从未真正实施过。德国和瑞士的部分地区在星期日禁止汽车通行，理由是要维护周日漫步的神圣性。然而多数情况下，各地是靠制定越来越多的汽车使用规则来解决汽车带来的问题的，比如速度限制、车辆登记、执照驾驶、夜间开灯等等。例如，在英国，声名狼藉的“红旗法案”于 1896 年被撤销，取而代之的新规定是，允许重量在 3 吨以下的汽车以每小时 14 英里的速度上路行驶，并提醒车辆需靠左行驶。1903 年的《汽车法案》更新了一些规则，添加了车辆登记和持执照驾驶（尽管不需要考试）两个项目，将车速限制从每小时 14 英里提高到 20 英里，并将不计后果的鲁莽驾驶行为定罪，驾驶者最长可被监禁 3 个月。让他们感受到监禁的惩罚是必要的，因为罚款已无法阻挡富有的“路霸司机”或“马达速热器”（人们对危险司机的称呼）的不良行为。但是，最终改变人们对汽车态度的并不是法律，而是人们对汽车的熟悉程度。随着汽车的价格越来越亲民，人们对汽车和驾驶者的敌意开始减少。无论是在城市还是在乡村，越来越多的人都开始拥有汽车。一些最初反对汽车的理由，比如噪声和灰尘，逐渐被认为是值得付出的代价，因为与马车相比，汽车提供了更多的自由和便捷，价格也逐渐能够被大众接受。更令人惊讶的是，虽然汽车技术诞生于欧洲，但汽车社会的雏形却最早诞生于美国。这一切都要归功于这样一款车，即福特 T 型车。

第五章

车如其人，人如其车

一个家庭的汽车，代表了它的社会地位，正如贵族等级决定了一个英国家庭的地位一样。

——辛克莱·刘易斯，《巴比特》，1922

改变一切的那款车

◆

到了 1908 年，想买车的美国人已经有的选了。潜在的客户可以在那一年的汽车广告上看到数十家汽车制造商，品牌之多，令人眼花缭乱。这些汽车如今多数已销声匿迹。那时汽车广告的共同特点便是特别强调有车一族的社会地位。这也不奇怪，因为当时的汽车相当贵：那一年，美国自产汽车的平均售价为 2 834 美元（约为现在的 8 万美元），而一辆进口欧洲车的平均售价更是高达 6 730 美元（约为现在的 20 万美元）。图文并茂的广告想要明确地表达出汽车是富人的宠物，只归富人所有的意思。在广告中，皮尔斯 – 箭头汽车的售价从 3 950 美元到 7 200 美元不等，广告图片中的男男女女都穿着正装，在专职司机、贴身男仆和管家的陪同下，穿梭于上流社会的各种活动。

然而，有些广告设置的背景并不正式。人们没有戴高礼帽，也没有穿晚礼服，取而代之的是硬边草帽和运动夹克，或是穿着网球套装的男子懒洋洋地倚靠在价格不菲的汽车上。皮尔斯－箭头的“敞篷马车”（一种模仿马车的汽车，司机座位设在封闭的客舱外面）声称自己像“设备齐全的马车般精巧”。其他品牌也做出了类似声明，奥兹莫比尔汽车公司的Z型车（售价4 200美元）在1908年的广告中宣称，这是“一款贵族气息十足的汽车”，而其M型车（售价仅为2 750美元）则被描述为“一款风格独特，舒适无比，稳定性极高的高级轿车”。皮尔利斯汽车公司的广告宣传语是“车如其名”[①]。广告的主角是两位由专职司机接送，徜徉于纽约繁华大道上的上流社会女性。很多广告也提到了汽车的性能与可靠性，比如它们在速度试验、爬坡以及长距离耐力比赛中的超凡表现。这样做是为了让潜在购买者放心，他们的汽车不仅看起来漂亮，而且不会让车主在使用时遭遇尴尬。毕竟，一辆汽车虽然能够显示财富和地位，但是如果它在歌剧院外面抛锚了，那还有什么用呢？

在这样的背景下，福特汽车公司在1908年10月新推出的T型车所采用的广告方式，就像该车的车型一样，在某种程度上可以说是背离常规的。广告内容大部分是文字，

① 皮尔利斯汽车公司的英文为Peerless，字面意思为卓绝超群、无与伦比。——译者注

而非图片，语气明智、务实，没有废话："豪车的质量，低廉的售价……福特汽车会让你花更少的钱，跑更多的路，现有旅行车都无法媲美。"广告的背景并未设置在穿着考究的上流社会环境中，而是在一个简单的背景下仅仅展示了汽车本身。价格也没有偷偷地隐藏在广告底部，小小的字体让人难以察觉，或是根本不提，而是突出在大标题上。这并不奇怪，因为T型车的售价是"迄今为止闻所未闻的850美元"。这款车的目标就是让更多的人拥有汽车，让汽车普及起来。该广告瞄准的是谁？其实它并没有定位目标客户，也没有描述使用前提，而是暗示该车型适合所有人、所有地方。也就是说，这是一款"通用车"，福特公司很快就开始这样称呼它了。

在T型车推出之前的几年里，美国汽车市场大致分为两类。一类是所谓的"无马马车"：从名字和车型可以看出，这是一种由马车演变而来的轻型汽车，由后置汽油发动机驱动，用舵柄掌握方向。一个典型的例子就是1901年由奥兹莫比尔公司推出的一款叫作"弯挡板"的汽车。这种车通常被称为"轻便小汽车"，敞篷，没有风挡玻璃，只有一排座位。因为动力不足，这类车只能在平坦的道路上进行短途旅行。另一类就是所谓的"旅行车"，也被称为"法式设计"。这类汽车使用的是前置发动机，法国制造商庞阿尔在1891年率先提出了这一改进观念。"旅行车"的设计与马车或三轮车没有任何关系。这类车被视为"高速公路上的机车"，能够像火车一样进行长距离高速行驶。因

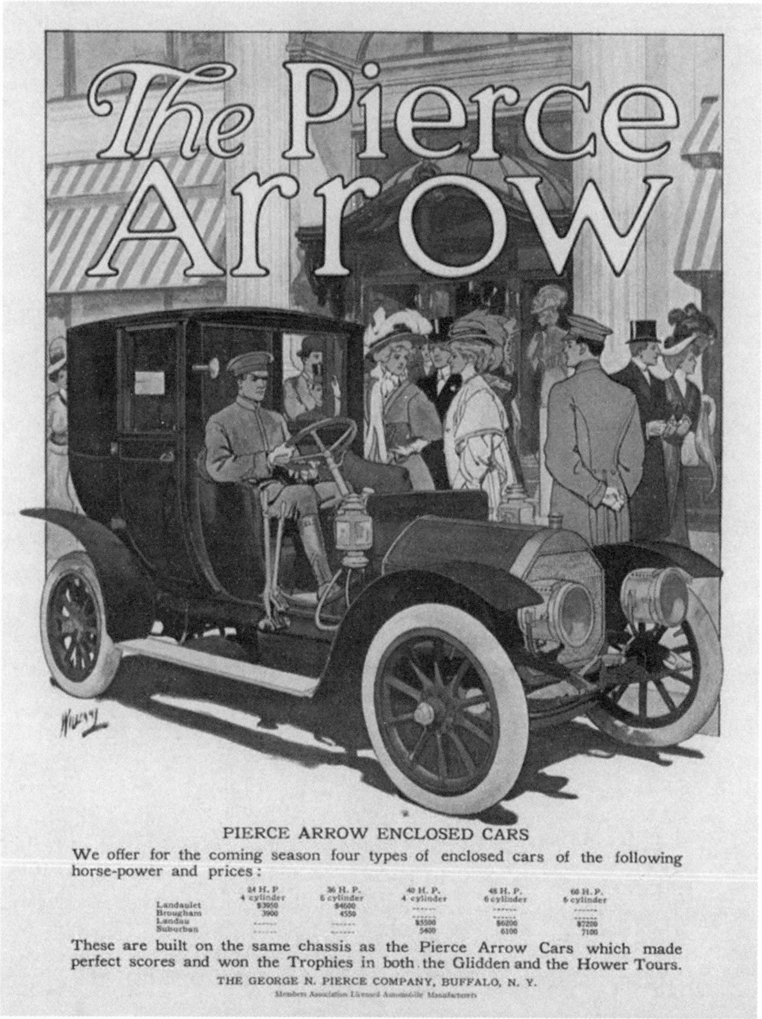

1908年皮尔斯–箭头的汽车广告。该公司的广告
总是把自己的汽车置于上流社会环境

图片来源：Stock Montage/Getty Images

为自重更大，动力更强，这类车具备更好的舒适性和可靠性。更坚固的车轴和更好的悬挂系统可以让它们应付多数路况。当然，这一切也意味着在价格上它比“轻便小汽车”要贵得多。因为用途更为广泛，这类车开始主导市场，取代了 1908 年的一篇新闻报道中所描述的“单薄、体弱的‘无马马车’”。这一转变推高了汽车的平均售价：1903 年，美国 2/3 的新车售价低于 1 375 美元；但是到了 1907 年，2/3 的新车售价都高于这个数字。

亨利·福特以及其他几家汽车制造商在这个时候不约而同地发现了一个商机：生产一款汽车，兼具“旅行车”的动力与坚固性，以及“轻便小汽车”（即售价不到 1 000 美元）的低成本。其时，福特公司在 1906 年率先成功地推出了一款可载两位乘客的 N 型车，售价仅为 500 美元，并且很快就推出了在本质上与 N 型车非常相似的 R 型车和 S 型车。福特在 1906 年的《汽车》杂志中写道：“今天我们最需要的是一款轻便、便宜，具备最新款发动机，马力足够大，并用最好的材料制造的汽车。其动力之好，可以让这款车比肩那些双倍马力的汽车，开到任何你想去的地方。而且从各方面看，它都应该是一辆真正的汽车，而不是玩具。当然最重要的是，这款车绝对不会成为一个轮胎易坏、车主情绪随之被破坏的肇事者。它必须拥有足够的动力，在美国的各种道路上自如行驶，马车可到之处，就是它的乘客流连之所，司机还不用担心车子坏掉。”可问题是，一辆“旅行车”要想翻山越岭又兼顾在路况差的道路上行驶，就需要更大的发动机，这就意味着汽车的其他部分也必须更大、更重、更坚固，这就意味着更高的价格。

生产这样一款车首先面对的挑战就是要找到一种方法，生产出一款既轻便又强大的发动机。福特的解决办法是使用钒钢，一种坚固的轻型合金。当时，钒钢在欧洲已经被使用，但是在美国还没有被商业化。福特公司组建了一个研究如何制造和使用这种新材料的团队，并在此基础上设计制造了一款全新的汽车，那就是 T 型车。它具有“旅行车”的动力，但并没有那么大和重，也没有那么昂贵。正如该车型的广告所介绍的那样：“钒钢，迄今为止最优质且最昂贵的钢，被用在了整个车身上……轮轴、传动轴、连杆、弹簧、齿轮和车架等等，都是钒钢的。”福特宣称，钒钢比其他形式的钢材至少坚固 50%。但是在性能上，小巧的 T 型车真的能够与“旅行车”媲美吗？1909 年夏天，答案终于浮出水面。两辆 T 型车与一些自重更大、价格更贵的汽车进行了一场从纽约到西雅图的拉力赛，比赛全程为 4 100 英里。在对这场比赛的报道中，媒体将 T 型车的外观与体型更大的对手进行了对比，嘲笑其为“矮子”和“侏儒”。然而率先冲过终点线的恰恰是一辆 T 型车，批评者的态度也跟着改变了。“有一件事——也是非常重要的一件事——那些预言福特会失败的人并没有考虑到，相对汽车自重而言，这种小车反而比体型更大、外观更彪悍的汽车动力更足。”《纽约时报》一语道破 T 型车的优势所在。

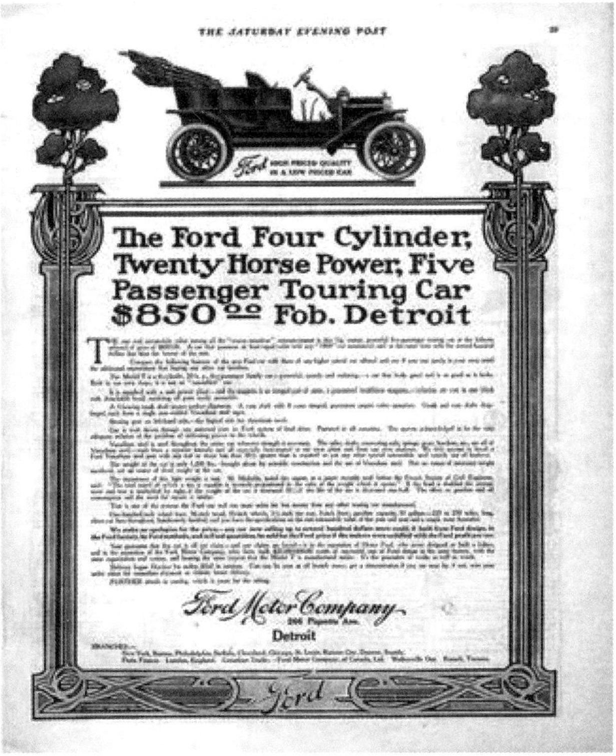

1908年福特T型车的广告。广告文本就像T型车本身一样实用，没有废话

图片来源：The Saturday Evening Post

虽然T型车在上市时并非市场上最便宜的车（“轻便小汽车”可以更便宜），但是就价格而言，它所提供的动力和耐用性已达到前所未有的水平。其价格只比“轻便小汽车”贵一点儿，却能够适应山路和凹凸不平的乡村道路。它拥有与“轻便小汽车”、五座“旅行车”以及送货车相对应的多种车型，使用的都是同一底盘，因此也吸引了各种各样的客户。福特在广告中专门强调了T型车的多功能特色，

将其宣传为“农民用车”“商人用车”“家庭用车”，之后才统称为“通用车”。T型车上市的第一年，就占领了11%的美国汽车市场份额。在随后几年里，其市场占有率稳步攀升。从1911年的27%，上升至1914年的46%，再到1923年的55%。而价格却逐年下降，从1908年的850美元，降至1923年的298美元。通过降低购车费用与购车者的收入比，T型车将汽车带入了大众的生活。其巨大的成功不仅因为使用了钒钢，还与生产成本的降低息息相关。一种全新的制造方式——流水线作业，成为T型车降低生产成本的关键。T型车不仅重新定义了汽车的制造方式，还为各类消费品的大规模生产创建了20世纪的模型。

什么颜色都可以，只要是黑的

♦

使用可互换零部件进行我们现在所说的量产，这一想法源于19世纪，最初被称作“美国制造业体系”。该体系的特征是，通过标准化组装，使用可互换零部件，由低技能（因此也是低工资）工人制造出大量足够精准的特定产品。这种方法最初用于鞋子、枪支和时钟的制造，20世纪早期开始应用于汽车生产。最早实行量产的汽车是奥兹莫比尔公司的那款叫作“弯挡板”的敞篷车。从1901年开始量产，到了1904年，它的年产量已经达到前所未有的

5 500 辆。将预先设计好的零部件装配在一起，意味着某些零件的生产就可以外包出去。“弯挡板”的发动机由一家供应商制造，变速器则由另一家供应商制造。这种模式将大批零部件供应商吸引到大型制造商周围，汽车制造中心由此出现，其中最著名的就是底特律。

最早的福特 T 型车就是采用这种大规模量产的方式进行的，工人们给固定在某个位置的一辆未安装完的汽车添加上各种部件。1913 年夏天，福特开始对移动的电动装配线进行试验。这个想法是公司从芝加哥的肉类加工厂借鉴来的，动物身体由头顶的“缆车”系统运载，多名工人合作对不同部位进行拆分。一开始，移动装配线，也就是流水线，只用来组装 T 型车的磁电机（点火系统的一部分），在接下来的一年里，这个过程逐渐扩大到整个车辆。流水线意味着工人们站着不动，在一辆未组装完成的汽车经过他们身边时，他们需要反复地完成自己在组装过程中的单一任务。这一过程限制了工人完成自己任务所需要的时间，迫使他们不得不迅速熟练地执行某种特定操作。“安装螺栓的人并不安装螺母，安装螺母的人也不负责把它拧紧。”福特后来这样解释。

T 型车的生产过程总共被拆解为 7 882 个独立任务。如此高的专业化程度，再加上流水装配线的有序协调，量产的效率达到了一个新水平。一辆汽车的生产时间从 12 小时降至 93 分钟，每 3 分钟就有一辆新车下线。对工人来说，这是一种嘈杂且乏味的工作，但报酬出奇地高：从 1914 年起，福特的工人每天工作 8 小时的报酬为 5 美元，大约是整个汽车行业的两倍。虽然听起来奇怪，但是提高工资却是另一种削减成本和提高效率的方法。1913 年，也就是引入 8 小时 5 美元工资的前一年，福特公司 71% 的新员工在 5 天内就会离职。提高工资降低了员工的流动率，从而减少了培训所需的时间。福特公司宣称："每天工作 8 小时，工资 5 美元，这是我们削减成本的最佳举措之一。"1914 年，美国人的平均年收入是 335 美元，而福特公司员工如果每周工作 5 天，连续工作 50 周，就可以挣到 1 250 美元。这也意味着，许多福特的工人是完全买得起他们自己生产的汽车的，特别是在价格下降之后。

与 T 型车的生产流水线同样出名的，是福特对 T 型车颜色的选择：只有黑色。刚开始上市销售时，T 型车提供了一系列的颜色选择。不过福特公司最终发现，产品的变化越少，大规模量产的效率就越高，管理由此产生的库存也就越容易。因此，在 1914 年开始采用移动装配线后，福特就将所有 T 型车标准化为一种颜色。有人说，选择黑色是因为它比其他任何颜色都干得更快，可以让装配线运行得更快，但是在福特的工程文件和当时员工撰写的报告中并没有找到相关说法。其他深色颜料在干燥速度、光亮度、耐褪色和防潮等油漆工艺方面与黑色效果一样好。选择黑色只有一个简单的原因：它最便宜。

福特的全新量产工艺被誉为一台机器，与它生产的汽车一样具有革命性。福特公司生产了数百万辆一模一样的汽车，可车价却一直在稳步下降。根据一项计算，T 型车的累计产量每增长一倍，单位成本就会下降约 16%。福特生产的汽车越多，人们就越能买得起，汽车拥有率因此也就越高。传奇般的福特汽车工厂不但向游客开放，还通过书籍、明信片、电影、广告和展览等方式进行自我宣传。在 1915 年旧金山举行的巴拿马—太平洋国际博览会上，福特公司甚至在现场搭建了一条装配线，当着观众的面生产 T 型车。装配线每天运转 3 小时，每 10 分钟生产一辆车。福特还将自己的装配线搬到了国内外各个地区，从加拿大开始，然后扩展到欧洲、拉丁美洲和日本。到 1921 年，T 型车的产量已经占到了世界汽车总产量的 57%。到 1923 年，福特的装配线年产量已从 1909 年的 1.11 万辆增加到可观的 200 万辆。

美国的汽车拥有率增长速度尤其惊人。1900 年，欧洲在道路上行驶的机动车辆大约有 8 000 辆，美国的数量也差不多。1910 年，这一数字在欧洲上升到 30 万，在美国上升到 45.8 万。到了 1920 年，这一数字则分别变为 100 万和 800 万。美国在道路上行驶的汽车数量在 20 年内增长了 1 000 倍——这种增长速度与计算机技术不无关系。美国对汽车的重视比其他任何国家都早，且发展得更快，其中的原因有很多：美国人的收入高于欧洲人；美国的汽车更便宜；因为无须进口，美国的燃油税率也更低（美国是世界上最大的石油生产国）。1910 年，洛杉矶市的汽车拥有率已经成为世界第一，这与那里生活富裕、道路良好，以及气候温暖，人们可以全年驾驶汽车（当时大多数汽车都还是敞篷的）有很大关系。与此相对应的是，美国道路上的马匹数量急剧下降，1910 年至 1920 年，大城市的马匹数量下降了 60%。到了 20 世纪 20 年代中期，只剩下 3% 至 6% 的车辆由马匹拉动。

福特所创造的这种独特的制造业方式后来被称作“福特主义”，其他汽车制造商和行业开始纷纷效仿。正如《纽约时报》在 1931 年所言：“世界各地的实业家都将福特主义奉若神明……大规模生产的承诺，由此产生的成本节约，管理费用的减少，以及用难以置信的低价格生产好产品的能力，这一切都成了这种新的工业崇拜的基础。”查理·卓别林在电影《摩登时代》中讽刺了生产线上的工作是多么无情和非人性，但是其他观察家却盛赞福特主义模式，认为它是社会公正与平等的巨大福音。美国历史学家、哲学家刘易斯·芒福德指出，通过商品所有权的民主化，大规模生产将消除基于地位的商品（如汽车）所带来的社会差别。他说：“机器已经悄悄地让我们实现了一种新的集体经济，在这种经济中，对商品的占有已经失去区分身份的意义，因为机器可以生产出我们所需的所有商品，数量之大无与伦比，就像雨点一样，落在正义之士身上，也落在不义之徒身上；落在蠢人身上，也落在聪明人身上。”

但是，T 型车生产的高效与统一，也注定了它日后的失败。亨利·福特坚信，T 型车是人们唯一需要的汽车，并且为它这么多年来变化甚微而倍感自豪。事实上，公司在广告中甚至都没有提到过其在设计上的一些微调，比如 1915 年增加了弯曲挡泥板，1925 年增加了电灯等。福特的广告就像 T 型车本身一样简朴，强调这款车低廉的购买价格和运行成本，以及制造商在生产这款车时如何致力于尽最大可能降低成本，提高效率。但是，拒绝在设计上更新换代已经成为公司的一种负担。T 型车的造型看起来已经非常过时（即使它的一些内部结构已经更新，例如增加了一个电启动马达）。与 1908 年时的其他汽车相比，T 型车的 20 马力发动机显得动力强劲，但是到 20 世纪 20 年代，它的动力已经被超越。与此同时，其他汽车制造商的产品开始表现出更高的性能、更好的舒适性和更新潮的造型。T 型车的一成不变和简朴设计变成了一个笑话。然而福特对此不以为然，依然陶醉在 T 型车那传播已久的低廉价格和超高可靠性的声名中。与其他汽车相比，T 型车的名字也显得味同嚼蜡。其他厂家的车名大多取自著名的赛车手（雪佛兰、里肯巴克），或是武器（箭头、火箭），或是一些与皇室相关，突出显赫声望的词语（君主、苏丹），抑或古典神话（凤凰、火神）。越是优化单一车型的生产，福特就越难跟上时代的步伐。作为第一辆面向大众的汽车，T 型车让全世界数百万人获得了自己的汽车，成为有车一族。到 20 世纪 20 年代中期，T 型车的比例已经占到美国道路上行驶的汽车的一半。但是，这也正是问题所在：美国人开始想要一些不同的东西。T 型车便宜可靠，但买家想要更多。

与福特背道而驰

♦

通用汽车公司成立于 1908 年，正是 T 型车推出的同一年，其创始人威廉·杜兰特在生产马车发财后，决定进军汽车行业。通用汽车在创立之初是一家控股公司，创立后立即收购了它已经控制的别克汽车公司，随后几个月又收购了一系列其他汽车制造商，包括奥克兰、奥兹莫比尔和凯迪拉克。通用汽车还收购了一些制造汽车零部件、配件、清漆和油漆的公司。从生产马车的公司到生产鸟笼的公司，各种各样产品的制造商都开始涉足汽车制造业（别克公司最初生产的是浴缸）。杜兰特的计划，是将一批汽车制造商集合起来，让它们在不同的商标或品牌下运营，通过一些幕后的共同活动，集中资源，提高效率，降低成本，让各制造商实现最大收益。但是，杜兰特的疯狂收购使公司扩张过度，1910 年，他被通用汽车的其他股东赶下台。作为回应，杜兰特用赛车手路易斯·雪佛兰的名字创立了一家志在与通用汽车竞争的汽车公司。经过精心策划，杜兰特在 1916 年重返通用汽车，并在 1918 年将通用汽车与雪佛兰合并，自己成为合并后的公司负责人。

通用汽车庞大的汽车品牌组合与专注于单一车型的福特汽车形成了鲜明对比。但是市场已经发生变化。随着汽车变得越来越便宜，仅仅拥有一辆车不再能够体现购车者的社会声望——拥有一辆什么样的车开始变得更加重要。

作为旗下各个独立汽车制造商的总代理，通用汽车为买家提供了大量选择。到 1920 年，它的产品线已经覆盖了从低端的雪佛兰，到奥克兰和奥兹，再到斯克里普斯 – 布斯和谢里丹，再到高端的别克和凯迪拉克等不同车系。不过通用汽车通过收购而组合起来的产品阵容却相当混乱，在中等价位的车型中，品牌之间有很多重叠之处，最便宜的车型又太贵了（最便宜的雪佛兰售价为 795 美元，远高于当时售价约 500 美元的 T 型车）。生产质量在不同品牌之间，甚至在品牌内部都存在巨大差异。谢里丹和斯克里普斯 – 布斯的销售业绩欠佳，还在亏损；奥兹和奥克兰的设计已经过时。1920 年，通用汽车旗下所有品牌在北美的总销量为 39.3 万辆，远远落后于总销量为 110 万辆的福特。当时的通用汽车运营副总裁阿尔弗雷德 · 斯隆后来回忆说，由于对福特汽车在低端市场的主导地位没有做出及时的反应，“我们当时的处境相当糟糕”。

斯隆接到公司的任务，设计出一个改进通用汽车产品阵容的计划。他提出的建议包括：消除重复产品，放弃亏损部门，设定一个“在每个价格区域”生产“一条产品线”的目标，这样，“产品阵容中就不会出现价格梯度骤减或骤增的情况”。原来的 7 个品牌——其中许多都有重叠，价格从 795 美元到 5 690 美元不等——将被 6 个价格区间的 6 款车型取代，价格区间从 450 美元到 3 500 美元，价格梯度则是逐步递增或递减。正如斯隆所说，这一想法的关键，就是“批量生产一个全系列产品阵容，随着产品价格的递增，产品品质等级也逐步提升”。这样，不同价格的车型就可以吸引不同的客户，他们如果变得更加富有，要求也更高，就可以在通用汽车的品牌梯级上不断向上移动。

斯隆的计划虽然不错，但最终却未能付诸实施。1920年，杜兰特在另一场董事会政变中被赶下台，而他的继任者皮埃尔·杜邦则是把心思转移到了一个灾难性的项目上。当时通用汽车公司研制了一款带有新型风冷发动机的雪佛兰汽车，这一不成熟的技术改革导致所有售出的汽车都被召回并销毁。这场灾难发生后，斯隆于1923年被任命为通用汽车的总裁兼首席执行官，他才得以将自己的计划付诸实施。他精简了通用旗下的品牌组合，调整了保留品牌的定价和产品阵容，尽量避免重叠。有了这个更为连贯的汽车品牌梯级，通用汽车就可以在广告中夸耀说，公司可以提供“适合每个钱包和用途的汽车”，并明确地按顺序列出各个品牌，给出每个品牌的价格范围。公司还创建了一个新品牌，庞蒂克，以填补在品牌梯级底部的雪佛兰和上一个梯级品牌奥克兰之间比较大的品质和价格差距。庞蒂克的生产更加偏离了福特专注于生产单一车型的做法，它由雪佛兰开发，再由奥克兰制造，后者也将同时继续生产自己品牌的汽车。正如斯隆所说，这样做的目的就是要证明，“汽车的大规模生产可以与产品的多样性相协调，这就再次与福特的老旧理念背道而驰。我们在每一个转折点上都会遭遇那些过时的理念，但始终坚持反对的态度”。

通用强调的是选择性和多样性，而不是福特一刀切的做法。两家公司的不同之处并不止于此。针对是否允许客户以分期付款方式购买汽车这一问题，两家公司的做法也截然不同。分期付款出现在1910年左右，到1925年，已经占到新车销量的65%。通用公司接受了这种付款方式，认为分期付款将成为未来汽车销售的主要趋势，可以大加利用。1919年，通用成立了自己的金融部门——通用汽车金融服务公司，为客户提供信贷，于是通用成为第一家这样做的汽车制造商。相反，福特公司强烈反对分期付款，要求客户全款买车。通用汽车还欢迎客户以旧换新，以鼓励潜在客户在通用的品牌梯级上向上移动。“中等收入的买家，在以旧换新和分期付款融资的帮助下创造了需求，不是对基本交通的需求，而是对品质更好的新汽车的需求，是对舒适、便捷、动力和风格的更多追求。”斯隆写道。从车型方面来说，通用汽车的设计反映出人们对“封闭车身”日益增长的热情。这种全封闭的汽车可以在任何天气下使用，车顶和侧窗都非常坚固。在第一次世界大战之前，这种车身封闭的汽车并不常见。但是到了1927年，采用封闭车身设计的美国汽车的比例已经从1919年的10%上升到了85%。T型车的设计时间早于这一趋势出现的时间，它采用的是一种敞篷车的设计，配有一个可折叠的车顶，没有侧窗。它的底盘无法用来支撑一个更重的封闭车身。福特的制造能力也许无人能及，但是它的产品却未能与时俱进。

鼓励购车者与时俱进是斯隆新战略的最后一部分。随着市场日益饱和，大批量销售汽车的挑战在于让现有车主升级，而不是生产出便宜的汽车来吸引首次购车者。因此，斯隆在他的汽车品牌梯级就位后，又增加了一个新变化：年度车型更新。实际上就是每年都要改变每个车型的外观和配置，而发动机盖以下的东西基本不变。很多情况下，通用品牌下销售的车型，虽然看起来各不相同，使用的却是同一款发动机和相同的底盘，区别只在车身装饰和风格上。在外观设计方面，斯隆宣称将会出现“持续的、永恒的变化”，每年都将进行调整，要让老款看起来更过时，显得老气横秋；让新款看起来更时尚，显得新颖夺目。他将这种方法称为“持续淘汰”。

通用将汽车作为时尚产品进行营销，非常强调设计、款式和颜色，并以不同价格的品牌梯级来细分市场

图片来源：GM Heritage Center

这一切都只有在汽车的风格能够吸引眼球的情况下才会奏效。既要有足够的变化，使每年的新车型看起来与众不同，还要保持与以前车型的连续性，避免那些可能会吓退买家的剧烈变化。因此，通用汽车非常重视色彩和设计。公司与持有其大量股份的化工巨头杜邦公司合作，开发了DuCo，一种可以快速干燥并且非常耐用的油漆树脂，可以制成多种颜色，包括蓝色、绿色、棕色和橙色等。1923年，通用汽车在奥克兰这个品牌上试验了这些新的颜色。1924年，通用将其新推出的7款奥克兰车型的原型车全部喷成了明亮的DuCo蓝色，并用红色或橙色加以点缀。公司将这些车送往全美各地的经销商进行巡回销售，这也为油漆的耐用性提供了道路测试。这些车在测试中表现良好，成为这次巡回活动的终点站——纽约汽车展上的明星。巡回活动于12月结束，这种令人兴奋的新颜色吸引了大批客户的订单。“DuCo已经变得如此受欢迎，”一位高管说，“以至客户现在开始要求使用这种漆。”通用汽车及时地将DuCo的颜色应用到整个产品范围内。1925年，杜邦公司将DuCo出售给通用公司的所有分公司，以及其他14家汽车制造商。这样的做法与福特的全黑模式完全背道而驰。

由于汽车颜色成为一个关键卖点，杜邦公司成立了一个专门的咨询服务部门，负责为汽车制造商提供颜色选择上的指导、推荐或帮助。部门负责人莱迪亚德·陶勒非常适合这个角色：他接受过绘画训练，曾在第一次世界大战中担任伪装艺术家，设计用于隐藏船只的眩目图案。之后他进入广告行业，为杜邦公司和通用汽车的几个部门工作。作为一个时装设计师，陶勒对颜色、材料和形体如何结合了如指掌，只不过现在他是要给汽车车身穿衣服。陶勒每年都会去欧洲参加车展和时装秀，以确保汽车的造型能够符合更广泛的时尚趋势。作为汽车色彩的管理者，他的预言被广泛刊登在美国报纸上。在1927年1月发表的一篇文章中，他宣称："现在公众所见证的美国汽车色彩之美，超越了任何汽车展上所展示的同类产品。黑色几乎消失殆尽，取而代之的是温馨、迷人、美丽且和谐的多姿多彩。这表明，汽车工业已经开始全方位走进一个重要的新时代，即美国人渴望色彩的时代……最便宜的和最昂贵的汽车，都能让我们感受到色彩之美。"

其他汽车制造商也开始提供随时尚而变化的各种颜色的汽车。1930年，《财富》杂志将此描述为一个"突然变得色彩斑斓的汽车世界"，颜色本身变成了"销售大师"。《财富》将这种变化称为"颜色革命"。正如DuCo的一则广告所言："所谓现代，就是多彩。"这样的变化与只卖黑色汽车的选择大相径庭。

1928年，陶勒离开杜邦，到通用汽车就职。他对色彩的研发探索与哈雷·厄尔在汽车设计方面的开拓创新完美结合在一起。厄尔做汽车设计这一行师承其父，他父亲以前是一名马车制造商，后来转行开始做汽车车身定制。他们的家族公司总部设在好莱坞，为电影明星提供服务。明星们总是希望自己的汽车看起来能与众不同。公司后来被当地的一家凯迪拉克经销商收购，厄尔被留下来，做车身定制门店的负责人。厄尔的工作引起了凯迪拉克高层的注意，他们请他设计一款新车型——拉塞尔，风格上要接近昂贵的欧洲手工制造汽车，但是可以批量生产。

厄尔在设计上大量借鉴了一款深受欧洲富人青睐的优雅豪华车——Hispano-Suiza H6B。拉塞尔的市场宣传口号是“领导者之车”。有一则广告是这样说的：“无论在哪里，在受人敬仰的名人聚集时，请留意拉塞尔轿车从入口处开进来的频率。那些名人、美人、社会引导者——在拉塞尔车主的名册上，他们的名字如繁星闪耀。”对那些有足够的文化修养但财务状况却稍显窘迫的潜在买家来说，拉塞尔的广告向他们保证：“通用汽车金融服务公司的自由付款方式计划，可以帮助您拥有拉塞尔。”拉塞尔于 1927 年一经推出，就立刻获得成功。受到鼓舞的通用公司成立了自己的艺术与色彩工作部——该行业第一个专门的设计部门，由厄尔负责。在厄尔的领导下，通用汽车在接下来的 30 年里开创了许多汽车设计元素，其中最著名的就是在一款 1948 年生产的凯迪拉克上添加了尾翼。到了 20 世纪五六十年代，整个行业都开始采用尾翼设计。厄尔还在汽车设计中引入了黏土模型。此外，厄尔还创造了概念车这一理念，通过只生产一台原型车来宣传新设计理念，并评估市场对新设计的反应。

对那些寻找比 T 型车更具有刺激性的汽车的用户来说，由于强调款式的不断更新，通用的新车具有巨大的吸引力。

价格便宜不再是这些用户考虑的首要因素。在通用汽车的宣传下，他们首先考虑的是款式和声望。汽车的选择成为一种自我表达的方式和社会地位的象征，不仅对富人，对普通公众来说也是如此。紧紧追随最新车型，或者往更昂贵的品牌升级，就可以展示自己的财富与成功（即使他们使用的是众所周知的分期付款计划，需要“按时”还款）。相比之下，福特已经落后于时代，因为它的产品线已经老化，而且拒绝提供融资。

随着通用汽车的崛起，T 型车通过降价已不足以重振福特往日的销售辉煌。到 1926 年，T 型车的市场份额已经从三年前 55% 的峰值下降到 30%。1927 年 5 月，在第 1 500 万辆 T 型车下线后不久，福特停止了 T 型车的生产，并在此后花了一年时间改造工厂，来生产一款全新的、更现代的替代车型，即 1928 年推出的 A 型车。不用说，这款车肯定是可以分期付款购买的，车身也是封闭的，而且还有四种颜色可以选择。但是，这种改变还远远不够，而且为时已晚。到了 20 世纪 20 年代末，通用汽车已经超越福特，成为全世界汽车制造商的领跑者。

通用汽车随后的统治地位甚至让斯隆感到意外，他本以为通用公司的模式将会与他所谓的福特“静态模型实用车”模式共存并竞争。他后来写道：“1927 年时，我还没有意识到，福特的老政策已经被淘汰，而通用的升级政策已经获胜。”证明这一点的，是克莱斯勒突然成为美国市场上的第三大汽车制造商。斯隆写道，该公司“异军突起，充满活力，市场政策与通用汽车类似”，即拥有不同价位的品牌组合，包括克莱斯勒、普利茅斯、德索托和道奇。甚至福特公司最终也改弦易辙，采用了通用的模式。福特在1922年收购了豪华汽车制造商林肯公司，但林肯最初还是作为一家独立公司运营。1938年，福特建立了一个新的中档品牌“水星”，档次定位在福特和林肯之间。今天的汽车制造商，除了少数例外，大多采用了通用汽车的模式，其产品都是由针对不同细分市场的一系列品牌组合而成的。

斯隆不仅仅使通用汽车成为汽车行业的典范，还对公司进行了重组，以确保日常决策按步骤下放给每个部门的经理，但财务监督权仍集中在公司高层。每个部门以标准化的形式汇报其财务状况，获得所需资源。正如亨利·福特为高效的大规模生产制定了模式，阿尔弗雷德·斯隆为20世纪的多部门公司创建了新模式，也由此成了地球上最著名的商人。通用不仅是当时世界上最大的汽车制造商，也是当时世界上最大的公司。在鼎盛时期，它在美国汽车市场上的占有率超过50%，占美国国民经济总量的10%以上。比较而言，它比今天的任何科技巨头都要大得多。

通用汽车这种将汽车作为地位象征的模式，本是轮式车辆一经出现就伴随而至的一个古老概念，但是通用将它提升到了一个新水平——“开什么样的车，你就是什么样的人”——车如其人！突出设计的重要性，每年进行型号更新，分期付款，经常升级。这些始于20世纪20年代的通用汽车公司的理念，一直延续到今天。福特汽车彻底改变了汽车的制造模式，而通用汽车彻底改变了汽车的营销模式。

新款买买买

♦

不仅仅是汽车，通用公司的市场细分和广告策略也为更广泛的美国消费主义兴起提供了范式。通用汽车率先探索的许多事情在事后看来颇具先见之明，当然，这有赖于通用汽车的做法获得了巨大成功，从而使通用公司的模式不仅成为汽车行业的标准，也成为其他行业的标准。家用电器业、服装零售业，抑或电子产品业，也纷纷采用了通用的运营办法。今天，为用户提供不同价位、不同品牌的系列产品，每年定期更换颜色和设计，让前一年的产品看起来不再时尚，已经成为各类公司运营的一种惯例。用户感觉自己似乎是站在所购产品线的跑步机上，需要不断跟着产品升级，不停地买买买。从某些方面来说，这种模式首先在汽车行业站稳脚跟是完全可以理解的。除了住房，汽车是大多数人购买的最昂贵的东西，这就意味着，我们选择购买的汽车可以成为衡量财富的可靠指标。就其魅力而言，与洗衣机或宽屏电视等产品不同的是，汽车会在公共场所与主人一起出现。

然而，近年来，“开什么样的车，你就是什么样的人”

这一观念，开始受到各种新尝试的挑战。人们已经可以在不拥有汽车的情况下享受汽车的好处。现在，如果需要，人们可以通过优步或来福车等订车服务叫车。也可以通过智能手机应用程序，简单快速地从租车俱乐部租用几小时或几天的汽车。一些初创企业正在尝试提供订车服务，客户可以按月支付费用使用某辆特定汽车，或是共享汽车池中的一辆汽车。一家自称“汽车界的网飞”的中国公司领克表示，它将允许用户一次只订购一个月的租车服务。打车服务公司也在尝试通过月订购的方式提供服务，就像移动电话从按分钟计费转变为按月绑定一样。2018年，来福车的联合创始人约翰·齐默在接受《华尔街日报》采访时表示：“在美国，年轻人在16岁生日时得到车钥匙曾经是自由的象征。在未来，他们得到的将会是来福车的租车订单。”甚至福特、通用和其他汽车制造商也在谈论从销售汽车转向销售“汽车服务”，尽管到目前为止，它们在汽车共享公司和打车服务公司上的投资还很少。这种转型将会涉及它们百年来商业模式的痛苦转变，汽车行业持续一个多世纪的把拥有汽车和社会声望相关联的营销模式也将走向终结。

一个显而易见的迹象突出了这种可能性，用户似乎正在将他们的忠诚度转移到另一种产品上——正是这种产品让很多替代拥有车的选择成为可能。这个产品当然就是智能手机。像汽车行业一样，智能手机制造商每年都会推出在功能和风格上有细微变化的新型号。用户知道，别人会对他们所选择的手机品牌、型号和配色方案进行大量解读。和汽车一样，手机也可以通过选择零配件进行个性化定制。法国哲学家亨利·列斐伏尔在1971年的一篇文章中将汽车称作“财富的缩影”，因为它具有一种独特的社会地位象征能力。但是今天，智能手机正在迅速取代汽车。与汽车相比，智能手机可以说更加民主。尽管最昂贵的手机型号价格超过了1 000美元（并继续走高），但是从最便宜到最昂贵的价格范围要远远小于汽车。一般来说，亿万富豪开的车都会比其他人更豪华，但他们手里拿着的智能手机却是和其他人一样的。引起关注的是，即使是这些最典型的现代产品，我们也能在它们身上看到20世纪20年代汽车工业的深远影响。智能手机是在亨利·福特所熟知的流水线上生产的，它们的营销遵循着阿尔弗雷德·斯隆当初制定的原则。

第六章

道路四通八达
交由谁来主宰？

显而易见的解决办法……就在于彻底改变我们对城市街道的观念。

——《工程新闻记录》，1922

“汽车尝到了血腥味”

◆

1899年9月13日晚，一辆有轨电车在中央公园西路和74街交界处到站停车，纽约房地产经纪人亨利·布利斯从车上走下来。布利斯是商界名人，当时他正在约会，当他转身帮助女伴下车时，被一辆疾驰而过的汽车卷到了车轮下面。布利斯被送往附近的医院，然而伤势过重，几小时后被宣布死亡。他是美国这片土地上第一位被汽车杀死的行人。

肇事的汽车司机阿瑟·史密斯随即被逮捕，指控他的罪名是杀人罪。他申辩说，当时他正在急转方向，以避开一辆重型卡车，而布利斯恰巧挡住了他的路，所以撞上他是不可避免的。有一家报纸使用了“汽车尝到了血腥味”这一标题。但大多数报纸都将布利斯的死视为一场意外事故，而不是指责汽车或驾驶者史密斯（针对他的指控被撤销，因为布利斯的死属于意外）。《纽约时报》以“汽车所造成的致命伤害”为题发表文章，指出事故发生在一条被称为“危险路段”的道路上，因为当年夏天这里发生了多起事故，但是行人被汽车撞死的事情却是第一次发生。

实际上，布利斯并不是车轮的第一个受害者。1896 年，一位名叫布里奇特 · 德里斯科尔的英国妇女在伦敦被一辆汽油驱动汽车撞倒，重伤不治而亡。肇事司机也像阿瑟 · 史密斯一样被逮捕，但没有受到指控就被释放了。验尸官在检查德里斯科尔的尸体时说，他希望“这种事情再也不要发生了”。事实却是，随着 20 世纪早期汽车数量激增，交通悲剧一再发生，死亡人数越来越多。

造成这种尴尬局面的一个原因是，汽车比马车速度更快，而且更难预测。对于事故，马车和轨道交通都具备一定的可预测性。马车做不到迅速改变方向，而轨道交通的线路则是由它们所行驶的轨道决定的。可是对驾驶汽车来说，在这一时期，多数司机开车经验很少，驾驶技术亦不精湛，这就让问题变得更糟。当时还没有出台驾驶员的资格认定，也没有禁止醉酒驾车的法律，初学开车的人并不清楚汽车在高速行驶时会发生什么。一个更加根本的原因则是街道的使用模式在不断变化。长期以来，街道一直是由行人和马车共享的，同时也是儿童玩耍和手推车小贩兜售商品的公共空间。而现在，街道不得不为越来越多的有轨交通工具、自行车，以及最重要也是最危险的汽车腾出空间。

在这种情况下，交通环境自然变得更加混乱，特别是在美国，这个 20 世纪早期生产和使用汽车的数量都远远超过其他国家的地方。随着汽车数量的激增，美国道路上的死亡人数也从 1900 年的 36 人上升到 1920 年的 1.1 万人。1899 年布利斯之死引发的疑问只是未来人们需要面对的一系列问题的开端。事故中我们要指责的是谁？难道事故真的无法避免吗？如何规范道路，在司机的需要与其他道路使用者的安全之间取得平衡？20 世纪 20 年代在美国发生的关于道路安全的争论带来了交通规则和惯例，这些规则和惯例随后在世界各地被广泛采纳，并在一个世纪后仍然有效。今天，我们生活在这个世界上的每个人，从年幼时就开始熟悉交通规则，并伴随着这些规则长大成人。人们对交通规则所规范的行为方式已不假思索，很难想象世界会以其他方式运转。我们也启用了一些道路设施，包括交通信号灯和交通标志，来管控车辆和行人的流量。20 世纪 20 年代发生的几件事重塑了人与车辆之间的关系，也彻底改变了城市街道的性质。这种改变一直延续至今。

孩童与汽车

◆

20 世纪早期，美国公路上的大多数悲剧，死伤者都是路上的行人，这里面多数又是儿童。尽管致人死亡，肇事司机会面临高额罚款，并通常会被指控过失杀人，但是此类惩罚一直收效甚微。随着死亡人数的上升，公众的愤怒越积越多，这些愤怒通常会在对肇事充满敌意的报纸上充分表达出来。事故报道经常将无辜的受害者（无论是儿童、年轻妇女还是老人）与有罪的司机（通常是醉酒、超速或是正在逃离犯罪现场的嫌犯）进行对比。1916 年，一位交通史家绝望地写道："在一些媒体看来，今天的汽车就是洪水猛兽，是飞速行驶的怪物，不杀死和残害那些挡它道路的人，怪物和猛兽就绝不罢休。"开车的人被描述为故意杀人的"凶手"，或是"谋杀犯"。在一些漫画中，狰狞的死神坐在了方向盘后面。行人抱怨说，汽车闯入街道的结果就是剥夺了行人原有的权利和自由。因为在过去的生活里，行人是一直可以随心所欲地在街上漫步的。所以，避免碰撞这件事，就得由驾驶者来负责。对于享有道路这个权利，开车的人是初来乍到的，他们才是新人——因此人们普遍认为，出现任何事故都是驾驶者的错。

安全活动家在美国许多城市组织了游行，呼吁驾驶者要更加谨慎。负责工作场所安全的国家安全委员会也将职权扩大到道路安全上。许多妇女加入了其下属的地方委员会，开展各种道路安全和儿童保护运动，将这个原本以商业为导向的组织，变得更像是一个社会运动组织。各城市开始举办"安全第一"的周活动，由当地商会、警察、童子军、学校、教堂和报纸，与安全委员会和当地汽车俱乐

汽车撞死人的事情让整个国家都愤怒了

Secretary Hoover's Conference Will Suggest Many Ways to Check The Alarming Increase of Automobile Fatalities.—Studying Huge Problem

将汽车描述为杀人机器的文章插图，《纽约时报》，1924年11月23日

图片来源：*The New York Times* Article Archive

部合作，以促进道路安全。汽车俱乐部负责人参与其中，是因为他们希望自己被视为解决问题的一部分，而不是问题本身。他们将事故责任归咎于少数不管不顾、随心所欲、驾驶技术低劣的驾驶者。负责对美国不断扩大的道路安全运动进行督导的是查尔斯·普莱斯。他曾经是一名推销员，后来被任命为一家农业机械公司的安全负责人，专门负责降低事故的发生率。普莱斯迅速将自己转变为一名安全专家，并于 1919 年成为国家安全委员会的负责人。到 1923 年，美国定期开展安全运动的城市已经有 50 个。

除了将那些危险的驾驶者描述为洪水猛兽，安全运动也组织起了纪念受害儿童的活动，就像纪念在战争中牺牲的士兵一样。底特律推广了一种新习俗，即在每一起道路死亡事件发生后敲响教堂钟声，并在学校宣布受害者的名字。在孟菲斯，安全委员会在儿童因交通事故死亡的地方竖起一面黑旗。巴尔的摩独创的做法，则是在1922年修建了一座用木头和灰泥制作的巨型纪念碑，高25英尺，漆成战争纪念碑的样子，上面刻着前一年死于汽车事故的130名儿童的名字。同一年，纽约举行了一场有1万名儿童参与的安全游行，其中包括一个由1 054名儿童组成的“纪念分队”，每一名儿童代表一位在1921年交通事故中死亡的受害者。童子军代表队举着一个纸板墓碑，敞篷车载着在交通事故中致残的儿童。在华盛顿特区举行的安全游行中，一些人装扮成裹尸布包裹着的尸体。在路易斯维尔，人们还为这些装扮的尸体配上了棺材和骷髅的造型。在圣路易斯，一艘飞船在乐队演奏的挽歌声中，在新揭幕的安全纪念碑周围撒下鲜花。市长在揭幕演讲中说：“汽车驾驶者必须学会遵守圣路易斯安全委员会的原则。”

然而，尽管所有人都支持交通安全的想法，但对于如何实现这一点却没有达成共识。为了把安全运动领导人、行业利益集团和汽车俱乐部等几个原本不可能联合的群体联合起来，安全运动只能设定比较模糊的目标，强调谨慎驾驶和遵守当地交通安全规则的重要性。由于不同的城市采取的方法不同，这些规则差别也很大。在许多地方，警方对车速进行了限制，通常为每小时10英里或更低。但是这些限制很难实施，而且在有些情况下，如果按照限速要求行驶，车速太低，汽车的引擎就会熄火。有些城市试行单行道以调节交通流量，还有一些城市要求机动车让行马车。对于汽车是否必须礼让行人，或者反过来，行人必须让行汽车，各地的要求也不一样，或者压根就没有提出具体要求，只能依靠常识以及“安全第一”的泛泛呼吁。最终的结果显然是极度混乱的。

沉默的警察与密尔沃基蘑菇

◆

1900 年，纽约开始了努力将道路规则正式化的工作。这首先是因为，在美国城市中，纽约的汽车保有量最高。此外，纽约也是一位古怪的亿万富翁的家乡，那就是对交通规则极其痴迷的威廉·菲尔普斯·伊诺。伊诺于 1899 年从父亲那里继承了一大笔财产，然而他没有进入家族的房地产行业，而是将自己的精力投入道路安全事业。1900 年 1 月，伊诺发表了一份关于交通安全的宣言。虽然当时纽约街头的机动车还很少，但是他已经预见到汽车数量在未来会增加，所以他想提前动手，预防任何可能出现的问题。他相信，“如果能正确理解安全措施并实施监管，我们的交通就能比现在快几倍，延误会更少，安全性和舒适性也会更强”。尽管伊诺没有完成大学学业，也没有正式的资格证书，他却最终将自己打造成了一个“科学”交通管理专家。

1903 年，在纽约市官方同意采纳他的 4 页小册子《驾驶规则》并将其分发给民众后，他印刷了 10 万份。伊诺的座右铭是“从混乱中寻找秩序”。他制定的规则主要是将现有约定俗成的一些做法正式固定下来。驾驶者被要求靠右行驶，靠左超车；转弯时使用手势；为紧急车辆让路；不要超过“安全合理”的速度（尽管没有给出实际数字）。伊诺也提出了一些自己的想法。他最重要的创新是“绕大弯”或者“更向外”的转弯概念，也就是当车辆左转时，司机不应该简单地直接转向，抄近过马路，而是应该尽可能地先向前开，晚些时候再转弯，就像开车绕过路中央一个想象中的桩子一样。事实上，在伊诺的提议下，1904 年，纽约真的在一些路口建起了木桩，提醒人们“必须绕过中心点”。

其他城市也开始采用自己的交通规则，借鉴纽约市的一些做法，特别是“左转绕大弯”的规则，几乎成了大家共同的标准。1915 年，作为第一次世界大战动员的一部分，美国第一次制定了国家交通规则，伊诺的“左转绕大弯”成为规则之一，这促使许多城市在十字路口中央安装了标有“靠右行驶”字样的木桩或指示牌。这是第一个告诉司机该如何做，而不是设想他们肯定熟悉当地规则的道路设施。这些设施后来被称为“沉默的警察”，它们通过指定车辆转弯时应该走的路径，并因此迫使车辆减速，从而提高了行人的安全系数。而且，比起在繁忙的十字路口派一名警察充当“街角指挥”，这样管理交通要便宜得多。许多城市发现，在繁忙的十字路口安排“街角指挥”来管理交通的成本越来越高。

尽管人们对“左转绕大弯”的规定已达成普遍共识，但是各个城市使用的设施却各不相同，常常会令外地司机感到困惑。1923年，一则关于交通管控的报道这样写道：“如果从那些实施交通管控的城市收集交通管控设施标本，收集到的指示牌和信号设施可以填满一整座博物馆。它们在颜色、形状、尺寸或标识上都不一样。”一些城市的“沉默的警察”是自建的，另一些城市却选择了购买。一大批正在蓬勃兴起的企业看到了这一市场的利润前景，希望自己的设备最终能成为国家标准。企业负责人会到贸易展上向市政官员兜售自己的产品，比如1922年芝加哥举行的“良好道路展”，展出了许多不同形状和尺寸的“沉默的警察”，有些安装了照明设施，有些则没有。木桩很容易被粗心（或恶意）的司机撞到，因此还有很大的改进空间。

密尔沃基市发现每年需要更换400个“沉默的警察”，这支出太大，成本过高，于是在1923年放弃使用“沉默的警察”，转而采用当地的一种创新做法：密尔沃基蘑菇。这是一个有孔的铸铁圆顶，很像一个倒置的滤器，被安装在十字路口的中心位置，下面安装了照明设施。与看到“沉默的警察”一样，司机看到它们会绕着转弯。但是支持者指出，如果被路过的汽车撞到，它们会原地不动，而汽车会颠一下，给司机一个警告，但不会给车辆造成损伤。有的法官曾经做出过裁定，撞上“沉默的警察”的车辆，车损应该由市政承担。所以，密尔沃基蘑菇不会造成车辆损伤这一点是很有吸引力的。这种蘑菇似乎是几年前在底特律首创的，但是没有照明设施。发光的“密尔沃基式”蘑菇在20世纪20年代流行了好几年，几家公司相互竞争，生产不同款式的“蘑菇”。其中一款甚至安装了弹簧，这样如果有车辆轧上，“蘑菇”就可以缩回到路平面。然而，在各种道路设施相互竞争的情况下，“蘑菇”并没有成为长期幸存者。最终统治道路“指挥权”的是另一种设施：红绿灯。

红灯停 绿灯行

◆

为了保证行人安全，1868年，第一个交通信号灯被安装在伦敦威斯敏斯特大桥上。信号灯采用的是铁路工程师约翰·皮克·奈特发明的一套仿手臂信号灯，装在一根高高的柱子上。警察可以手动抬起或放下手臂。抬起手臂意味着车辆和马匹必须停下来，“让行人通过”；放下手臂意味着车辆和马匹要小心驾驶，“通过十字路口时要当心，充分考虑步行者的安全”。最重要的是，为了让夜间行驶的车辆可以看到，手臂上还安装了彩色煤气灯：红色代表“停止”，绿色代表“小心驾驶”——这是19世纪40年代铁路信号灯的标准颜色（白色代表“一切正常”）。然而，这个人类首次尝试使用的交通灯并没有持续多久。安装后不到一个月，煤气泄漏导致了爆炸，操作它的警察受伤，信号灯很快就被拆除了。

20世纪初，随着汽车拥有量的激增，许多城市每天早晚两次的交通堵塞成为常态。交通信号灯的概念在美国重新出现。有人认为，汽车占用的空间更少，行驶速度也比马车快，因此可以减少交通拥堵。事实却恰恰相反。交通拥堵变得更为严重，因为路上行驶的车辆更多了，而且驾驶者开始把车停放在马路上。1912 年前后，汽车制造商开始在汽车上安装点火钥匙和门锁，这样车主们就可以在白天或晚上把车丢在街上。而对马车来说这是不可能的事情。在 1910 年以前的美国街道照片中，很难看到路边停放汽车，而在 1915 年以后，这种景象就司空见惯了。供车辆行驶的街道空间因此减少了 30% ～ 50%。在交通拥堵的情况下，在街角站岗的警察几乎无法控制交通流量，一个十字路口的警察无法与相邻路口的警察相互协调。各城市开始试图借鉴铁路的做法，使用信号灯和高塔，让警察可以看到附近十字路口的情况。但是，仿手臂信号灯很难被附近路口的警察看到（在晚上甚至根本看不到），而在十字路口中央建塔又会阻碍交通的流动。

1914 年，美国俄亥俄州的克利夫兰市安装了第一套电动交通信号灯。与 1868 年伦敦的第一次尝试一样，它使用了两种颜色——红色和绿色。但是此时，铁路行业已经改变了绿色和白色的含义，绿色的意思是“通行”，白色的意思是“小心驾驶”。这是因为，燃气和电力照明的使用已经越来越普遍，白色灯光（例如居民家中的灯光）可能会被误认为是“通行”灯，而实际上它并非铁路信号灯。由于绿灯只用做信号灯，因此铁路信号用绿灯表示“通行”，用白灯表示“小心驾驶”会更安全。另一个与使用白灯表示

“通行”相关的危险是，如果红灯或绿灯的彩色镜片损坏或脱落，信号灯就会错误地指示车辆“通行”，这就可能导致铁路事故（这样的事故已经发生过）。用绿色表示“通行”，就可以确保当彩色镜片受损时信号会显示为“小心驾驶”。因此，尽管1868年和1914年的两套道路交通信号灯使用了相同的颜色，而且两套信号灯中的绿色都是从铁路行业借用的，但是在1868年时它表示“小心驾驶”，到1914年则表示“通行”。

克利夫兰的新式交通信号灯由附近岗亭的一名警察控制。毕竟，如果没有警察在附近强制执行，人们就一定会对信号灯置之不理。但是，红灯和绿灯的瞬间切换对司机和行人来说都是个问题。1917年，底特律一位名叫威廉·波茨的警察添加了一个琥珀色的信号灯，表示信号即将改变，从而缓解了因红绿两种指示灯瞬间切换导致的交通事故。人工控制的交通信号灯不仅在全美被采用，而且也在20世纪20年代传到了欧洲。尽管信号灯的颜色当时还未统一，不过没用多久，这个重要的事项也被标准化了。例如，在纽约市的第五大道，黄灯意味着在大道上的车辆应该行进，而横穿大道的车辆不应该行进，绿灯则正相反。与此同时，在百老汇大街，信号灯遵循的是常用规则，红色代表“停止”，绿色代表“通行”。在国际联盟的帮助下，这一常用规则，以及红灯的位置应该高于绿灯的想法，在20世纪20年代成为国际标准。国际联盟从1926年开始召开有关道路标识和交通规则的会议，美国没有参加。但作为世界最大的汽车生产国，美国实际上扮演了标准制定者的角色。法国、德国、西班牙和日本也派遣交通工程师到美国了解交通管理情况，这促使美国一些其他的交通管理创新措施（例如由底特律警察哈里·杰克逊于1914年发明的八角形停车标识）也传遍了世界。

有时，在安装交通信号灯后，一些社区会举行庆祝活动，因为有了信号灯，至少在某些时间段，行人就有了过马路的先行权。而且人们发现，即使信号灯是由计时器自动控制而不是由警察手动控制的，司机和行人也会按照信号灯的指示行驶或过马路。自动控制保证了公平性和规律性，而且通过在不同路口精准控制时间，还可以加快交通速度。不同的路口还设置了“错时”亮红灯系统，这样，以特定速度（通常是每小时25英里）行驶的司机，一路上遇到的就一直是绿灯。第一个这样的系统安装在华盛顿特区的第16街，据说使上下班时段的交通速度提高了一倍。

在控制车流量的同时，信号灯还为行人如何过马路提供了规范：走到十字路口，只有当要横穿的马路上的车辆遇到红灯时，才可以过马路。通过引进交通信号灯，加上安全宣传，将危险的驾车者视为洪水猛兽，以及编纂交通规则等措施，人们预期交通死亡的人数应该会下降。然而事与愿违，实际上，公路上的伤亡人数却显著增加了。美国道路交通死亡人数从1922年的14 859人猛增到1923年的17 870人，这是5年来增幅最大的一次。在模糊的“安全第一”口号下，由安全运动领导人、官员、行业利益集团和汽车俱乐部组成的脆弱联盟开始瓦解。联盟各方在安全的重要性上达成的一致意见，开始被各方在如何最好地实现安全目标上的公开分歧取代。

乱穿马路

◆

1923 年，汽车行业开始把争论引向一个全新的方向，不是因为该行业突然开始关心行人的安危，而是出于对汽车工业自身生存的担忧。在经历了多年的快速增长后，汽车销量首次出现下滑。许多业内人士认为，将汽车产品不断描绘成杀死儿童的死亡机器，是造成这一局面的重要原因。1922 年，一位汽车经销商这样总结说："每一起汽车交通事故，无论严重还是轻微，都会对销售造成负面影响。"底特律的一名前警察局长在一次行业大会上表示，公路上的屠杀"正在造成人们对车主的偏见，只有减少事故数量才能缓解这种偏见"。行业组织和汽车俱乐部此前曾与安全运动领导人并肩作战，尽管后者一直在诋毁开车的人。现在他们决定，必须采用一种全新的方式。

他们从一个意想不到的人那里得到了建议——查尔斯·普莱斯，此时他已经离开了国家安全委员会。普莱斯对安全委员会那些耸人听闻的、评判性的道路安全运动不再着迷，觉得这些运动的重点就是诋毁司机。普莱斯曾在工业安全领域工作过，工业安全强调当工人处于有潜在危险的机械的周边时，应提高保护自身安全的意识。他认为同样的安全意识也应该适用于交通安全领域，行人有责任远离危险。他在一篇发表于行业杂志《汽车工业》上的文章中宣称：“汽车本身是足够安全的。”他敦促汽车行业带头推广一种实现道路安全的全新方法，以重振汽车销量。他写道，“大批的人开始把汽车视为一种对人类的威胁，而不是祝福，这是很危险的”，但是，如果汽车行业能够培养出民众“对待汽车的正确态度……每年就可以售出更多的汽车、轮胎、零部件和相关设备”。

除了销售放缓和交通死亡人数上升，汽车行业还面临着另一个挑战：越来越多的人开始支持在汽车上安装一种被称作“限速器”的机械装置，以限制其最高速度。这一提议作为一项潜在的安全措施已经酝酿了好几年。1923年，当4.2万俄亥俄州辛辛那提市民，或者说超过10%的当地人口，在一份请愿书上签字支持安装“限速器”时，这项提议的前景开始变得更加明确。随后，一项关于强制使用限速器的法令在该市进行了公投。汽车行业担心，限制汽车的最高速度将进一步抑制汽车销售，并由此开启对汽车进行随意监管的大门，届时不同城市将对汽车制造商施行不同的安全要求。汽车行业动员大家反对这项法令，并成立了一个普通公民委员会，实际上它只是当地汽车经销商的一个幌子。他们还在报纸上刊登广告，警告大家如果强制使用限速器，其他地方的驾车者就不会再到这座城市来，这就会伤害到当地的经济。该委员会致信该市的每一位车主，警告大家说，他们的自由受到了威胁。委员会还号召当地汽车俱乐部反对该法令。最终，该法令被否决。

行业组织和汽车俱乐部的负责人意识到，他们如果采取一致行动，就可以引导公众舆论。辛辛那提投票的第二天，美国汽车商会，一个行业团体，成立了一个安全委员会。它与美国最主要的汽车俱乐部——美国汽车协会一起开始策划一场与以往大不相同的新式安全运动——一场将重点放在“教育行人”而不是司机的运动。他们的观点是，多数情况下，事故不是由危险的司机造成的，而是由粗心大意的行人造成的，必须把新的交通规则灌输到行人的头脑中，才能确保他们的安全。汽车行业很快就找到了一种方法，那就是将一个特定的词语武器化。就像鲁莽的汽车司机被贴上了飙车者和超速狂人的标签一样，行人也获得了一个可以用来指责和羞辱他们的绰号：乱穿马路者（jaywalker）。

Jay 是一个俚语，指的是到了城市后一头雾水、不知所措的乡巴佬，而 jaywalker 最初是指那些在人行道或马路上挡道的人。大约在 1915 年，负责在繁忙的十字路口指挥交通的警察开始将不遵守交通规则的行人描述为 jaywalker。这个词后来有了更具体的含义，即某人在街区中间过马路，而不是走到街口过马路。当然，千百年来人们都是这样过马路的：想从哪儿过就从哪儿过。在 20 世纪早期拍摄到的美国街头的影片中，马车、轨道马车、自行车和汽车都是以和步行差不多的速度行驶的，行人就在它们之间穿梭。

到了 20 世纪 20 年代，道路上的大部分车辆已经变成了汽车，驾驶者对车人混行的方式所带来的速度限制感到越来越沮丧。

汽车制造商、经销商、汽车俱乐部和其他支持汽车的利益集团（统称为汽车界）适时发起了一场宣传乱穿马路危险性的运动。从表面上看，这种做法似乎是在维护行人的安全，但实际上，通过主张行人只可以在交叉路口直行过马路，汽车行业提高并加强了自身的地位——道路的使用权现在主要归机动车。“必须教育行人，让他们明白，汽车是有自己的权利的”，美国汽车商会的领导人乔治·格雷厄姆宣称。他反对报纸将行人描绘成无辜的受害者，将驾驶者描述为邪恶透顶的恶魔。在他看来，“一个值得探究的问题是，在所有交通事故中，应该由司机负责的（部分）能否占到一半”。格雷厄姆成立了一个“事故预防工作部”，搜集并分析当地调查人员的统计数据，然后将这些数据提供给记者。数据显示，大多数事故是由行人的鲁莽造成的。这番操作的效果几乎是立竿见影的。1924 年 11 月，纽约治安官布鲁斯·科布这样写道：“现在比较时兴的做法是，将 70% ～90% 的交通事故归罪于乱穿马路的行为。”他怀疑：“那些所谓的‘乱穿马路者’背负的大部分罪责不过是障眼法，用来掩盖汽车行业自身的缺点，并压缩步行者现有的合法权益。”

汽车界最有效的策略，就是让政府站在自己这边。1924 年 12 月，为了起草一套全美通用的交通安全规则，当时还是商务部长的赫伯特·胡佛组织召开了第一次全美道路与高速公路安全会议。汽车行业成功地让胡佛放下了他最初对汽车的敌意，并在一些关键委员会中安插了自己的代表，其中包括统计委员会。统计委员会开始向媒体报告事故统计数据，并将大多数事故归咎于行人。由此，这些数据现在得到了一个本应公正客观的政府机构的认可。随着国家安全法规的制定，通过诋毁横穿马路的行人，并在一个对汽车狂热的特定城市进行道路试验，汽车业首选的新方法奏效了。

今天看来，在制定交通法规方面，洛杉矶最终成为美国其他地区的范本似乎是非常合情合理的事情。到了 1923 年，该市每三个居民就拥有一辆汽车，是全美平均水平的两倍多。在当地汽车俱乐部的支持下，洛杉矶成立了自己的交通委员会，由当地一家汽车经销商的负责人担任主席。该委员会资助交通研究，并提出一系列建议，1925 年 1 月被洛杉矶市采纳。新交通法规的作者宣称："人们约定俗成地认为，所有人，无论是步行还是开车，在道路的所有部分都拥有平等权利。但是在现代交通的要求面前，过去的这条不成文的法律规定必须做出改变。"该法规还规定，为了加大交通流量，晚高峰时段不允许马车进入中央商务区。新法规对行人的要求是，必须在人行横道上过马路，乱穿马路者将会被罚款。这些对司机更加利好的规定受到当地驾驶者的欢迎。

但是行人对于遵守这些新法规却没有那么积极。为此，当地汽车俱乐部的负责人 E. B. 莱弗茨组织了一场宣传活动，就新交规的内容对行人展开“教育”。在警方的帮助下，俱乐部分发了印刷材料，并利用新出现的广播媒体，每晚播放反对乱穿马路的规定。莱弗茨说服警察，一开始先不要对乱穿马路的行人罚款，因为“来自周围人的嘲笑会比其他任何可能采取的手段都有效得多”。警察会向乱穿马路的人吹哨子，命令他们离开马路。莱弗茨说，有些行人会对此表示反对，以致跟警察对抗，这些人就会被逮捕，大多数人则是“害羞地咧嘴一笑，然后跑回路边”，去“面对一群被他逗乐了的人”。莱弗茨鼓励使用社会压力而不是法律制裁，以免激怒行人，同时他也不希望新法规的合法性受到考验。1925 年 4 月，为了加强《禁止乱穿马路条例》的执行力度，警方开始派出便衣警察。所有这些措施都达到了预期的效果——按照一位当地记者的说法，到当年年底，行人已经乖乖地学会了遵守规则。

1928 年，胡佛的国家安全机构颁布了《市政交通示范条例》，洛杉矶的交通法规成为美国城市在行人管理上的典范。到了 1930 年，在政府的支持下，人们的行为彻底改变。马路是属于汽车的，这一看法已经得到默认，而行人过马路必须走人行道。汽车行业已经成功地改变了大家的态度，人们不再一味地指责司机，而是认为，任何碰撞都是不可避免的事故，而且很可能还是由鲁莽的行人造成的；汽车，而不是行人，才是道路所有权的第一拥有者。正如道奇公司的董事长在 1926 年说的那样：“行人不能自私地宣称只有他拥有对道路的所有权利，而驾车者没有。”但事实正好相反。这种交通模式一直流传到今天。在道路安全和教育行人的旗帜下，汽车占据了马路，成为道路的主宰者。对行人来说，走在马路上已经从一种权利变成了一种错误。

在大洋彼岸

◆

英国的情况与此类似，当时的英国是欧洲第一汽车大国。与美国同行一样，带头的安全组织——“安全第一全国联盟”（NSFA），也是从一种工业安全思维模式中诞生的。这种模式更倾向于对工人的教育，而不是对机器的监管。该组织将这一模式转移到道路安全上，创办了免费杂志《安全第一》，将其分发给警察局长和当地官员。大多数人会认为“安全第一全国联盟”要么是中立的，要么是对汽车持反对态度的游说团体。而实际上，该联盟从汽车行业组织和汽车协会那里获得了大量资金，这些组织对联盟的影响之大可想而知。成立于 1905 年的汽车协会，其宗旨就是要维护驾驶者的权利。

效仿美国汽车商会的做法，安全第一全国联盟采取的立场始终是提倡教育（特别是对行人的教育），而不是立法。通过使用统计学数据和科学语言，联盟努力宣传这样一种观念：机动车造成的危险是不可避免的，由专业的交通工程师、警察和汽车制造商共同开发的“道路安全科学”是减少危险发生的最好办法。安全第一全国联盟发布的综合道路事故数据将人们的注意力从个案上转移开，使人们更容易将日益增多的死亡人数归咎于行人。1929 年，利物浦警察局长宣布，本市的行人是世界上最糟糕的，并指责说，75% 的交通事故是由行人造成的。令人惊讶的是，作为一个安全组织，安全第一全国联盟反对引入驾驶考试，甚至反对在废除限速后重新实施限速，而这一条，恰恰是1930 年汽车行业游说团体取得的胜利。

伦敦对乱穿马路的行人进行罚款的规定并没有对交通事故死亡人数产生影响，这似乎证明，教育，而不是立法，才是最有效的方法。一项民意调查显示，到 1939 年，这种观点已被社会广泛接受。在回答“如何减少交通事故”这一问题时，选择“谨慎和常识”的人最多（有 28%）；只有5% 的人建议减少汽车数量，或增加对违规司机的处罚。和美国一样，尽管晚了几年，反对像小蟾蜍[①]那样的危险司机的运动已经让位于教育行人的热情——教育行人一定要远离道路，除非是在指定的交叉路口。1934 年颁布的一项法律将人行横道规则纳入法律体系，规则要求车辆必须为人行横道上的行人让路，但同时也正式确立了这样一种观念：在没有人行横道的地方，车辆享有道路优先权。

① 迪士尼动画片《伊老师与小蟾蜍大历险》中的一名角色，酷爱飙车。——编者注

这一切之所以能够被如此运作，是因为那个时代的英国政客更喜欢采取一种随遇而安的方式，而不是强制实施新法规。难怪一个行人权利组织抱怨说，这等于“将道路安全的解释权交给了司机”。值得注意的是，在欧洲，将驾车者的法律责任（例如强制保险）首先编入法律体系的是斯堪的纳维亚国家。这些国家的汽车工业没有那么强大，做不到成功游说，这些法律也无法出台。在英国，汽车行业与政客的亲密关系让他们成功地阻止或延迟了相关法律的出台或实施。还有一个需要考虑的因素，比如在美国，政客、警察和记者成为车主的可能性越来越大，他们自然会对自己的驾驶自由受到限制保持警惕。

更广泛地支持汽车的使用和汽车工业，也被视为国家进步的关键点。1916 年，美国超越英国及其帝国，成为世界上最大的经济体。美国在汽车制造和使用方面的领导地位体现出美国的勃勃生机。欧洲国家不想落在后面，它们认为很重要的一点，就是不能妨碍这一至关重要的新产业的扩张。正如 1937 年英国议会关于道路安全的一份报告说的那样：“应该进行宣传，让那些没有汽车的人意识到，在食物供应、客运服务等方面，汽车运输业也为他们做出了很多贡献。公众对汽车仍有一种偏见，这种偏见无疑产生于过去，那时拥有汽车的人少之又少，汽车被视为奢侈品，而不是像今大这样，是基本国民服务的一部分。”

在德国，阿道夫·希特勒也像美国人一样，直言不讳地倡导大众应拥有汽车，尽管他自己从未学过开车。他认为，汽车的发源地德国之所以已经落后于美国，是因为前几届政府未能促进汽车的生产和使用。政客和警察通过税收和制定交通法规，“极尽可能地共同阻断并扼杀了德国道路交通和交通运输业的发展”。在柏林车展上，希特勒在 1933 年成为德国总理后的第一次重要演讲中宣布，计划取消新车登记税，放宽交通法规，让获得驾照变得更容易，建设高速公路网络，并为大众开发一款买得起的小汽车，即人民的汽车，或曰“大众”（Volkswagen）。

希特勒观察到，尽管德国人口略多于美国人口的一半，但德国只有 50 万到 60 万辆汽车，而美国的汽车数量却达到了 2 400 万辆左右。他希望通过效仿低成本的福特 T 型车的流行模式，让德国公路上行驶的大众汽车达到至少 300 万辆，使德国成为一个真正的汽车轮子上的国家，“就像我们所看到的美国这个极为成功的榜样一样”。虽然希特勒政权对民众生活的许多领域实行严格控制，但道路却不在其中。1934 年颁布的一项新法律废除了所有城市以及新建高速公路的速度限制。新建高速公路是专为汽车使用而修建的公路网络（因此得名 autobahn[①]）。取消限速的结果，就是道路上死亡人数激增：1933 年至 1939 年，德国约有 8 000 人死于交通事故，是欧洲死亡人数最多的国家。但是，希特勒对机动化的支持也为德国带来了好处：德国汽车工业在 20 世纪 30 年代得到迅速发展，行业工人达到 150 万。到 1938 年，

① autobahn 在德语中的字面意思是“汽车之路”，现专指高速公路。——译者注

德国每12个工作岗位中就有1个是汽车工人。推动德国从大萧条中复苏的，不是重整军备，而是汽车制造业。

那条没选的路

◆

在英国和德国，就像在美国一样，汽车的地位至高无上。作为一项关键技术，汽车就像今天的半导体或人工智能一样，成为能够塑造国家命运的现代经济的重要组成部分。在1937年的一次医学会议上，德国著名外科医生马丁·基施纳发表演讲，反对恢复限速。尽管他承认限速措施可以挽救许多生命，但是他坚持认为，阻碍汽车的发展将威胁到“我们的社会关系、我们的财富、我们的工业、我们的农业、我们自卫的能力、我们的国际地位，简言之，威胁到我们的整个文明和文化”。他认为，取而代之的做法，应该是他和他的同事们专注于研发创伤手术的新方法，以减少死亡人数。从他的发言中可以看出，汽车的使用范围之广，及其造成的生命威胁，已经被视为一种不幸但又不可避免的生活事实。这是一种至今仍然盛行的态度。

但是那条没选的路会是什么样的呢？我们使用汽车的方式并不是必然的，它首先出现在美国，然后被搬到欧洲和其他地方。是否存在其他可以选择的交通规则和安排城市空间的方式，能够让汽车更顺畅地融入城市，而不是简单地占据道路？近几十年的实验表明，确实存在这样的可能性。20 世纪 20 年代的核心争论已经过去一个世纪，现在，至少在许多城市的某些地区，正在回归到更接近汽车时代之前的状态。有两个城市尤其可以证明，行人的死亡并非不可避免，机动性和安全性也并非不可调和。这两个城市分别是挪威首都奥斯陆和芬兰首都赫尔辛基。2019 年，这两座城市的行人交通事故死亡人数均为零。（而且在整个挪威，当年都没有儿童死于交通事故，该国的道路成为世界上最安全的道路。）挪威和芬兰此前都签署了“零愿景”倡议，这是一项始于瑞典的安全倡议，旨在消除所有道路上的死亡和伤害。

奥斯陆和赫尔辛基的人口都在 70 万左右，与华盛顿特区的人口大致相同。两个城市采用了类似的策略，即重新设计街道，以提高安全性。主要措施包括：降低最高车速，逐渐用自行车道和更宽的人行道取代路边停车区，完全禁止汽车进入一些区域，等等。赫尔辛基建设了一个长达 745 英里的自行车道网络，甚至在冬天还为使用者清除积雪。奥斯陆提高了停车费和汽车进入市区的通行费，在学校周围建立了禁车区，并将市中心的一些送货服务从使用货车改为使用电动载货自行车，再加上对公共交通的大量投入，这些措施降低了城市道路上的交通流量和车辆行驶速度，伤亡人数迅速下降。2020 年，从巴黎到米兰再到坎帕拉，世界各地的很多城市都在利用因新冠肺炎疫情而封锁的时机朝着同一个方向迈进——建立新的自行车道，拓宽人行道，收回汽车所占用的街道空间。这些改变在有些城市已经成为永久性改变。总的来说，这些举措标志着“街道主要属于汽车”这一假设的终结，天平开始向其他使用者倾斜。奥斯陆的官员说，汽车应该被当作“客人”或“来访者”，而不是街道的主人。汽车没有完全被禁，但是在市中心“爬行”的司机会感觉自己像个闯入者。

这些措施大多借鉴了由荷兰交通工程师汉斯·蒙德曼首创的一种被称为“共享空间”的方法。1968年，蒙德曼在代尔夫特市设计了一条居民住宅街，在这里，汽车、自行车和行人得到同等的优先考虑，这就要求道路使用者能够相互关注。蒙德曼曾在2006年对一家德国广播公司说：“当不知道谁有优先通行权时，你会寻求与其他道路使用者进行眼神交流。你会自动放慢速度，你会与其他人沟通，你也会更加谨慎。”这一方法已经被推广到世界各地几个城市中更为广泛的区域，区域内的路边石、交通灯、路面标记和交通标识等道路设施都被有意移除。在这种情况下，通行的最高速度被降低了，每个人都需要关注其他道路使用者，并与之协商来提高安全性。取消了红绿灯，车流会一直保持移动，这也减少了驾车者的旅途时间。共享空间理念最引人注目的案例要数荷兰小镇诺德拉伦。小镇的一所小学毗邻街道，司机在那里原本都爱超速行驶。在操场和道路之间的隔墙被拆除，操场延伸到马路对面后，汽车驶过时不得不（小心地）从操场中间穿过。令人惊讶的是，这一做法让超速问题从此消失，此后再也没有发生过交通事故。

对共享空间模式持批评态度的人也指出了它的一些缺点。最为重要的一点，就是在人行横道被移除，以及涉及道路先行权的正式规则被废止后，盲人和残疾人过马路更难了。但是，正像奥斯陆和赫尔辛基的例子所展示的那样，我们可以利用共享空间模式中的一些元素，让道路变得更安全，以人为中心（而不是以汽车为中心）的街道也会更干净、更安静、更令人愉悦。其他地方的来访者也会在这里感受到，城市不一定非得是喧嚣的汽车海洋和由行人组成的一个个孤岛。甚至在美国，一些城市也在试验一些不再以汽车为中心的方式。佛罗里达州的西棕榈滩创建了一个共享空间区域，华盛顿特区等14个美国城市制定了自己的斯堪的纳维亚式“零愿景”：到2024年，实现零交通事故死亡目标（尽管进展并非一帆风顺，2019年4月，行人和骑自行车的人在该市举行了一场“道路不能再杀人”集会）。

“零愿景”方式让我们看到，人类在20世纪所采用的两种方法——将道路上的死亡和伤害完全归咎于司机，或是完全归咎于行人——都是错误的。“零愿景”并没有将这两个时有交叉的群体对立起来，而是将责任转移到其他地方：道路系统的设计者才是防止伤害和死亡的责任人。一场交通事故的发生，应当被认为是道路设计的失败，必须采取后续措施，努力防止再次发生类似事故。但是，这种方式在全球流行起来的可能性有多大呢？

让奥斯陆这样的城市为全世界提供范式，看起来似乎不太现实。但是回望历史我们就会发现，同样的事情并非没有发生过：一个世纪前，洛杉矶就曾经为全世界提供了范式。决定让汽车统治道路，是政治领导人在强大的汽车工业游说团体的鼓励下做出的选择，让汽车获得至高无上的地位在当时似乎是大势所趋。但是，无论汽车获得多少道路空间，总还是不够用。因此，收回一部分汽车占用的空间挪作他用，这样的做法也不无道理。奥斯陆和赫尔辛基的做法已经表明，人类完全有可能摆脱以汽车为中心的交通模式。我们需要做的，就是更多地投资公共交通，恢复城市道路本来的面貌，使其更接近人类的初衷，让街道成为一个共享的公共空间，而不仅仅是汽车的通道。对那些还不习惯这种模式的人来说，在这样的环境中做一个行人，会产生一种猝然而至的自由感。而实际上，他们所见证的，恰恰是汽车到来之前街道的本来样貌，这也很可能会成为街道今后的蓝图。

第七章

通往郊区的高速路

目前城市和汽车之间的关系，简单来说，就像是历史时不时对进步开的一个玩笑。

——简 · 雅各布斯，《美国大城市的死与生》，1961

乌托邦之汽车梦

◆

这是一个对未来的美好憧憬：从 1939 年遥望 1960 年。1939 年，纽约世界博览会在皇后区法拉盛草原可乐娜公园举行，主题是“未来的世界”。这是世界上第一个明确关注未来的博览会，首次展出的新技术包括尼龙织物、用于观看彩色立体照片的三维魔景机系统、早期版本的嗅觉电影和第一个电子语音合成器。但博览会上最受欢迎和最有影响力的展品，要数“未来奇观”——一个占地 3.6 万平方英尺的立体模型：1960 年的美国。模型设计出一个天堂般的美国郊区，它建在快捷、多车道的高速公路旁边，展示了一个全新的生活样貌。

超过 500 万观众观看了这件展品。观众需要排几个小时的队才能坐上围着整个景观转动 18 分钟的长椅。展示在他们眼皮底下的，是一个完全没有拥堵的“1960年的城市”。长椅转动起来的那种流畅顺滑和展品中飞驰而过的模型车有机组合成一个整体，让观者获得身临其境般的感受。这个立体模型综合了各种不同规模的场景，包括50多万栋建筑、100万棵树木和5万辆汽车，其中有1万辆汽车正行驶在一条14车道的高速公路上。长椅上的扬声器播放着一段解说词，按照《商业周刊》的说法，为观众“展示了一个服务于城市、城镇和乡村的综合道路系统，展开了一幅未来的美好画卷”。对刚从大萧条中走出来的美国人来说，在新的世界大战的硝烟正弥漫于欧洲上空之际，“未来奇观”为大家提供了一个对新世界的美好憧憬。这个基于“人与商品自由流动”的新世界、新家园，无疑是以汽车为主导的，或者说汽车将是未来生活的核心。这件展品的赞助商是通用汽车公司。

“未来奇观”的构想出自诺曼·贝尔·格迪斯，一位工业设计师。他主张在美国建立一个高速公路网络，贯穿城市之间和城市内部，他称其为“神奇的汽车专用公路”。关于“未来奇观”他曾写道，作品展示了“高速公路系统是如何在整个国家建立起来的。它跨越山脉、河流和湖泊，穿过城市和乡镇，从不偏离航线，始终坚持高速公路设计的四个基本原则：安全、舒适、快速和经济”。

这件展品旨在向公众介绍高速公路网的优势所在，并展示高速公路是如何解决许多生活问题的。高速公路可以让人们在郊区的住宅和市中心的商店、办公室之间快速穿

在1939年的纽约世界博览会上展出的"未来奇观"，描绘了一个围绕汽车和"神奇的汽车专用公路"建立起来的乌托邦未来

图片来源：Bettmann/Getty Image

梭，解决日益严重的城市交通拥堵问题，还可以让快速行驶的汽车与行人完全隔离开，提高了安全性。"未来奇观"中描绘的美国未来城市将细分为工业、住宅和商业等几个区域，市中心的一些地方则分配给行人。贝尔·格迪斯认为，如果重新设计道路，将汽车和人分开，那么在城市中，汽车和人就更容易共存。格迪斯表示："我们的交通问题绝不是汽车造成的，一切责任都在于道路缺陷。""未来奇观"展示了许多建筑师和规划师，更不用说汽车行业，对以汽车为基础的未来城市的展望。这件展品以实物形式对一场

关于汽车时代城市形态的争论进行了总结，到 1939 年，这场争论已经持续了几十年。

通往未来的高速公路

♦

以汽车为中心重建城市的乌托邦梦想，最早甚至可以追溯到汽车出现之前。19 世纪 70 年代，波士顿马车制造商昌西·托马斯在其撰写的一部名为《水晶按钮》的小说中描绘了一个虚构的未来城市：八条从中心广场向外辐射的双层大道贯穿全城，只有行人和由电力或压缩空气驱动的快速、安静的轮式车辆才能使用上面一层道路。“我们的城市交通不允许使用马匹，”一位居民向一位来自 19 世纪的时空穿越者解释道，“随着交通流量不断增加，马匹成了灰尘、污物和难闻气味的主要来源。穿梭在马匹之中，行人也是寸步难行。”高架路的构想在当时的乌托邦思想家中甚为流行，他们想象着如何重建城市，既要保持其经济活力，也要消除拥挤、污染和疾病。乌托邦主义者想象中的未来城市，通常以巨型的摩天大楼和建在绿树成荫的公园里的公寓楼为特色。到 19 世纪末，这一愿景还包括了汽车专用的高架路，并附带供行人使用的独立的，或是可以移动的人行道。

在 20 世纪的头十年，沿着这样的思路改造现有城市的提议激增，建设只供汽车使用的城市高速公路的呼吁声不断。有人提议在曼哈顿中心修建一条高速公路，穿过现有建筑的第二层。还有人提议让数十万曼哈顿人搬离，重新修建五条大道，让汽车可以在拥挤的市中心高速行驶。一项得到当地商界领袖支持的提案是，修建宽阔的马路，以疏导来往于布鲁克林大桥的交通。在这些提案附带的图纸上，汽车在其专用的城市高速公路上飞速行驶，车与车之间的距离都很宽。其中的潜台词就是，如果没有马车、轨道交通工具或行人挡道，就不会有拥堵。这是当时人们的一个普遍看法。但是，仅仅为了让少数富有的驾车者生活得更轻松，就让整个城市付出巨大成本，遭受巨大破坏，这样的提议自然不会受欢迎，最后无果而终。

即便如此，当时的许多城市规划者和建筑师，不仅仅是汽车爱好者，也对汽车重塑城市的新方式充满热情。一个成立于 19 世纪 90 年代的设计团队，城市美化运动认为，改变北美城市的布局可以帮助解决许多问题。1915 年，在城市美化运动的规划者举办的一次全国会议上，与会者几乎一致认为，汽车可以为改变城市的运行方式提供机会，使城市变得更美好（只有一位来自德国的建筑师不同意这一观点，并警告说，这样做的结果必将是交通堵塞）。该组织的领导人是拥有几辆汽车的丹尼尔·伯纳姆，他喜欢开着车在欧洲旅行。几座美国城市制定的城市美化规划，是以修建放射状大道为特色的。放射状大道的灵感源于 19 世纪 60 年代巴黎修建的林荫大道。规划中的放射状大道将穿过网格状的街道，汇聚于城市中心的纪念碑。这些规划中最著名的，要数1909年伯纳姆为芝加哥制定的规划。

伯纳姆既欣赏放射状大道带来的景观，也欣赏它们提高交通速度的方式。他曾写道："行驶在这样的道路上，视野远超目力所及，汽车如离弦之箭，义无反顾地飞向远方。"他为芝加哥制定的规划要求建造巴黎式大道，至少要有8条车道，不允许轨道交通工具通行。值得注意的是，铁路，包括芝加哥高架铁路环线，都没有出现在他的设计中。这是一个纯粹以汽车为基础的未来世界蓝图。然而，在委托他人推广该计划的画作中，汽车却很少出现，这些宽阔的高速公路被描绘成安静、宽阔的林荫大道。最终，城市美化运动为美国城市提供的建议几乎都没有实施。有些城市确实在市中心建造了城市纪念碑，但是清除现有建筑，建造放射状道路的想法，既不受欢迎，又过于昂贵了。

当然，特例依然存在，也确实出现了为数不多的几个建设放射状大道的街区。但是在这几个案例中，新建的大道很快就挤满了车辆，比如大广场街（布朗克斯区的一条8车道高速公路）和费城的本杰明·富兰克林公园大道（费城的一条放射状大道，穿过城市商务中心区）。用汽车取代马车可以减少交通堵塞的理论被推翻了，为汽车修建新的道路也难以起到任何作用。按照《市政日志与工程师》的说法，"结果似乎恰恰相反"，那些不愿修建新道路，转而通过缩小人行道来拓宽现有道路的城市，也遇到了同样的问题。例如，纽约在1910年先后拓宽了第23街、第五大道和麦迪逊大道，增加了更多的汽车车道。巴尔的摩和旧金山也采取了类似的措施。与此同时，许多城市改善了路面，用平滑的沥青取代泥土、砾石或鹅卵石来铺路（1915年，洛杉矶炫耀说，该市已经铺好了所有的道路）。但是，道路更平坦，更宽阔，似乎就会吸引更多车辆。交通路口，或是从小街道汇聚而来的车流，阻碍了大道上的稳定车流。这些更宽的新道路的最外侧车道，立即挤满了停放的车辆或送货卡车。汽车非但没有解决城市的交通问题，反而带来了新问题。一些具有远见的人认为，也许，是时候该为汽车时代设计一种新型城市了。

郊区的蓝图

◆

郊区通勤者的生活方式，在今天就是有车一族的代名词。而实际上，这两者的关系在很早以前就已经确立了。19世纪50年代，沿着有轨马车的线路，为通勤者建设的第一批城郊社区发展起来。在许多情况下，房地产公司都会为他们在城郊开发的房地产项目铺设通往市中心的铁路。有轨马车收取统一票价，而不考虑行程远近，这样，马车的经营者就可以通过城市内短途旅行的人补贴郊区的通勤者。在铁轨上行驶的马车可以以每小时6英里的速度前进，相比之下，公共马车只能以每小时 4 英里的速度行驶。这意味着，半小时通勤距离从 2 英里增加到 3 英里，人们就可以在保持相同通勤时间的情况下，住得离市中心更远一些。这样一来，城市周围的潜在居住面积增加了一倍多，一些美国城市的布局也因此开始发生变化。

费城作家西德尼·乔治·费希尔曾在 1859 年写道，有轨马车带来了一种“极大的便利”，几乎“取代了笨重、颠簸、缓慢又不舒服的公共马车”。有轨马车“空间宽敞，行驶平顺，环境整洁，减震良好，外表帅气，离地面距离更近，所以上下车更方便，而且速度很快”。他预测，有轨马车将改变城市生活，因为每个人都可以拥有一套“郊区别墅或乡间住宅”，而市中心将成为“商店、仓库、工厂和营业场所的集合地”。但是，这些城市很快就遭遇了有轨马车的容量上限，变得越来越拥挤。受到马匹的速度和体力限制，在本已拥挤的街道上提高有轨马车的服务频率以增加容量，已经变成非常困难的事情。就在这时，1888 年，第一辆有轨电车在弗吉尼亚州的里士满诞生了，并在一年内扩展到其他二十几个城市。有轨电车可以以每小时 12 英里甚至 15 英里的速度行驶，将半小时通勤距离从 3 英里延长到至少 6 英里。随着有轨电车线路向新开发区域延伸，城市周边的潜在居住区再一次激增。越来越多的人在选择居住地方面有了更多选择。

半小时通勤距离听起来可能很随意，但是意大利物理学家切萨雷·马尔凯蒂对城市布局的分析表明，平均每天一小时正是人们愿意花在上下班路上的时间，并且这一想法已经存在了很多个世纪。（有些人的通勤时间要长得多，或短得多，一小时只是整个城市人口通勤时间的一个平均数。）马尔凯蒂认为，这个时间长度限制并决定了城市的规模。他发现，古代有城墙的城市，其直径都不超过 3 英里。假设以每小时 3 英里的速度，从城市的边缘走到市中心，或是走回来，都不超过半小时。自从有了马车，以及之后更快的交通工具，城市得以进一步扩张，因为平均半小时的旅程预算可以让人们走得更远了。马尔凯蒂的分析发现，柏林市的规模变化就与交通工具速度的提高完全一致。1800 年以前，柏林市的半径大约是 1.5 英里，随着更快速交通工具的引入，从有轨马车和有轨电车开始，城市半径的扩大与交通速度的变化完全成正比。

早期的汽车爱好者都很清楚，汽车将进一步扩大城市周边潜在的居住区域。1896 年 11 月 14 日，英国的“红旗法案”被废除，机动车开始被允许在道路上自由行驶。当天，一群汽车爱好者驾车从伦敦来到布赖顿庆祝，从此成就了两地之间此后一年一度的汽车拉力赛。那天晚上，在布赖顿的一场宴会上，活动组织者哈里·劳森宣布：“现在，我们行驶在乡村道路上的速度和所用设备，将会改变房产和土地的价值。比起城镇内的土地，城镇外 10 英里以内的土地会变得更有价值，因为房屋建造者只需为汽车发动机建造一个马厩，这些房子就会因此和城镇联系起来。”凭借更快的速度和更高的灵活性，汽车似乎可以开创出一种全新的生活方式，将城市生活与乡村生活中最好的一面结合起来。

英国社会改革家埃比尼泽·霍华德则走得更远。他提出的建议不仅仅是建设新郊区或改造现有城镇，而是建设一种全新的城市。1898年，他先是概述了“花园城市”的理念，为当时快速发展的工业城市提供一种缓解环境污染、过度拥挤，以及解决疾病就医与脱离贫困的方法。1902年，他在《明天的花园城市》一书出版时补充了一些细节。他提议建设精心规划的花园城市网，限制市区规模和人口，在城市周边到农田与森林之间创建一条宜居的绿化带。在他绘制的一张图上，有6个“没有贫民窟，没有烟雾的城市”，格局都是圆形的，能容纳3.2万人居住。这些城市以六角形排列，围绕在一个5.8万人口的中心城市周围，各城市之间是农田、森林和水库。卫星城将通过由运河、铁路和公路构成的交通网络与中心城市连接起来，并相互连通。这一构想与将摩天大楼与高架公路交织在一起的乌托邦梦想截然不同。但是为了向乌托邦传统致敬，花园城市中的每座城市都会有6条放射状的林荫大道从市中心延伸出去，大道之间点缀着开放空间和公园绿地。

霍华德的出发点是要重建一个理想版的英国乡村集镇，为劳动者提供一个选择，让他们可以逃离拥挤不堪、不利于身心健康的市中心。每个城镇都有指定的区域用于生产、购物、住房、学校等，每个人都在自己居住的城镇工作，自给自足。然而，在真正开始建造第一座花园城市时，霍

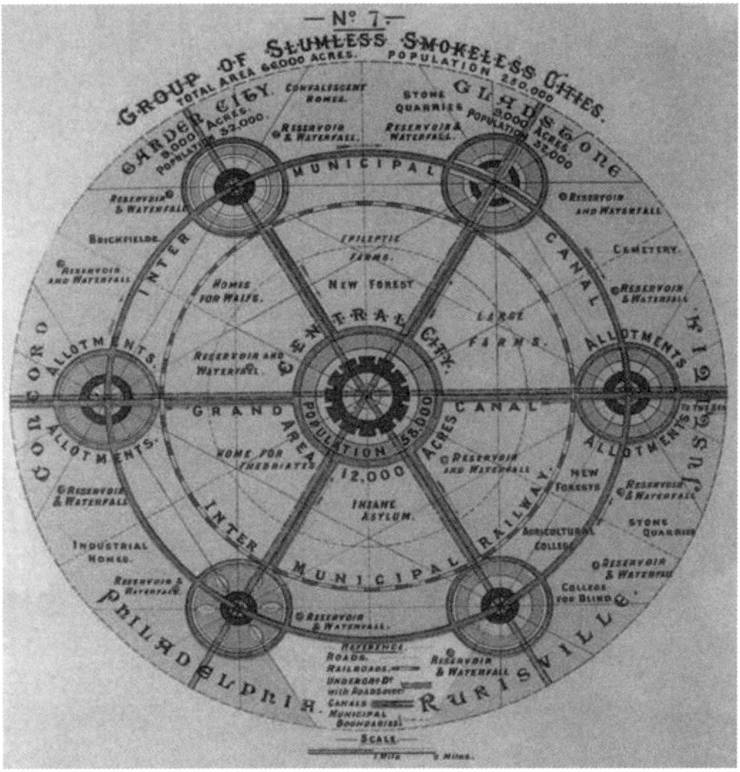

由埃比尼泽 · 霍华德规划的一组理想的“花园城市”群，
选自《明天的花园城市》（1902）

图片来源：Wikimedia Commons

华德不得不淡化他的想法，以赢得投资者的支持。莱奇沃思和韦尔文，这两座分别在 1903 年和 1920 年建于伦敦郊外的花园城市，摒弃了霍华德整洁的对称设计，而且，也未能实现自给自足。首先是因为它们靠近伦敦，其次是因为住房成本高于预期——事实证明，实际生活成本对蓝领工人来说过于昂贵。结果，这些花园城市最终变成了中产阶级居民往返伦敦的郊区宿舍。尽管如此，霍华德的想法还是影响了世界各地的规划者，许多其他国家开始开发自己的模范郊区，而不是真正的花园城市。尤其被广泛复制到了世界其他地方的，是莱奇沃思和韦尔文那些可以降低车速的蜿蜒道路，以及那些只有一个出入口的胡同小街（俗称死胡同）。将房屋建在这样的死胡同里，就可以减少车辆在此往返通行，消除过往车辆给街边居民可能造成的伤害。

花园城市设计的影响，也可以在1909年建于纽约皇后区的一个居民区——森林山花园小镇中看到。但是在美国最典型的例子，还是新泽西州的兰德堡镇，一个由克拉伦斯·斯坦和亨利·赖特在20世纪20年代设计的郊区。斯坦认为，传统的美国道路网不再适合汽车时代，因此他创造了一个道路等级制度，从宽阔、快速的高速公路，到缓慢、蜿蜒的街道，再到居民可以直接开车回家的一个出入口胡同。兰德堡借鉴的其他花园城市理念还包括，通过各种专用的通道来分隔行人和车辆，以及让住宅群背对马路，面向内部的一个公园，或一片绿地。最终的布局就是为了给汽车造成的社会问题找到解药，在斯坦看来，汽车“对城市生活已构成严重威胁”。当然，在实践中，这种解决汽车问题的办法，还要仰仗所有人都拥有汽车。被宣传为“汽车时代的小镇”的兰德堡，在战后将会塑造美国乃至其他国家的郊区。

大约在同一时间，瑞士建筑师查尔斯–爱德华·让纳雷，更广为人知的名字是勒·柯布西耶，重新提出了汽车时代城市的乌托邦范本。他宣称："汽车扼杀了伟大的城市；汽车必须拯救伟大的城市。"和斯坦一样，他认为与其拼命寻找将汽车融入现有街道布局的方法，不如将汽车与行人完全隔离开。勒·柯布西耶成长于汽车时代出现之前，他亲眼见证了汽车对欧洲城市的影响。看到巴黎香榭丽舍大街已经完全被车流占领，1924 年，勒·柯布西耶哀叹道："我记得 20 年前，我还是个学生的时候，这条大街是属于我们的。我们在街上歌唱，我们在街上争论，身边的公共马车平静地驶向远方。"但是他心中的兴奋远远超出了沮丧，修建快速汽车专用公路，并将城市建在公路周围的可能性令他激动不已。

1922 年，勒·柯布西耶提出了"现代城"的理念。在"现代城"中，高架公路将穿梭于高层办公大楼与被公园环绕的住宅区之间，这也是乌托邦理念的起死回生。"现代城"的另一个特色，是与公路完全隔离的行人通道。1925 年，勒·柯布西耶提出建议，用这一方案重建巴黎市中心的一大片区域。该建议未被采纳。但是此时，轿车专用高速公路的概念已经越来越受到行人和驾驶者的青睐。行人担心汽车会侵占城市街道，而轿车司机希望拥有自己专属的高速公路，没有行人，没有有轨电车，也没有货车。1930 年，勒·柯布西耶在"辐射城"计划中进一步完善了自己的想法。"辐射城"依然以坐落在公园中的高层建筑为特色，高架公路穿梭其中。"假设我们正穿过城外大公园驶入城市，”他写道，“飞奔的汽车行驶在穿梭于雄伟的摩天大楼之间的汽车专用高架路上。再靠近一些时，我们可以看到24座摩天大楼在天空的映衬下交错出现……整个城市就是一座公园。”

表面看起来，这与半田园牧歌式的花园城市截然不同。但是勒·柯布西耶试图解决的，是与霍华德、斯坦和其他花园城市规划者一样的问题，就是城市街道上的人与快速行驶的车互不相容的问题。斯坦的答案是在乡村绿地周围建造配备蜿蜒道路和无出口胡同的郊区，勒·柯布西耶的设计则是高架公路、公园和人行道。他宣称，“街道这个概念已经过时”，“绝不能让普通生物的速度去遭遇现代汽车的高速”。他试图通过让花园城市在高人口密度的情况下运转，来实现重启乌托邦城市的愿望。把人们塞进高层住宅和办公室，这样就可以把腾出的空间用作公园用地。他这样写道：“花园城市是虚无缥缈的。在道路和房屋的侵蚀下，大自然被销蚀了，原本承诺的隐居地变成了拥挤的群居地……解决方案必须到‘垂直花园城市’中去寻找。”

勒·柯布西耶的提议与纽约公园事务专员兼总规划师罗伯特·摩西正在建设的“公园大道”不谋而合。这是第一条连接曼哈顿和周边地区的轿车专用快速路，整条道路都严格限制进口和出口。名字虽然叫“公园大道”，但实际上就是高速公路。不同的是，在“公园大道”的边上，会有一条狭长的绿地（有的地方只有18英寸宽），这意味着道路两旁的房产拥有者无法获得这条路的使用权，因为严

瑞士建筑师查尔斯–爱德华·让纳雷，更广为人知的名字是勒·柯布西耶，
与他的堂兄兼商业伙伴皮埃尔·让纳雷合作，
设计了高速公路横贯全城的乌托邦城市，包括“辐射城”

图片来源：© FLC/ADAGP ,Paris and DACS，London 2021

格来说，他们中间隔着一个公园。通过这种方式，用植被将“公园大道”隔离开，可以确保车流不会被进出高速路的车辆阻断。这是一条专门为轿车快速进出城市而修建的道路，车主们的梦想终于实现了。作为高速公路最早的一位探索者，摩西也是1939年世界博览会的主要发起人。所有这些元素都在“未来奇观”中汇聚在一起，描绘了一个经“辐射城”设计改造后的美国大都市，汽车专用的高架高速公路将城市的高层建筑与兰德堡镇风格的新郊区连接起来。参观展览的人离开时，会得到一个徽章，上面写着“我见到了未来”。但是，“未来奇观”对未来许下的承诺，与战后城市的真正样貌并不完全一致。

通用汽车为你搭建的未来

◆

“二战”结束，大批退伍军人回到国内，美国开始出现严重的住房短缺问题。据估计，1945年时，美国现有住房比实际需求少了500万套。到1947年，1/3的退伍军人仍然与亲戚住在一起，或与人合住。为了解决这一问题，联邦政府采取措施，鼓励开发商建房，民众买房。联邦住房管理局为建筑商提供贷款，为购房者提供低息抵押贷款，还为退伍军人提供了特殊的优惠政策。管理局为新建房屋设定了新的建造标准，涵盖建筑材料、地块尺寸、建筑风格以及房屋与公路的距离等各个方面。要达到这些标准，最容易的办法是在郊区土地上建设新的开发项目，而不是在现有的住宅区进行开发，因为郊区土地价格低廉，房产税也更低。政府的补贴非常慷慨，达到了买房比租房还便宜的程度，至少对白人购房者来说是这样（贷款规定中的种族歧视问题非常严重）。就像此前拥有汽车一样，拥有住房的不再仅仅是富人，普通民众也有能力购买自己的住房了。住房建设激增，美国家庭拥有住房的比例从1940年的40%上升到1960年的60%。

几乎所有这些新房子都建在郊区。

威廉·莱维特就是一位“二战”后归来的老兵。他曾在海军服役，目睹了汽车工业中的大规模量产技术被应用到军用房屋建设上。在他的家族建筑公司里，他恢复了普通市民的生活，并开始用同样的方法建造平民住房。1947年，公司在长岛买了一块7平方英里的土地，开始建造莱维敦[①]，一个拥有1.7万多套家庭住房的郊区定居点。不同的专业工人团队分别负责26个不同的步骤，将标准的预制构件组装在一起。“我们不是建筑商，”莱维特宣称，“我们是制造商。”按照莱维特的说法，他们的建造过程与底特律的装配线方向正好相反。“在底特律，移动的是装配过程中的汽车，工人则留在自己的岗位上不动……而我们的房屋在建造过程中，移动的是工人，他们会赶到不同的地点去做同样的工作。”在住房建设高峰时期，公司每15分钟就能建成一幢房子。莱维特称自己的公司为“房地产行业的通用汽车”，这个比喻非常贴切：公司为不同的买家提供不同价格的房屋，甚至采用了每年更新型号的理念，每年公布改进后的新房型。房屋的起价为7 990美元，首付5%（退伍军人零首付），每套房子都配有电视和高保真音响等现代化设备。

莱维敦借鉴了兰德堡镇的设计，建设了花园城市风格的“乡村绿地”，蜿蜒的街道和无出口胡同被布置得像迷宫

① 英文为Levittown，字面意思就是“莱维特城”。——译者注

一般，以降低交通流量和车速。自行车道是后来才想到并补建的，它们与所有的房屋都不挨着，常常需要穿过几条路才能到达。莱维敦是为有车的通勤者提供的住房。罗伯特·摩西无节制地疯狂修路，让莱维敦拥有了通往皇后区、布鲁克林、曼哈顿和布朗克斯的公园大道。1950 年，住在莱维敦的男性中，有 80% 的人是到曼哈顿的通勤人员。随着其他建筑商开始争相模仿莱维特的建筑模式，这种模式在美国推广开来，莱维敦为美国各地的郊区发展提供了模板。大规模量产汽车的技术让人们开始买得起汽车，现在又开始让人们买得起住房。在当时正在兴起的"美国梦"这个说法中，住房是除汽车外的另一个重要组成部分（"美国梦"这个词是作家詹姆斯·特拉斯洛·亚当斯于 1931 年创造的）。这种新的郊区生活方式，可以说是双份受惠于汽车。

20 世纪 50 年代，郊区新住房的激增也将零售商、公司总部、制造商和商业地产开发商吸引到了郊区。梅西百货和联合百货等零售商率先意识到，既然可以运送通勤者到城市的高速公路，也可以将购物者从城市里运出来。他们在郊区建了新的分店，远离传统的市中心商业区，将新店建在了停车位充足的高速公路旁边。[这种模式最早出现在洛杉矶，那里的威尔夏大道"奇迹哩"（Miracle Mile）在 1930 年就已成为一个繁荣的零售中心，战后，这种模式又延伸到其他城市。] 大公司开始在郊区建造景观园区，工厂也从城市迁往郊区，带走了工作岗位。白人城市居民不断向郊区转移，也就是所谓的“白人迁移”，降低了城市的税基，促使市政府不得不削减在基础设施、公共服务和学校等方面的投入，形成城市中心衰落的循环。与此同时，郊区蓬勃发展起来。最终，美国城市的面貌被重新塑造，种族隔离和阶级隔离变得更加严重。即使在以白人为主的郊区，社区也是按照种族和财富分类的。

所有这些都增加了人们对汽车的依赖。1920 年以前，大多数美国城市居民都是步行或乘坐公共交通工具上下班的。到了 20 世纪 50 年代，开车上下班开始成为一种常态，直至今日。今天，80% 的美国人通常都是独自一人开车上下班。新郊区在建设中就进行了分区，严格地将住宅区与办公园区、工业区和商店分割开，导致人们的生活不得不依赖汽车。这种活动区的分割意味着，不像在市中心或城镇中心，一座公共汽车站、火车站或电车站就可以支持多种用途，新郊区无法有效地利用公共交通。新郊区的建设目标，就是要将居民与工厂或购物区的噪声、污染和犯罪隔离开，但同时，不开车就无法前往办公室和商店。

有人提出，通用汽车和其他汽车制造商曾经购买有轨电车线路，将其关闭，以此鼓励人们转向私家车。这个说法是不确切的。20 世纪 20 年代，随着汽车的普及，有轨电车的客流量开始下降，电车线路的经营者开始转向公共汽车，因为公共汽车不需要轨道，运营成本也更低。乘客也更喜欢公共汽车，与有轨电车相比，公共汽车更安全（可以停靠路边，让乘客上下车），更舒适（有厚厚的充气轮胎），更快（意味着通勤者可以在给定的时间内走得更远）。有轨电车，曾经是美国许多城市中唯一的公共交通工具，到 1937 年已经所剩无几，有公共交通工具的城市，只有 4% 还在运行电车。的确，一家由通用汽车支持的公司曾经收购了一些后来被关闭的有轨电车运营商，但那是在有轨电车的减少已成定局的时候才发生的，目的是要确保运营商转向通用制造的公共汽车。

通用汽车真正想要的，实际上是高速公路。公司总裁阿尔弗雷德·斯隆在 1939 年坚称，由通用赞助的"未来奇观"，"并非在展示某个特定的高速公路计划或项目"，不过这一否认恰恰说明了问题。贝尔·格迪斯撰写的展览会配套图书《神奇的高速公路》也透露了相关信息。"未来奇观"为决策者和美国公众普及了高速公路的概念，为战后高速公路建设的繁荣奠定了基础。1956 年出台的《高速公路法》，明确了拨款数十亿美元建设州际高速公路系统，因此该法规是美国高速路建设中最闪耀的明星。城际高速公路的建设在很大程度上是没有争议的，但是它们在哪里与城市相连呢？规划者承诺，穿越城市并连接州际高速的城市高速公路，将解决市中心的交通拥堵问题，让被绕开的街道恢复安宁，提高城市生活质量。公路工程师将从尽可能直接的路线着手，同时通过选择尽可能便宜的土地来降低成本。

这就意味着多数时候他们只能选择废弃的铁路场站、工业区、海滨或公园，但是也包括房产价值较低的居民区，往往以黑人社区为主。当白人政客抓住机会拆毁他们称为“贫民窟”的黑人区时，高速公路的建设反而成了蓄意进行种族隔离的工具。高速公路摧毁了无数城市的黑人社区，却很少或根本没有为流离失所的原居民提供住房。正如 1956 年《周六晚邮报》赞美新高速公路时所言：“高速公路的发展还带来了一个令人高兴的副产品，它们在穿过城市中的贫穷区域时，像一把尖刀，完美地剜除了那里的贫民窟。”社区组织对此进行了谴责，当时的一个抗议口号就是：白人的道路穿过了黑人的家。但这些抗议和诉讼收效甚微。只有当城市高速公路威胁到白人社区时，“高速公路起义”才在旧金山第一次取得成功。类似的反抗随后开始在其他地方出现。在有些情况下，比如在巴尔的摩和华盛顿特区，领导抗议活动的是共同反对建设高速公路的黑人与白人社区联盟。

美国高速公路建设热潮在 20 世纪 70 年代接近尾声。反对的声浪越来越高，人们对于“诱导出的需求”——即新的道路容量会吸引更多的车——这一概念越来越熟悉，也越来越接受，“你不能通过修路来解决堵路的问题”成了人们的一句口头禅。此外，长期以来人们心中假定的通勤模式一直是从郊区到市中心，然后返回，但是随着美国城市的扩展，这一假设已不再成立。到 20 世纪 70 年代早期，郊区的工作岗位已经超过了市中心。地理学家彼得·穆勒在 1976 年宣布，郊区已经成为“当代美国城市的精髓”。纽约大学城市研究专家什洛莫·安吉尔在 2016 年发表的一项研究表明，在一个典型的美国城市，75% 的工作都在市中心以外。这意味着通勤者大多数时候都是开车从一个郊区到另一个郊区，而不是出入市中心。（根据切萨雷 · 马尔凯蒂的预测，人们上下班的平均开车时间仍然是 30 分钟。）

在“未来奇观”所承诺的世界里，高速公路会将通勤者从市中心的工作地点运送到绿树成荫、鸟语花香的郊区，贝尔 · 格迪斯将其称为“森林和溪流之间的健康高地”。当代郊区可能并不是这样一个存在，但是大多数美国人，以及越来越多的其他国家的人，还是生活在了郊区。尽管近年来有人开始大肆宣扬美国城市的复兴，但大约 70% 的美国人仍然居住在郊区，加拿大和澳大利亚也大致如此——这两个国家在战后城市规划时采用了与美国类似的模式。欧洲则有所不同。因其中世纪的街道布局、较高的人口密度、较高的土地价格和较低的汽车拥有率，欧洲向郊区转移的通勤生活方式开始得比较晚，也没有走得那么远。战后的欧洲城市经过改造，变得对汽车更加友好，而不是更加依赖。但是只要在人们买得起汽车的地方，郊区化现象依然不可避免地会出来，区别只在于还没有达到美国那样的程度，但只要出现了郊区化，通常的样子，仍然是典型的美国模式。许多其他国家也于 20 世纪 50 年代派遣了交通规划制定者到美国学习，聘请美国的咨询师和顾问，或是采用美国的交通管理标准。位于北京北部的橘郡就是以加州的同名郊区的名字命名的，也是对加州橘郡的克隆（甚至包括肾脏形状的游泳池）。印度主要城市周围也正在建设新的通勤郊区，与加州的郊区没有什么区别。在全世界许多地方，方兴未艾的所谓城市化，更准确的说法应该是郊区化。

郊区生活的未来

♦

有关战后郊区生活方式之利弊，争论几乎在第一批居民搬进莱维敦的时候就开始了。在一个整洁的郊外社区，一家人心满意足地生活在一个有自家后院和车库的独栋住宅里，邻里都是白人家庭——这一景象，在房地产开发商、汽车生产商和家用电器制造商密集推出的杂志广告和电视广告中频频出现。这些商家自然都是快乐郊区生活的狂热支持者和推动者。郊区被描绘成一个邻居友好、家庭和睦、田园温馨、健康幸福的甜美世界。广播和电视情景喜剧，如《老爸最知道》(1949)和《反斗小宝贝》(1957)，也强化了白人中产阶级郊区田园生活的理想。郊区象征着经济繁荣和爱国主义。威廉·莱维特宣称："拥有自己房产的人不可能是共产主义者。"

当然，郊区获得的不光有赞誉，批评者看法恰恰相反。他们担心，郊区单调的一致性会腐蚀美国人的精神。美国城市学家刘易斯·芒福德曾经在1961年写道，郊区就是"许多统一的、不具备性格特征的房屋，在统一的道路旁，靠近没有树木遮挡的公共垃圾场，以统一的距离一成不变地排列着。房屋里住着同一阶级、同一收入、同一年龄群的人，他们观看着同样的电视节目，吃着从同样的冰箱里取出来的同样无味无趣的预制食品，从外表到内心都符合一种共同的模式”。郊区的平淡无奇被认为是孤独、疏离和青少年犯罪的罪魁祸首。小说和电影描绘了郊区在虚假的幸福快乐与循规蹈矩的外表下的黑暗现实。例如，琼·狄迪恩在她的小说《顺其自然》（1970）中，描绘了女主人公通过在南加州的高速公路上长途驾驶，来缓解自己与周围人疏离的感觉。

对郊区生活的这些互相对立的刻板印象最早出现在20世纪五六十年代。今天，同样的印象依然存在。但是，如今的郊区生活需要担忧的事情有了很大的不同。第一个担忧是通勤的代价。尽管美国的平均通勤时间仍然在30分钟左右，但“超级通勤者”——那些通勤时间超过90分钟的人——的数量近年来有所增加。2018年的一项研究发现，加利福尼亚州的斯托克顿市成为“超级通勤之都”，10%的上班族往返于家和公司的时间超过了90分钟。莫德斯托市（7.3%）和里弗赛德市（7.3%）紧随其后。研究表明，通勤时段一直被认为是人们一天中最糟糕的时间，长时间的通勤会引发更多的压力和焦虑，社会孤立感和疲劳感的水平也更高。为了避开交通早高峰，一些通勤者会在黎明前离开家，在满天星斗下融入上班的车流，然后在公司外的停车场再睡上一两个小时。交通拥堵的加剧，导致通勤者平均每年被拥堵耽误的时间从 1982 年的 20 小时，增加到 2015 年的 42 小时。在有些城市，比如洛杉矶、旧金山和华盛顿特区，通勤者被堵在路上的时间更多，每年大约 80 小时。

因缺少步行而对健康产生影响，这是郊区生活另一件令人担忧的事情。许多现代郊区不再设有人行道，哪怕尝试短距离步行也是很危险的。美国人开车出行，大约有一半行程都不到 3 英里；在不到 1 英里的行程中，62% 的人会选择开车，而在郊区，这一比例上升到了 78%。开车成了默认的出行方式。2014 年发表的一项研究分析了加州 24 个城市街道网络的密度、连通性和布局，并将它们与当地的健康状况联系起来。研究发现，可以步行或骑车的街道网络，如果设计得更加紧凑，连接更紧密，与肥胖、糖尿病和心脏病的关联水平就会更低。其他研究发现，居住在“适宜步行”街区的美国人，平均体重要比那些居住在不适宜步行街区的人轻 6 到 10 磅。那些蜿蜒的郊区街道，原本的设计目的是降低车速和提高安全性，结果却适得其反。弯道驾驶比直角转弯更容易让人加快速度。宽阔的街道离住房很远，给人带来一种空间感，也会刺激司机提速。根据美国疾病控制与预防中心（CDC）的说法，对行人来说，最危险的地区不再是市中心的街道，而是“更新的、不断扩大的南部和西部社区——那里的交通系统更多地集中在汽车上”。简言之，就是郊区。

对郊区最严厉的指控，也许就是郊区家庭的碳足迹比城市中心的家庭大得多，因此郊区在环境上是不可持续的。加州大学伯克利分校 2014 年的一项研究发现，一个家庭的碳足迹主要由收入、车辆拥有量和房屋大小决定，而“郊区家庭在这些方面都遥遥领先”。郊区的房屋平均面积较大，供暖和制冷需要更多的能源，居民更依赖汽车，很少步行、骑自行车或使用公共交通工具。此项研究调查的结果就是，偏远郊区家庭的碳足迹是城市平均水平的两倍，而在人口密集的大城市，家庭碳足迹只有平均水平的一半左右。在加州的一些县，2/3 的碳排放来自汽车。

大约从 2006 年起，美国的年轻人似乎开始对郊区的生活方式产生反感，转而涌向了市中心。与此同时，移民和城市贫民开始向郊区迁移——这一现象被城市规划学家艾伦·埃伦霍尔特称作“大逆转”。但在不久后，美国郊区的人口增长率又开始超过城市中心。布鲁金斯学会的威廉·弗雷在 2019 年这样写道：“21 世纪 10 年代初期出现的‘重返城市’的趋势已经逆转。”回想起来，2007 年至 2009 年的全球金融危机可能只是推迟了一些美国年轻人进入房地产市场的时间。新冠病毒大流行也增加了郊区相对于城市中心的吸引力，如果你可以在家工作，那么郊区的一个主要缺点——长时间通勤——就消失了。大约有一半的美国人现在可以居家办公。家里的生活空间越大，待在家里就越愉快。向远程办公模式的转变（即使不是所有时间都远程办公，至少也有一部分时间）可能会成为疫情的一项持久遗产。如果员工只在特定的日子或因为特定的活动才需要去办公室，通勤模式就可能会被重塑，交通流量也因此减少。

人们也在努力重新思考郊区的运行模式，希望可以通过改变分区规则，来鼓励重新开发集住宅、零售和办公空间于一体的混合社区，以及除单一家庭住宅外的住房形式，不论这种开发是临时起意，还是经过深思熟虑的。这种模式通常包括一个小型的、可步行的城镇中心，商店、餐馆、办公室和住宅都混建在一起，而不是划分成单独的区域，再用道路将它们连接在一起。按照这个思路，破败的购物中心、停车场或办公园区被重新开发，这些改造通常都会在一个公交站点周围进行。马萨诸塞州的马什皮购物中心就采用了这种被称作翻新的改造模式，创建了一个与新住宅相邻，可步行的中心商业区。科罗拉多州的莱克伍德市也采用翻新模式改造了贝尔马，一个从前的购物中心，将其分割为 22 个街区，创建了一个多用途迷你中心商业区。重新分区，允许在公交站点、工作岗位和服务设施附近“补建”住房的做法，可以使郊区更加城市化，能有效地减少对汽车的依赖和碳排放。

一些城市规划者正在展望未来，设想郊区将如何发展。麻省理工学院高级城市研究中心副主任艾伦·伯格建议，如果改造郊区和减少汽车依赖的努力取得成效，未来郊区的铺设面积可能会减少一半，因为人们会更多地使用共享车辆、自行车和公共交通，道路和停车场的占用面积自然会减少。腾出来的空间可以用于农业，用于具有碳储存功能的绿化，或是用于太阳能电池板，以帮助供养郊区及其附近的城市中心。对于这种可持续发展的未来郊区，艺术家畅想出来的模样是：环行道路在青翠宜人的风景中穿行，电商送货的无人机从头顶掠过。这一切看起来都像是重启的“花园城市”的高科技版本。在经历了一个世纪的由汽车驱动的郊区化之后，对如何在城市和乡村生活方式之间寻求完美妥协的方案，很可能会将我们带回到汽车时代之前的本心。伯格的方法不是试图消除郊区化，而是探索郊区和人口稠密的市区之间的依存关系，并努力找寻使郊区在环境上更具可持续性的方法。

人们喜欢住在郊区。尽管目前郊区生活几乎意味着做任何事情都需要依赖汽车，但人们还是认为，为了获得更多的空间和隐私，为了拥有自己的住房，付出这样的代价是值得的。数以百万计的郊区居民是在用脚投票——或者更准确地说，用车投票。

第八章

汽车文化

汽车已经成为一件衣服，没有它，我们在城市的任何地方都会觉得心慌、裸露、残缺不全。

——马歇尔·麦克卢汉，《理解媒介》，1964

“青少年”的出现

♦

1944 年 12 月，《生活》杂志上一篇《十几岁的女孩：她们生活在自己美好的世界里》的文章，向数以百万计的美国读者介绍了这一群体的习俗和文化。Teen-age 一词已经存在了几十年，但是直到 20 世纪 40 年代才在美国流行起来，它指的是介于儿童和成年人之间的一个明显的年龄群。20 世纪 40 年代的美国青少年是在汽车已经司空见惯的世界中长大的第一代，他们从未经历过没有汽车的世界。20 世纪四五十年代，随着汽车对人们的社交、饮食和购物方式的影响，由此产生的文化象征继续在世界各地传播，重塑了西方流行文化。

青少年群体的出现是三个因素共同作用的结果。第一，与其他富裕国家不同，在美国，16 岁的年轻人更有可能是在上学，而不是去工作。这要归因于大萧条时期的法律，年轻人被禁止从事可以由成年男子完成的工作。上高中的美国青少年比例从 1930 年的 50%，上升到 1940 年的 70%，到 1960 年达到了 90%。由于青少年每天大部分时间都是互相陪伴的，不论是在上课，还是参加校内体育运动，抑或是在其他课外活动期间，他们形成了一套不同于家庭或工作场所的社会规则。第二，由于第二次世界大战期间劳动力的短缺以及战后经济的繁荣，青少年可以非常轻松地找到课后打工的机会——20 世纪 40 年代，父母通常允许青少年自己保留他们挣到的钱，这为他们带来巨大的消费能力和自由度。

第三个因素是汽车。美国大多数州的最低驾驶年龄是 16 岁，而且二手汽车既便宜又容易买到。汽车在青少年文化兴起中的重要性，从 1944 年《生活》杂志的照片故事中可以清晰地看出来。照片的主角是一群青少年，他们聚集在一辆 1927 年产的福特 T 型车周围，照片的文字说明为："一帮青少年推着一个男孩子的 T 型车，正在试图发动它。这是一辆 17 年的老车，能坐得下 12 个男孩或女孩。他们最喜欢开着车去看橄榄球比赛。"这段简短的文字说明以最经典的形式呈现了美国青少年文化的完整面貌：与朋友聚会，开车兜风，玩橄榄球，组成啦啦队，参加学校舞会，等等。美国青少年拥有足够的自由和空间来发展出一套独特的行为模式，这套模式之后转变成一种强有力的文化输出。汽车正是这种新兴的青少年文化的核心，因为它们为青少年提供了独立于父母的机会，以及远离父母窥探的私人空间。

十几岁的女孩

生活在自己的精彩世界里

汽车，以及由汽车带来的自由和独立，是20世纪40年代美国开始形成的青少年文化的核心

图片来源：LIFE Magazine Archives

尤其需要指出的是，自 20 世纪 20 年代以来，年轻人求爱的方式开始发生变化，而汽车是这种变化的加速器。至少在中产阶级社会，传统的求爱方式是年轻女性邀请年轻男性到家中拜访（男性未经邀请就去拜访是非常不合适的），然后这对儿年轻人会坐在客厅里与年轻女子的父母交谈，在有些情况下，年轻男子会被邀请与整个家庭共进晚餐。晚餐后，这对儿年轻人可能会被允许在客厅单独相处一段时间。只有在经历几次这样的拜访后，他们才会被允许在没有人陪同的情况下出去散步，或者去参加一个宾客名单经过仔细审查的舞会。这种被称为“拜访”的传统给了年轻女性和她的家庭很大的控制权。与此完全不同的是，20 世纪 20 年代开始在中产阶级家庭中流行起来的“约会”，通常是年轻男性邀请女性和他一起出去。男性需要为两个人的消费买单，而女性只要陪伴着他。[约会的起源，以及“约会”（date）这个词的使用，始于 19 世纪 90 年代末，最初隐含着卖淫的意思，曾引起很多人的不安。] 到第二次世界大战爆发时，约会已经完全取代了“拜访”。

在新的模式下，有车的年轻人可谓占尽优势。有了自己的交通工具，他们就可以到更远的地方去，理论上说就可以和更多的女孩约会，还可以带她们去更多的地方。最重要的是，汽车本身也可以被当作一个目的地：一个远离父母的私人空间，尤其是停在一个隐蔽的地方时。用历史学家贝丝·贝利的话说，求爱已经“从客厅转移到了后座”。任何有车的人，或者可以开家里车的人，都不会缺少朋友。到 20 世纪 30 年代，一项政府儿童福利研究发现，城市青少年平均每周有四个晚上会与朋友出去。可能是一群朋友，也可能是一对儿情侣。他们可能去看演出或看电影，出去吃冰激凌或喝可口可乐（他们自己的说法是“可乐进行时”)，还可能去跳舞，或者干脆开车去兜风，在僻静的巷子里停下来亲热（当时人们称这种做法为“泊车”)。

汽车提供了更大的性自由，让年轻人兴奋不已，也让长辈们倍感震惊。来自丹佛的法官本杰明·林赛在其1925年出版的《现代青年之革命》一书中写道：“所有参加派对、舞会或一起开车兜风的年轻人，有超过90%的人沉迷于拥抱和亲吻。”杂志专栏充斥着关于约会礼节的建议。与许多人约会是显示自己受欢迎程度的一种方式，而退出竞争，选择与某位男孩（女孩）单独约会，让约会对象固定下来，并不是多数年轻人喜欢的做法。正如密尔沃基市的一个男孩在接受《高三教育》杂志采访时所说的那样：“稳定的关系就像你买了自己看见的第一辆车——只有在拥有汽车后才具备以旧换新的资格。”但是战争改变了人们的态度。由于周围的年轻男性越来越少（军事基地附近除外)，再加上战时的不确定性，人们开始倾向于早婚。约会从一场普遍的人气竞赛，变成了为一夫一妻制婚姻做出的准备。战后，与一个伴侣保持稳定关系成为青少年文化的一部分。青少年的消费能力开辟了一个利润丰厚的新市场，各公司竞相向他们出售化妆品、杂志和音乐，并为他们设计了不用离开汽车就可以享受的娱乐活动。

免下车影院，或称汽车影院，在20世纪10年代首次出现，并在20世纪30年代开始普及起来。从某个角度来说，它的最初设想是为年轻人的约会之夜提供一个负担得起的选择。免下车影院的专利申请人是理查德·霍林斯黑德，他起初的目的是为母亲找到一种看电影的新方式，因为他母亲觉得木制的电影院座位太不舒服了。作为家族汽车零部件公司的一名销售人员，霍林斯黑德开始思考让人们坐在自己舒适的汽车里看电影是否会有市场。他将车停在私家车道上，在汽车发动机盖上放置了一台电影放映机，然后在树上挂了一块床单作为屏幕，并邀请了邻居们。他为这个想法申请了专利，并于 1933 年 6 月在新泽西州的卡姆登市附近开设了自己的第一家免下车影院（尽管他称之为“停车影院”）。门票是每人 25 美分，每辆车也是 25 美分。霍林斯黑德还为他的免下车影院斜坡系统申请了专利，这样汽车就可以停在稍有不同的高度上，以确保所有乘客都能很好地看到屏幕。他宣称，他的发明“几乎把一辆普通的汽车变成了私人影院包厢”。

免下车影院的想法推广得很慢。到 1939 年，美国只有 15 家，到 1945 年变成 96 家。但是到了 1949 年，当霍林斯黑德的专利被撤销时，一切都发生了改变，其他企业家也可以开办汽车影院而不用担心被起诉了。可以夹在车窗上的车内扬声器的发明也起到了促进作用，它可以确保良好的音质，以及声音与屏幕图像的完美同步，即便那些坐在后面的观众也能有不错的体验。到 1950 年，汽车影院的数量跃升至 2 000 家，到 1958 年则超过了 4 000 家。与室内电影院不同的是，汽车影院只能在天黑时营业，否则投影的图像很难被看清。也正是这一点，再加上汽车提供的私密空间，汽车影院成为理想的约会场所。好莱坞的电影公司认为汽车影院对其连锁影院构成了威胁，声称最好的电影如果在户外放映，就是自贬身价。因此，汽车影院大多只能放映老片，或是庸俗劣质的 B 级片[①]。然而，对许多人来说，电影的质量往往是次要的。免下车影院也被戏称为“激情加油站”，媒体的谴责只会让它们在兴奋的青少年中间更受欢迎。而且，免下车影院在家庭生活中也很受欢迎，因为孩子们可以在车里睡觉，不需要另外找人照看，这样一家人就可以在花钱不多的情况下出去玩上一晚。

从快车到快餐

◆

汽车改变了人们的求爱方式，也悄无声息地改变了人们的吃饭方式。如果汽车可以变成剧院的私人包厢，那么它也可以变成一家私人餐厅。公路旁的快餐店帮助人们实现了这一愿望。赶时间的司机想吃得快一些，而汽车工业正好为标准化产品的快速制造提供了模式。在美国高速公路沿线涌现的免下车餐厅，或称汽车餐厅，以快捷的服务、统一的品牌，以及对口味绝对一致的承诺，让时间紧迫又急于果腹的司机们可以迅速填饱肚子，快餐这个现代概念由此诞生。和汽车文化的许多其他方面一样，第一家汽车

---

① B-movie，指低预算影片，不同于通常所说的电影分级。——译者注

餐厅出现在第二次世界大战之前的美国，汽车餐厅的理念在战后得到完善，然后扩展到全球。

由汽车餐厅引导的快餐模式，可以追溯到 1921 年，杰西·柯比在得克萨斯州达拉斯和沃斯堡之间的高速公路上开办了第一家汽车餐厅——“猪摊”（Pig Stand）。柯比意识到，赶时间的司机更喜欢在车里吃完就走。“有车的人太懒了，”他说，“他们不想离开车。”凭借这样的洞察力，他对一家传统餐厅进行了流水线改造，去掉了餐桌和一些服务员，取而代之的是穿着白衬衫，戴着黑领结的“托盘工”。他们会招呼每辆在外面停下来的汽车，有时还会在车停下来时跳上汽车踏板。[这些人后来被称为“汽车应侍”（carhops），这个词源于“酒店应侍”（bellhops）]“汽车应侍”拿到客人的点餐单后，会把烤猪肉三明治和可口可乐放在铝制托盘上送过来，托盘可以挂在顾客的车窗上。柯比和他的合作伙伴不仅开创了免下车餐厅的概念，还很早就接受了餐厅特许经营的想法。到 1925 年，达拉斯已经有了 6 家“猪摊”，其他几个州也有了连锁店。连锁店采用的广告语是：“美国的汽车午餐”和“随时吃顿好饭”。到 1927 年，“猪摊”已经规范了餐厅设计：红瓦屋顶，球形灯照明，还有一个非常独特的“猪”的标识，很容易被路过的司机认出来。20 世纪 30 年代，餐厅引进了炸洋葱圈和炸鸡排三明治，同时也将球形灯换成了彩色的霓虹灯，这是“猪摊”的另一个首创。

与之竞争的快餐业先驱“白色城堡”餐厅（White

Castle)，于同一年在堪萨斯州的威奇托被创建。厄普顿·辛克莱在 1906 年出版的《屠场》一书中曾经强调，由于肉类加工业卫生条件很差，许多美国人都不愿意吃牛肉馅汉堡。为了让顾客对卫生标准放心，“白色城堡”餐厅使用了白色搪瓷瓷砖和不锈钢，内部装修一尘不染。开放式的厨房让顾客可以清楚地看到食物的准备情况，员工穿着干净的白色制服，戴着黑色领结。“白色城堡”的创始人沃尔特·安德森和比利·英格拉姆将汉堡的生产流程系统化。为了统一，他们会事先称好重量，整理好形状，并将汉堡跟放在特别设计过的小面包里的熟洋葱一起端给顾客。每个汉堡 5 美分，通常按袋出售，如果顾客想要量更大的，只需要再点一份或几份相同的汉堡。和“猪摊”餐厅一样，“白色城堡”餐厅也采用了统一的设计。每个餐厅都使用了相同的平面图和独特的城堡状的外观设计，很容易被路过的司机认出来。到 1931 年，“白色城堡”已经在几个州拥有了 115 家餐厅，还有一大批模仿者，如“白塔”“小酒馆”“白色酒肆”“白色小屋”等，所有这些餐厅都效仿了在人造的中世纪环境中销售量产汉堡的模式。最终，汉堡取代热狗成为美国最受欢迎的快餐形式。

1931 年，加州的一家“猪摊”连锁店成为第一家允许顾客把车开到窗口点餐的快餐店，而不是让顾客停下车来等待“汽车应侍”。但直到 1948 年，“进进出出汉堡”连锁店（In-N-Out Burger）才提出“得来速”模式，顾客用对讲机下单，然后到窗口取餐。没有“汽车应侍”，餐厅内没有座位，餐厅外也没有停车场，剩下的都是快餐精华：为顾客提供尽可能快的服务。他们为“汽车应侍”装备上滑轮鞋，同时不断提高订餐系统各环节的效率。但是如果厨房跟不上订餐的节奏，滑轮鞋或对讲机就毫无用处。这一见解启发了迪克·麦当劳和莫里斯·麦当劳兄弟——两个在不久后彻底改变快餐店运作方式的人。

1937年，麦当劳兄弟在加州帕萨迪纳市开了一家免下车餐厅，主要卖热狗。生意兴隆后，他们搬到了圣贝纳迪诺的一个更大的地方，并在1940年开设了“麦当劳兄弟免下车汉堡餐厅”。顾名思义，这家店主要卖汉堡。新餐厅生意做得更好，部分原因是它靠近一所高中。随着餐厅大受欢迎，兄弟俩赚到了钱，买下了一栋带游泳池和网球场的大房子。但是成功也带来了问题。由于每一单平均要20分钟才能送给车上的顾客，所以在繁忙的时候，汽车就会堵在餐厅外面。快餐厨师的频繁更换令兄弟俩感到沮丧，“汽车应侍”总爱浪费时间和顾客聊天也令他们感到不快。他们开始考虑“瘦身”的办法，以加快经营速度。最终，在1948年，他们将餐厅关闭了三个月，对它进行了彻底的改造。当三个月后重新开张时，餐厅仍然在卖汉堡，但一切都改变了。

麦当劳取消了“汽车应侍”，要求顾客下车，到窗口点餐。当意识到汉堡在餐厅销售的比例超过80%时，他们精简了菜单，把提供的食品从25种减至9种。餐厅里不再有托盘、盘子、玻璃器皿和餐具，因为这些东西有可能被打碎或偷走，取而代之的是一次性的纸袋、包装纸和杯子。最重要的是，他们从汽车工业的大规模生产技术中汲取了灵感，彻底改变了汉堡的制作方法。参考规模化、系统化是如何被应用到莱维敦的房屋建筑上的，他们想到，为什么不将同样的方法应用到食品加工上呢？餐厅的新运行模式要求每个员工只专注于一项任务，不管是接单，还是烧烤，或是包装汉堡。这使得新员工培训变得更容易、更迅速，也确保了员工不会浪费时间切换任务，同时意味着不再需要熟练的厨师。大部分的食物都是预先准备好的，每个汉堡用的都是同样的调味品，顾客不用再做选择，也就不会再因此耽误时间。汉堡组装并包装好后，在加热灯下保持温度。厨房也进行了重新安排，确保员工不会互相妨碍。为了优化厨房布局，两兄弟在网球场上反复用粉笔画来画去，绘制并评估厨房里不同位置的实物大小地图。

兄弟俩将这一成果命名为“快速服务系统”。由于员工更少，生产过程效率更高，他们可以以 15 美分的价格为顾客提供汉堡，以 19 美分提供奶酪汉堡，这大约是在一家正式餐厅点同样一份餐价格的一半。餐厅外面排起了长队，但队伍移动得很快，因为标准化的小菜单意味着汉堡和薯条可以一直在制作中，而不是每一项都要等顾客点了餐再制作。1952 年，这对儿兄弟登上了《美国餐厅》杂志封面，其他餐厅老板询问他们的服务系统的信件蜂拥而至。麦当劳兄弟意识到他们的新模式蕴含着巨大潜力，他们开始授权给特许经销商。当经销商提出希望使用麦当劳的名字来命名他们的餐厅时，兄弟俩设计了一个标准图案，用两个金黄色的、由霓虹灯照亮的拱门，共同构成一个M。随着人们对特许经营的兴趣越来越大，兄弟俩开始担心，他们最终会把自己的时间都花在去谈生意的路上。他们在圣贝纳迪诺拥有一家餐厅，拥有豪华的住宅，每年都会为自己购买新款的凯迪拉克，此时兄弟俩已经心满意足。因此，当奶昔机销售员雷·克拉克提出想要成为他们的特许经营代理时，他们热切地与他签了约。

1954年，在麦当劳兄弟又增购了两台“多用途奶昔搅拌器”后，克拉克去见了他们。餐厅的奶昔机现在已经达到10台，每台可以同时调制5杯奶昔。克拉克想，一家餐馆怎么可能同时需要做50杯奶昔呢？于是他去了餐厅，并被眼前的景象惊呆了。在与两兄弟达成协议后，克拉克开始在美国各地开设特许经营店，主要集中在发展迅速的郊区。最初的店面开设在加州，因为那里的私人汽车拥有率很高。到1960年，克拉克已经建起了228家连锁店，并计划每年再开100家。但是他咄咄逼人的竞争策略使他与两兄弟产生嫌隙。1961年，克拉克买下了两兄弟的股份。将店名使用权售出后，麦当劳兄弟将自己原本的餐厅改名为“大M”（Big M）。克拉克的做法则是和以往一样，在原餐厅附近开了一家麦当劳，结果两兄弟的餐厅被迫停业了。

在美国开了1 000多家麦当劳餐厅之后，克拉克于1967年开始向国际市场扩张。今天，麦当劳在100多个国家拥有超过3.7万家分店，是全球第二大快餐连锁店。麦当劳的金拱门也是世界上最著名的企业标志之一。全球最大的连锁店是赛百味，在全球有 4.2 万家门店。前 5 名还包括星巴克、肯德基和汉堡王。按分店数量排名，全球前 15 位的快餐连锁店都是美国的。令人惊讶的是，麦当劳采用“得来速”模式的时间相对较晚，1975 年在亚利桑那州才开了第一家“得来速”餐厅。但是“得来速”很快就占到了麦当劳在美国销售额的 70%，这足以表明汽车和快餐之间的联系是多么持久稳定。

从加油站到超市

◆

公路边的餐厅只是汽车改变人们购买食物方式的一个例子，并不是唯一的例子，更大的改变来自超市的兴起。顾客自己为自己服务，即自助服务，而不是让店主为他们的订单配货，这一理念首次出现于 1916 年 9 月，当田纳西州孟菲斯市的“小猪扭扭”杂货店开业时。这个想法一经推出便大获成功，并引来了众多模仿者。不过，虽然“小猪扭扭”的创始人克拉伦斯 · 桑德斯是杂货店自助服务理念的先驱，但设计超市概念的却是另一位企业家迈克尔 ·J. 卡伦。1930 年，在为连锁自助杂货店克罗格公司工作多年后，卡伦产生了创办一家更大的商店的想法——比传统杂货店大 40 倍——可以专注于大容量和低价格。

超级市场将“小猪扭扭”的自助服务模式与路边零售店的营销方式结合在一起，后者是由1913年开业的免下车加油站开创的。将汽车直接开到燃油泵前，而不是在五金店或铁匠铺购买燃油，这是一个革命性的改变。同年，国家供应站在加州开设了连锁加油站，声称可以提供质量更统一、价格更低廉的燃油，并对驾驶者做出承诺：其品牌油的品质绝对一致。面对连锁加油站的崛起，独立的零售商开始通过开设“超级服务站”来应对。这些加油站除了出售汽油和机油，还出售其他汽车用品，同时提供维修与清洁服务，位置都在加油站临街的前院零售区。把车停在路边就可以获得各种各样的服务，这种便捷模式让食品和其他商品的零售商开始跃跃欲试。20世纪20年代，只需在路边停车的免下车市场，或称汽车市场，开始在南加州激增。这些市场往往开在富裕地区的主干道上，远离拥挤的市中心商业区。汽车市场规模的不断扩大，再加上自助服务的模式，到了20世纪30年代末，郊区超级市场终于出现了。超级市场通常设在一栋没有窗户的建筑里，坐落在停车场，面积是普通商店的两到三倍。

这种新模式之所以成为可能，与汽车拥有率的提高分不开。将超市建在城市边缘的主干道旁，而不是市中心的购物区，意味着更低的租金和更大的营业面积，大量的免费停车位更是极具吸引力，大批顾客蜂拥而至。通过从供应商那里购买大宗农产品，超市还可以为顾客提供更低的价格。开车来的顾客可以以折扣价大量购买商品——一口气购买几个星期的咖啡、面粉或糖。超级市场还可以充当自己的仓库，不像小型杂货店，不能在店内放置大量存货。这样一来，分销成本降低了，商品的价格又可以进一步调低。1930 年 8 月，第一家真正的超级市场金库伦在纽约市皇后区的牙买加社区开业。商场的宣传口号是“堆得高，卖得低”。这样的搭配在大萧条时期的美国成了一招制胜的法宝。到 20 世纪 30 年代中期，金库伦已经开了 17 家店，其他零售商，例如“大熊”“巧手安迪”“大老虎”等，也开始纷纷效仿。到 1941 年，美国的超市已经超过 1 万家。

那一年的《市场营销杂志》宣称：“可能没有哪个零售分销商能够像超市那样刺激美国公众的想象力了。在不到 10 年的时间里，大约 50% 的美国顾客改变了他们的食品采购习惯。”当超市首次出现时，文章这样说：

> 食品的优惠价格是如此具有吸引力，以至顾客会开车从 75 英里和 100 英里以外的地方赶来。这一点之所以成为可能，完全是因为汽车的迅猛发展。家庭主妇不再需要依靠自己的体力购买食物，也不再需要把家庭购物的地点控制在一个方便到达的狭小辐射范围内。汽车可以让她独立于某个特定的社区，只要有一个方便的停车场，只要价格足够诱人，她几乎可以去任何想去的地方购买食物。

这种新模式不仅改变了人们的购物方式，还改变了人们的购物地点。《市场营销杂志》这样写道："大型食品市场从城镇的中心街道或主干道向郊区或远离商业中心的新住宅区转移，这一趋势正在从物理层面改变城市和城市规划。这也意味着我们可能会看到，社区会变得更加分散，乡村人口和城市人口也会越来越融合。"换句话说就是，我们将看到的，是将城乡融为一体的郊区。超级市场的繁荣表明，郊区的车主愿意为了更好的价格开车出行。随着超市的普及，一种典型的美国郊区空间利用模式应运而生，那就是购物中心——几家商场聚集在一家大型超市或药店周围，建筑物前面是开阔的停车场。

"休闲购物广场见"

◆

早在 20 世纪 20 年代就已经有了大型的、正式规划的购物中心，通常开在百货商店周围。1923 年在堪萨斯城开业的乡村俱乐部广场就是一个早期的例子。在 20 世纪三四十年代也出现了一些类似的开发项目。但是到了 1954 年，为了刺激制造业的投资，美国出台了一项名为"加速折旧法"的税收政策，其副作用之一就是引发了大规模购物中心的建设热潮。慷慨的折旧扣除使房地产开发商能够在 5 年内收回投资成本，而不是 40 年，因为在税收方面，即使是盈利的开发项目也会被计入亏损从而免税。因此，投资者纷纷涌向美国房地产公司。

建造购物中心尤其有利可图。购物中心可以建在土地便宜的城市边缘，而有车一族也已经习惯开车去那里的超市购物。新的税收规定，再加上不断上涨的房地产价格，使得开发商能够建造一个购物中心，用尽其税收优惠，再以高于建造成本的价格售出，然后开始建造另一个。美国历史学家托马斯·汉切特曾撰文分析 1954 年税法的影响，这篇发表于 1996 年的论文指出："寻求最佳投资回报的投资者现在已经把目光从建成的市中心转移开，因为那里空地稀少，建设新楼盘已经非常困难……并开始争先恐后地把钱投到郊区的项目上——尤其是购物中心。"在这种情况下，美国每年建成的购物中心总数即刻增加了两倍，从大约 50 个增至 150 个，而每年新开的大型"区域性"购物中心（超过 30 万平方英尺）的平均数量也从 1～2 个增至 20～30 个。在与加拿大进行比较的基础上，汉切特的分析表明，"美国的联邦税收激励措施推动了购物中心的建设，使其数量达到设想中购物中心数目的两倍"。

1954 年的税收政策变化也刺激了美国第一批全国范围的连锁汽车旅馆的发展，著名的有假日酒店和豪生酒店等。该政策还导致了汽车影院的减少，因为对房地产开发商来说，将汽车影院占据的土地用作全天购物的价值要比仅仅在晚上放电影高得多。汽车影院减少的另外一个原因是，越来越多的家庭开始拥有电视机。

1956 年在明尼阿波利斯城外建成开业的南谷休闲购物广场，正是在新购物中心如雨后春笋般涌现的时期被建造的。南谷的设计者是维克多·格伦，一位奥地利犹太建筑师，1938 年为了躲避纳粹逃到美国。格伦后来回忆说，他来到美国时，手里“只有一本建筑师学位证书，兜里有 8 美元，不会说英语”。他很快就因为商场店面和零售空间的设计出了名。格伦很不喜欢美国从 20 世纪 40 年代开始的郊区化，他在 20 世纪 50 年代的一次建筑会议上说，郊区的道路是“恐怖大道”，“两侧布满人类所能搜集到的最粗俗的东西——广告牌、汽车旅馆、加油站、棚户区、停车场、各种工业设备、热狗摊，以及路边商店”。格伦是在维也纳长大的，那是一座适合步行的城市，有大型公园、公共广场和购物中心。格伦敏锐地意识到，美国郊区缺乏这样的公共空间，因为在美国的郊区人人都是开车出行的。因此，当有人请他设计南谷时，他看到了一个为公众创造一种全新场所的好机会：建设一个适合步行的理想版的欧洲城市。他希望这个新场所能够取代公路两旁杂乱的购物带。

格伦计划在一个 463 英亩的开发项目的中心位置建造一个购物中心，此外还有一些公寓楼、独栋住宅、学校、办公室、医院、公园和一座人工湖。他的设计后来产生了巨大的影响力——尽管不是格伦所希望的全部。开发商忽视了他关于住宅、学校和户外空间的建议，只建了一个购物中心，四周环绕着一个巨大的停车场。但格伦的购物中心与以往任何一家都不相同。受欧洲大城市宏伟的玻璃屋

1956年，南谷休闲购物广场，第一个封闭式现代购物中心

图片来源：Grey Villet/The LIFE Dicture Collection via Geay Images

顶拱廊商场街的启发，格伦设计了一个全封闭的、配有空调的购物中心。这样，里面的商店就可以永远开着门。商店都面向里面，环绕在一个由天窗覆盖的大型中心广场周围，总共布置为两层。广场上设置了长凳、植物和喷泉，目的就是要模拟户外城市广场。这种全新的空间，现在被称为休闲购物广场，迅速走红，被《纽约时报》誉为“购物者的梦想”。《财富》杂志报道说：“这个帅气英俊、多姿多彩的购物中心永远都熙熙攘攘。”《建筑论坛》的说法则是，它“比市中心还像市中心”。在20世纪剩余的时间里，南谷成了美国乃至世界各地购物中心的模板，可以说它是战后最具影响力的建筑。

格伦把南谷想象成郊区生活对汽车依赖的解毒剂，进入南谷，到公共空间里走动走动，就相当于让购物者放弃了日常过于依赖的汽车。1964 年，格伦在一个建筑会议上宣讲自己的想法时说：“橡胶轮胎交通工具，包括私家车、卡车和拖车，作为大众交通工具的出现，本是科技领域的一件大事，现在却淹没了我们，它们对人类生命和健康的威胁不亚于暴露在外的下水道。”不过，与他的愿望相反，人们对汽车的依赖并没有消失，新购物中心只有开车才能到达。这些购物中心在城市边缘区的持续扩张，不仅加深了美国人对汽车的依赖，而且将这种依赖扩展到其他国家。1970 年，当 1954 年的税法漏洞开始被堵上时，美国已经修建了超过 1.3 万家购物中心（包括封闭式购物中心，即休闲购物广场）。几乎所有这些购物中心都是过去 15 年里在郊区修建的，传统的市中心的地位进一步衰落。1972 年的《财富》杂志这样写道：“城市中心已经逃到了郊区。”

20 世纪 70 年代，格伦开始对自己的创造感到后悔，尤其是对休闲购物广场周围那些他所谓的“浪费土地的停车位海洋”，以及由此导致的城市向郊区进一步扩张。他决定搬回他深爱的维也纳。但他震惊地发现，在维也纳城市南部，也有一个“巨型购物机器”——一个南谷风格的购物中心。1978 年，在他去世的前两年，格伦在伦敦发表了一篇演说，题为“购物中心的伤心故事”。在演讲中，他正式宣布断绝与休闲购物广场的一切关系，宣称它是对自己最初愿景的一种扭曲：“我经常被称为休闲购物广场之父。我想借此机会与它们彻底断绝‘父子关系’。我拒绝给这些疯狂发展的混蛋再付抚养费。它们摧毁了我们的城市。”

汽车文化的兴衰

◆

借助汽车餐厅、汽车影院、快餐连锁店和休闲购物广场的迅猛发展，汽车重塑了美国以及其他许多国家的物理和文化景观。但是所有这些20世纪以来出现的以汽车为中心的场所，现在都处在衰落中。诚然，在新冠病毒封锁隔离期间，仅存的几家汽车影院重新燃起了人们的兴趣——2020年夏天，160个沃尔玛停车场被改成了临时汽车影院，但这完全是一种历史的逆行。世界各地的汽车影院和停车场还举办了保持社交距离的教堂礼拜、音乐会、戏剧表演等活动。在德国，甚至还出现了汽车夜总会。但是，汽车影院的便利性终归无法与在线流媒体竞争。约会也是如此，先是从前廊转移到后座，现在又转移到了约会应用程序。近年来，快餐连锁店的需求也在放缓，因为顾客的健康意识越来越强，他们开始转向更高端的“简餐”餐厅，或者干脆就坐在沙发上用智能手机订餐，而不是坐在驾驶座上用对讲机点餐——这是拜疫情所赐正在加速的另一个趋势。

曾经有一个群体把休闲购物广场当成社交空间，那就是美国的青少年。对他们来说，购物中心是一个可以和朋友一起闲逛，一起吃饭、吃零食，一起看电影的地方。在这里，他们可以看到外面的人和事，自己也可以被别人看到。但是休闲购物广场还是衰退了。到 2005 年，美国已经建造了大约 1 500 个封闭式购物中心，也就是休闲购物广场，但从那以后，几乎就再也没有建过一家。现有的休闲购物广场中，有数百家要么已经倒闭，要么即将倒闭。智能手机再次充当了罪魁祸首：它提供了一个更方便的场所，可以与朋友聊天，与其他青少年调情，炫耀自己的时尚感，还可以购物。有些电子商务公司把废弃的休闲购物广场变成了自己的仓库和配送中心，这简直就像是命运开的一个让人啼笑皆非的玩笑。空置休闲购物广场成了仓储和配送的理想场所，因为它们通常靠近高速公路，天花板很高利于仓储，并且配备有货物装卸台。显而易见，休闲购物广场衰落，网上购物兴起，这种转变已经成为一种现实的社会趋势，疫情只是加速了这种转变。

总的来说，汽车在美国流行文化中的重要性似乎在 20 世纪七八十年代达到了顶峰，当时正是战后第一代美国青少年发现自己控制了娱乐产业的时候。在那个时代流行的电视连续剧中（如《警界双雄》《正义前锋》《霹雳游侠》等），汽车几乎和男主角一样光彩夺目。展现人们对 20 世纪 50 年代文化怀旧之情的音乐剧《油脂》于 1971 年首次亮相，随后于 1978 年被改编成电影。在 20 世纪 50 年代的文化中，汽车扮演着最为重要的角色［“油脂男”

（greasers[①]）指的是对驾驶改装过的汽车或是摩托车感兴趣的工人阶级年轻人]。在 1985 年发行的电影《回到未来》中，时间机器以一辆德罗宁跑车的形式出现，把主人公带到了 20 世纪 50 年代青少年文化的全盛时期。在这些作品中，汽车都是自由、魅力和权力的象征物，至少对白人男性来说是这样。男主角在空旷的道路上开着车，绝不会遇到交通堵塞，也从来不会找不到停车位，更不会被警察拦下。德罗宁可以让驾驶者随心所欲地穿越时空。

但是现在，汽车不再以同样的方式与自由联系在一起。取而代之的是现在的智能手机，它给予了用户无法想象的自由，让他们可以在父母看不到的情况下进行社交、购物，把用户带到血脉偾张的网络空间。正如 20 世纪 40 年代的青少年无法想象没有汽车的世界是什么样的，今天的青少年，同样无法想象没有互联网的世界是什么样的。他们围绕着智能手机和在线交流建立起自己的文化规范。与汽车一样，伴随着新技术成长起来的第一代年轻人定义了智能手机产生的社会和文化影响，或者，他们可能只是最早开始适应新技术的一代人，未来的互联网世界交由更新一代人去定义。不管怎样，正如 20 世纪 40 年代那些认知体系诞生在车轮上的青少年一样，他们在自己生活的那个时代规范了汽车文化的样貌，适应了潮流般快速出现的服务于汽车文化的全新场所，最终主宰了流行文化几十年。以智

---

① 根据 greasers 一词的内在含义，汉语中有时会将其译作“硬汉”。——译者注

能手机为核心建立起来的今天的文化范式，包括在线约会、食品配送以及电子商务等，今后很可能也会非常持久地留存下来。随着中国智能手机应用程序和商业模式出口到世界各地，中国青少年在智能手机上扮演的角色可能与美国青少年在汽车上曾经扮演的角色是一样的。新技术削弱了汽车文化最明显的标志，但同时它也在重新定义汽车——汽车文化正经历着自问世以来最根本的变革。

第九章

电动汽车的兴衰

自从大约10年前推出小型电动汽车以来，它们就深受女性青睐。在汽车刚刚出现的时候，这种小型电动汽车是唯一一种女性能够轻松驾驭的汽车，因为大多数女性的力气不足以转动曲柄来发动早期的汽油汽车。

——《纽约时报》，1911年1月20日

电动汽车的黄金时代

◆

早期人们对汽车的热情，在很大程度上源于人们希望它可以解决与马车相关的问题，包括噪声、交通堵塞和交通事故。汽车在这些问题上没有达到人们的预期，但人们依然接受了它，因为它提供了很多其他的好处，包括消除了几个世纪以来一直困扰着城市道路的污染问题——马粪。

但是，汽车在解决了一系列环境问题的同时，也引入了新的环境问题。它们排放的污染物不像马粪那么容易被看到，但问题并不比马粪小。这些物质包括：微粒物质，如汽车尾气中的烟尘，可以深入人的肺部；能刺激呼吸系统并与几种癌症有关的挥发性有机化合物：氮氧化物、一氧化碳和二氧化硫；温室气体，主要是会导致气候变化的二氧化碳；等等。轿车、卡车和公共汽车的二氧化碳排放量约占全球总排放量的 1/5。对汽油和柴油等化石燃料的依赖也产生了深远的地缘政治影响——20 世纪，世界上许多地区都要依赖中东的石油。

这一切在汽车时代的初期是无法预见的。或许也并不完全如此？当时确实有人对使用不可再生化石燃料驱动汽车的可持续性，以及获取这些燃料的可靠性提出了担忧。如今，使用可再生能源充电的电动汽车被视为解决这些问题的一个合理途径。关于电动汽车优点的争论，可以说和汽车本身一样古老。

1897 年，美国最畅销的汽车是一款电动汽车：波普制造公司生产的哥伦比亚（Columbia）。电动汽车的销量超过了蒸汽驱动和汽油驱动的汽车。到 1900 年，蒸汽汽车的销量略微领先：那一年，蒸汽汽车的销量为 1 681 辆，电动汽车为 1 575 辆，汽油汽车为 936 辆。直到 1903 年，随着奥兹莫比尔公司“弯挡板”的成功，汽油驱动的汽车才首次领先。在欧洲，以汽油为动力的汽车在 19 世纪 90 年代末迅速确立了主导地位，引得一位美国观察家发出这样的感慨：“这个世界上的其他地方对汽油似乎都痴迷到了可笑的程度。”相比之下，在美国，关于不同驱动形式的优缺点的争论，一直持续到 20 世纪的第一个 10 年。1901 年，一位美国作家曾经这样写道：“我们必须记住，事实证明，电动汽车、蒸汽汽车和汽油汽车都是成功的，由知名企业制造，并配备这三种动力中任何一种的汽车，都是实用的机动车。”那么这到底是一场多么势均力敌的比赛呢？为什么汽油驱动的汽车最终在美国占了上风？

评估这三种技术优点的文章普遍认为，电动汽车比其他汽车更清洁、更安静、更可靠，而且操作也更简单。但是电动车一次充电的行驶距离被限制在30英里左右，充电很慢，也难以在大城市以外的崎岖道路上行驶。蒸汽动力汽车的行程比电动汽车长，在爬山或载重方面没有什么困难，但它们的长期前景非常有限：首先，蒸汽汽车操作起来非常复杂（在有些州甚至需要办理特别许可证才可以驾驶）；其次，每隔二三十英里就需要加水，而且开动过程中产生的蒸汽云会影响能见度；再次，蒸汽汽车启动很慢，因为需要先形成蒸汽压力。（至少它们可以使用现有的供马匹饮水的路边沟渠。）比较而言，基于内燃机的汽油驱动汽车噪声很大，气味难闻，也很难启动，而且不像其他汽车那样可靠——至少一开始时是这样。波普制造公司的创始人，最畅销的电动汽车哥伦比亚的制造商阿尔伯特·波普坚持认为："谁都不会想买一辆必须安装着那些油腻腻机器的轿车。"不过，尽管汽油车操作比较复杂，性能也不够可靠，但是它最突出的优势是续航里程更长，因为汽油在一般日用品商店里就能买到。每种技术都有自己的优缺点，但考虑到蒸汽动力的缺点相当明显，最终的竞争实际上是在电动汽车和汽油汽车之间展开的。

电动汽车在几种不同驱动形式的汽车中占有明显优势。它们干净、安静、可靠性高，非常适合城市使用。电动汽车虽然行程较短，但是在城市里不是问题，因为大多数城市内的出行都是短途的，而且它们还可以在晚上到中心站过夜充电。因此，20 世纪初，包括纽约、柏林和阿姆斯特丹在内的几个城市开始使用电动汽车作出租车。柏林的消防局局长认为内燃机引擎太不可靠，于是在 1908 年选择用电动消防车取代马拉消防车，德国其他几个城市的消防局也纷纷效仿。美国、法国和德国的部分地区采用了电动公共汽车和电动货运卡车。1910 年的《纽约时报》曾经在头条位置出现过这样一个标题：电动商用卡车的增长：车辆的效率和经济性迫使商人们替换掉马车。该报道称："商人们对马匹不再多愁善感，而是对他们更好的朋友，美元和美分，更加敏感。"报道指出，与马车相比，电动汽车可以降低 15% ～40% 的运输成本。

在现代人看来，如果机缘巧合，电动汽车发展史可能就会变成一个完全不同的版本。一个最典型的例子或许就是曾在 19 世纪 90 年代末短暂繁荣过的电动出租车——Electrobat。1894 年，佩德罗 · 萨洛姆和亨利 · 莫里斯，两位大力支持电动汽车发展的科学家兼发明家，在费城发明了 Electrobat。在 1895 年的一次演讲中，萨洛姆曾嘲笑说："汽油车的传动装置极其复杂，有无数的链条、皮带、滑轮、管道、阀门和旋塞……这么多可能会出问题的地方，难道我们没有理由认为总会有那么一两处真的出问题吗？"两位发明家不断完善他们的最初设计，最终生产出一款貌似载客四轮马车的轿车。控制汽车的司机坐在后排，座位较高，乘客坐在前排，座位更宽。1897 年，莫里斯和萨洛姆在曼哈顿推出了一项出租车服务，在其运营的第一个月里，有 10 多辆出租车为 1 000 名乘客提供了服务。但是这些出租车的续航能力有限，而电池充电需要几个小时。于是，莫里斯和萨洛姆与另一家公司——电池公司合并了。在位于百老汇大街 1684 号的一个车厂里，电池公司的工程师们设计了一套巧妙的电池更换系统，该系统可以在几秒钟内用充满电的电池替换掉电量耗尽的电池，这样，Electrobat 就可以整天工作了。

1899 年，这项前景广阔的生意引起了纽约政治家兼金融家威廉·惠特尼的注意。惠特尼因为投资有轨电车发了财，正梦想着在城市交通领域建立垄断地位。他展开了想象的翅膀，仿佛看到成群结队的电动出租车正在世界各地的主要城市穿梭，为人们提供一种比马车更清洁、更安静的交通服务。城市居民将乘坐电动出租车和有轨电车四处走动，而不是购买汽车，在当时，汽车还远远超出大多数人的购买能力。但是，要实现这一愿景，就意味着要以更大的规模生产 Electrobat。因此，惠特尼和朋友们与极为畅销的哥伦比亚电动车制造商波普合作，围绕着 Electrobat 出租车业务成立了一家新企业——电动汽车公司，并开始了一项雄心勃勃的扩张计划。电动汽车公司筹集资金，生产了数千辆电动出租车，并在波士顿、芝加哥、新泽西和纽波特设立了办事处。1899 年，该公司曾短暂地成为美国最大的汽车制造商。

但是，除纽约外，公司在其他地方的出租车业务都经营不善，没能赚钱。因为反复的改组和资本重组，电动汽车公司被指责为一场精心策划的金融骗局。行业期刊《无马时代》是汽油汽车的有力倡导者，它抨击电动汽车公司意图制造垄断，因而电动汽车注定会失败。在电动汽车公司以欺诈手段获得贷款的消息传出后，其股价从 30 美元暴跌至 0.75 美元，迫使公司开始关闭其所在地区的办事处。《无马时代》嘲笑着电动汽车公司的崩溃，并因为它再也无法将电动汽车“强行”带入一个“容易上当受骗的世界”而欢呼。但是其他观察人士却有着不同的看法。1902 年的《电气世界与工程师》曾这样写道：“公共电动汽车在几个城市的失败，让人们开始忽视其真正的优点，并拼命给这种动力形式泼冷水。”我们现在回头看，如果当初电动汽车公司的商业模式成功了，城市交通可能就会走上一条与现在截然不同的道路。但是电动汽车公司老板的可疑行径最终让颇受欢迎的电动汽车名声扫地。

在此后的几年里，随着越来越多的人开始购买私家车，电动汽车被赋予了新的内涵：女性的汽车。这种联想的产生，主要基于以下几个原因：电动汽车适合在本地做短途旅行；不需要手工启动或换挡操作；设计简单，安全可靠。（我们不禁要问，按照这样的逻辑，伯莎·本茨当初又会怎么做呢？）1910 年，巴布科克电动汽车的一则广告是这样说的：“开着巴布科克电动汽车，她没什么可害怕的。”言下之意就是，无法应付驾驶和维护复杂的汽油汽车的女性，就应该购买电动汽车。相比之下，男性被认为是更有能力的机械师，对他们来说，阳刚强大的汽油汽车性能更卓越，还可以开到更遥远的地方，它的复杂性和低可靠性是值得付出的代价。这简直就是中世纪重现，男人骑马，女人坐马车。

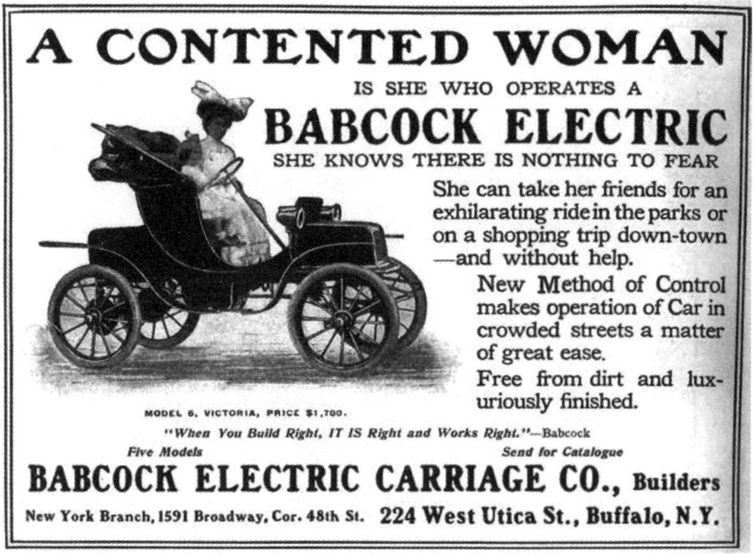

电动汽车在广告中被宣传为特别适合女性的汽车，因为它们干净、可靠，而且不需要任何机械专业知识就可以操作

贝克电动汽车的广告描绘的也是开着电车的女性，其中一位顺道把丈夫送到了高尔夫球场。另一家制造商科尔则直言，其电动汽车是“美国妇女的选择”。1912年，两家制造商，底特律电动汽车公司和韦弗利电动汽车公司，推出了据说是为了完全迎合女性而重新设计的车型。新车型不仅是电动的，而且驾驶座在后排，前排座位面向后方，这样驾车者就可以面对乘客，但是看路就会更不方便。在

驾驶方面，他们采用了老式的舵柄，而不是方向盘。舵柄虽然不那么费力，但是不够精确，因此也更危险。亨利·福特给他的妻子克拉拉买的就是一辆底特律电动汽车公司的车，而不是他自己的T型车。一些男人可能喜欢这样一个观念，电动汽车行驶距离有限，这意味着它赋予驾驶者的独立性也非常有限。

当时，女性只占驾驶者中的很一小部分，例如，1914年在洛杉矶，女性驾驶者占15%，而在图森市，只占5%。电动汽车制造商将注意力放在女性身上，相当于默认了电动汽车无法在更广阔的市场上与汽油汽车竞争。同一年，亨利·福特承认了他正在与发明家托马斯·爱迪生合作开发一款低成本电动汽车的传言。他在接受《纽约时报》采访时表示："目前的问题，是要制造一款重量较轻，可以在不充电的情况下进行长距离行驶的电池。"他直接点出了电动汽车的主要弱点。但是，由于爱迪生未能成功开发出可以替代铅酸电池驱动电动汽车的方法，这款电动汽车被一再推迟。最终，整个项目被悄然放弃了。

电动汽车在20世纪早期的失败，以及内燃机作为主要汽车动力形式的出现，都与液体燃料每单位质量所能提供的能量比铅酸电池更大有关。但是原因并不都是纯粹技术上的，也有心理成分。和现在一样，当时私家车的购买者不希望受到电动汽车电池续航里程的限制，也不希望受到能否给汽车充电的不确定性的限制。1902年，《电气世界与工程师》刊载了一篇题为"汽车问题"的文章。文章指出，即使全美国都拥有电动汽车充电点或电池交换站，“人们也不希望将自己的乡村之游限制在可以找到充电设施的线路上……人们需要某种行动的自由，这是事先安排好的旅程无法给予的”。用历史学家吉杰斯·莫姆的话说，这一时期的私家车主要被视为“冒险机器”，可以赋予车主以自由——而电动汽车赋予的自由比汽油驱动汽车要少。1903年，一位住在城市的汽车爱好者曾经这样写道：“拥有一辆车，就意味着拥有了去远方旅行的欲望。”电动汽车的销量在20世纪10年代初达到顶峰，此后，随着内燃机变得越来越可靠，汽油驱动汽车将电动汽车远远地甩在了身后。

另一条没选的路

◆

电动汽车的故事为我们提供了一个有趣的视角，让我们看到了一个平行世界的样子：主导道路交通的是共享电动汽车，而不是私家汽油汽车，至少在城市内是这样。20世纪的头几十年，还见证了另一种汽车驱动形式的可能性。如果汽车的主要燃料是从农作物中提取的可再生乙醇，而不是从石油中提取的汽油，情况会怎样？如果没有出现20世纪对石油的依赖所带来的地缘政治和环境后果，现代世界的面貌将会大不相同。但是，这个平行世界中的现实真有可能出现在现实世界吗？

1908 年问世时，福特 T 型车既可以使用汽油，也可以使用乙醇。用现代术语来说，它是一辆弹性燃料汽车。驾驶员可以通过方向盘上的控制装置调整化油器和火花塞的时间控制，以配合不同燃料的需求。这两种燃料在美国都很容易获得。实际上，人们正在就哪种燃料才是更好的长期选择展开积极的辩论。乙醇和汽油都是碳氢化合物，它们的化学组成略有不同。乙醇的燃烧更清洁，但是能量密度低：给定体积的乙醇燃料所含能量约比相同体积的汽油少 1/3。

乙醇，又称乙醇酒精，或简称酒精，从 19 世纪早期开始被广泛用作燃料，主要用于照明。在美国，农民不会去购买鲸油作燃料，而是通过蒸馏器用农作物废料生产乙醇。到 19 世纪 60 年代初，已经出现了数千家酿酒厂，每年生产约 9 000 万加仑[①]用于照明的酒精。作为燃料的酒精，会与从树上提取的樟脑油混合，以改善燃烧时的气味。这就是为什么燃料酒精不能饮用。但是，到了 1862 年，政府开始对酒征税，每加仑酒征收 2.08 美元，以资助南北战争。这项税收原本是针对酒精饮品的，但实际上却没有对作为燃料的酒精免税。结果，另一种碳氢化合物产品——从原油中提取的煤油——几乎一夜之间成为主要的照明燃料，许多生产燃料酒精的小酒厂都倒闭了。南北战争结束后，对酒征税的政策作为一项禁酒措施被保留下来。到 1870

① 1 加仑（英）=4.546 09 升。——编者注

年，煤油的销量已经达到了每年 2 亿加仑。到了 19 世纪 80 年代，标准石油企业控制了 85% 的煤油供应。煤油成为石油工业的主要产品，但是它即将遭遇命运的逆转。

原油，也被称作石油，是一种复杂且富于变化的碳氢化合物混合物。它既可以是一种容易蒸发的轻质透明液体（或被称作石油溶剂），也可以是重油。通过适当地分馏——加热和再冷凝，原油可以被分离成较轻和较重的两种不同成分，每种成分会在不同的温度下蒸发。从石油中提取煤油会产生一种更轻的副产品——汽油，而汽油最初被认为几乎毫无价值。油漆店或一般日用品商店会少量出售作为溶剂和清洁剂的汽油，但是石油生产商通常只是简单地将其倾倒在地上，让其蒸发或冲入河流。（据说在主要产油区俄亥俄州，如果把滚烫的煤从汽船上扔到凯霍加河里，河水就会着起火来。）然而，19 世纪八九十年代，随着电气化的发展，煤油作为照明燃料的需求骤减。与此同时，随着第一批汽车的出现，以及固定汽油发动机在农场和工厂的安装，人们对汽油作为发动机燃料的需求迅速增加。汽油价格从 1899 年的 1 加仑 7 美分涨到 1902 年的 20 美分。到 1910 年，它已经取代煤油成为石油工业的主要产品。

汽车对汽油的依赖引发了人们的两种担忧。首先，汽油是一种有限的、不可再生的资源。1899 年，《汽车时代》刊登了法国工程师古斯塔夫 · 肖沃的一篇文章，他提出这样的担忧：新发现的油井“日益减少，而老油井正在逐渐枯竭”。《汽车时代》的编辑给出了他们的建议：“即使是保守的工程师也会认为，寻找汽油的替代品是明智之举。”另一种担忧是，在美国，汽油供应受到标准石油公司的控制。1905 年《无马时代》指出，对汽车工业的领头人来说，“完全依赖一种由垄断者提供的燃料，而且这种燃料还受到自然条件的限制，这令人感到不安”。考虑到可能的供应限制，找到或开发出一种令人更加满意的汽油替代品变得异常重要。

酒精是最显而易见的替代品，它是一种可再生燃料，利用谷物或农场废弃物就可以生产。将以汽油为动力的发动机调整为以酒精为动力也不是难事。燃料酒精对那些自己没有石油储备的国家更有吸引力，尤其是在燃料酒精研究方面处于领先地位的德国。德国不但补贴国内酒精生产，还对进口外国石油征税。在法国，巴黎汽车俱乐部举办了长距离拉力赛，以比较酒精、汽油和两者的混合物在不同类型汽车上的效力。1901 年至 1904 年，法国、德国、意大利和西班牙分别举办了关于燃料酒精的展览和会议。（作为一个庞大的帝国，英国不太担心石油的获取。）

美国工程师也认为，酒精是最有前途的汽油替代品。《无马时代》曾经这样赞许道：“这种燃料完全不是由垄断者控制的，而是由土地耕耘者生产的。”政府机构也对此表示赞同：酒精有可能为美国农民创造一个有价值的新市场，农民按照市场需求生产汽车饲料，而不是马匹饲料。此外，1904 年的《汽车杂志》曾写道，酒精比汽油“更清洁、气味更小，也更不容易爆炸”。不可否认的是，由于酒精的能量密度较低，“给定功率所需的酒精比汽油略多一些。但是，这一点已经被目前德国每加仑酒精 13 美分的低成本抵消了”。

但是酒精在美国的价格要高得多，大约每加仑 50 美分，超过汽油价格的两倍。这还不包括仍在征收的酒类消费税，该税种将酒精价格提高到了每加仑 2.5 美元左右。美国在征收酒类消费税时并未免除燃料酒精，而在其他许多国家，因混合了有毒的、味道糟糕或气味恶臭的添加剂而不能饮用的燃料酒精，是不在酒类消费税征收范围内的。在美国，从 19 世纪 80 年代开始，所有免除此类“变性”酒精被征收酒类消费税的努力，或是彻底废除此税种的努力，都以失败告终。部分原因是标准石油公司及其盟友急于保护自己的销售量，它们提出，废除该税法会导致酗酒的增加。1906 年，废除该税法的支持者终于取得了突破。善于揭露丑闻的记者艾达·塔贝尔发表了一系列有关标准石油公司违反竞争行为的文章，促使政府展开调查。西奥多·罗斯福总统表示，他支持废除该税法，以此来削弱石油垄断。1906 年 5 月通过的“免税酒精”法，从 1907 年 1 月 1 日起废除了“变性”酒精的消费税。

这一举措让人们心中燃起希望，认为酒精产量一定会激增。《纽约时报》撰文指出：“正是美国对酒精征收的重税，阻碍了大量的蔬菜制品被用来生产极其廉价的酒精。”随着消费税的取消，酒精的价格急剧下降，降至每加仑 40 美分左右。但它仍然是汽油价格的两倍。宾夕法尼亚、俄亥俄和印第安纳州的油田产量虽然下降了，但是得克萨斯、俄克拉何马和加利福尼亚州又发现了新油田。汽油的价格开始下降。刺激酒精生产的培训项目，以及鼓励农民组建合作企业的尝试，最后都以失败告终。许多农民不愿与标准石油公司竞争，尽管在 1906 年 11 月提交的一项联邦诉讼中，标准石油被正式指控为非法垄断企业。从油井到店主，标准石油公司拥有一个高效的全国分销系统（基于其对石油管道网络的所有权，及其与铁路公司非法谈判后所获得的折扣）。燃料酒精行业却没有这样的分销网络。

1908 年，《无马时代》不无伤感地承认："变性酒精要变得比其他燃料更经济，还需假以时日。"与此同时，更多的石油储备被发现，化学工程师们热衷于研究如何利用热量和压力将较重的碳氢化合物分解成较轻的化合物。这种被称为裂解的技术，可以将每桶石油的 45% 转化为汽油，比之前的 13% 提高了很多。随着供应的增加，对汽油短缺的担忧开始减少。1911 年，标准石油公司被宣布为非法垄断企业，并被拆分为 34 家独立的区域性公司，人们对标准石油公司操控石油生产的担忧随之消散。这些都意味着，在美国，酒精无法与汽油竞争。甚至在大力促进酒精生产的国家，特别是德国，酒精也未能完全取代汽油。取而代之的是将两种燃料混合在一起，以减少对石油进口的依赖。

20 世纪 20 年代，由于一个技术性原因，人们重新拾起对燃料酒精的兴趣。彼时，汽车制造商为了提供更大的动力，开发出了压缩比更高的发动机。这种发动机在使用传统汽油时会发出一种燃烧不均匀的乒乓声，即所谓“爆震”，发动机会因此受损。工程师们发现，使用纯酒精或酒精与汽油的混合物为燃料，就可以解决这一问题。通用汽车的科研主管查尔斯·凯特林指示自己的团队对完全转向使用酒精的可行性进行调研。酒精除了可以解决发动机爆震问题，还可以让汽车制造商规避未来石油短缺的长期风险。一位通用的研究人员最终得出结论，酒精是“最直接的途径……可以将来自太阳的能量转化成一种适合做燃料的材料”。

但是，考虑到汽车的高普及度，通用汽车的研究人员发现了使用燃料酒精的一个关键制约因素：可用于生产酒精原料的农田面积不足。据通用的一项研究估计，美国需要将所有粮食作物的46%用于生产燃料酒精，才足够替代汽油。凯特林在1921年的一次演讲中说：“要取代汽油，美国一半以上的农田都需要种植用于生产酒精的作物。”这样做要么会减少食品供应，要么会使国家开始依赖粮食进口。

解决这一问题可能的办法，是用农业废料、木材和各种灌木代替玉米等粮食作物来生产“纤维素”酒精。通用公司的一位研究人员指出，这种纤维素物质“很容易获得，很容易生产，并且是可再生的”。但是将纤维素分解成可发酵糖的化学过程既低效又昂贵。使用廉价的“弱酸”工艺处理1吨木材，只能生产20加仑的酒精；使用“强酸”工艺可以生产出3倍于此的酒精，但成本要高得多。即便如此，有一段时间，人们依然认为，使用酒精和汽油的混合物，并最终转向完全使用纤维素酒精，是未来的前进方向。1925年，亨利·福特在接受《纽约时报》采访时表示，酒精是“未来的燃料”，因为“每一种可以发酵的植物性物质中，都含有燃料”。

然而，通用汽车的工程师也发现了另一种防止“爆震”的方法：在汽油中加入铅。在每加仑汽油中加入3克铅与加入15%的酒精具有相同的抗爆震效果，但是便宜得多。这样一来，通用汽车就可以生产拥有更强大发动机的大型汽车，而不用担心发动机因“爆震”而损坏。通用汽车公司与新泽西州标准石油公司合作生产并推广含铅汽油。该产品与酒精作为燃料添加剂的汽油并非同一产品，它们因此获得了专利。到1936年，美国销售的90%的汽油都是含铅的，尽管有证据表明铅会危害人体健康。在美国，酒精作为一种燃料添加剂被放弃了，但是在欧洲，人们仍在使用酒精，添加的浓度高达25%，直到第二次世界大战。

尽管近几十年来，燃料酒精在一些国家（尤其是巴西）重新燃起人们的兴趣，但是在20世纪，作为一种交通燃料，它最终也只是起到了对汽油和柴油的辅助作用。工程师们依然专注于开发和改进基于汽油和柴油的发动机技术，而不是酒精。事情有可能呈现另一种结果吗？作为一种燃料，酒精的致命弱点，是需要大量的土地来种植生产酒精所需的农作物。如果我们处在一个没有石油的世界里，所有的汽车都是用酒精驱动的，汽车的使用可能就会受到限制，我们可能就会大力提倡节约燃料。同时，食品短缺以及食品价格上涨也会因此成为一个难以避免的后果。当然，廉价的石油供应意味着酒精无法与之竞争。也许纤维素酒精生产方面的突破会带来一个不同的世界，但是，尽管在21世纪人类已经做出了新的努力，这一突破仍未实现。即使真的有所突破，石油可能也是一个更便宜的选择——至少从财务上说是这样。不过，依赖石油需要承担其他的成本。

石油危机与电动汽车带来的失望

◆

20世纪30年代，石油生产过剩（而非短缺）成为当时人们最为担心的事情，新的石油储备陆续被发现，但大萧条背景下人们对石油的需求急剧萎缩。俄克拉何马州每桶石油的价格曾经一度跌至46美分。在政府的支持下，美国石油公司开始在海外扩张，到20世纪30年代中期，它们已经在巴林、伊拉克、科威特、沙特阿拉伯和委内瑞拉等国获得了特许经营权。石油业高管认为，达成此类交易的最佳时机是在石油充足、价格低廉的时候。第二次世界大战爆发时，美国的石油产量占世界石油总产量的2/3以上，而且产量比消耗量多出30%。所以，美国可以通过向欧洲出口来支持盟友。相比之下，德国和日本都缺乏稳定的石油来源，这也是它们失败的一个重要因素。但是到战争结束时，因为有更廉价的石油来源地开始投入生产，美国作为世界主要石油生产国的地位受到威胁。1943 年一份为美国政府撰写的报告曾经指出："世界石油生产的重心正在从墨西哥湾 – 加勒比海地区转移到中东地区，而且在其稳定在中东地区之前，很可能会继续转移。""冷战"伊始，美国需要在世界各地建立军事基地以遏制苏联，获取石油成为其战略的重要组成部分，这促使美国更加关注中东安全。

1948 年，美国国防部长詹姆斯 · 福莱斯特警告说，如果无法从中东获得石油，"美国汽车公司将不得不在未来五年内设计出一款四缸汽车"。当时大多数美国汽车的发动机都是六缸或八缸的。福莱斯特的潜台词就是，要么美国汽车必须变得更加节油（例如，改用四缸发动机），要么美国就得依赖中东石油。美国选择了后一条道路，尽管一开始大多数驾驶者并没有意识到这一点。美国是世界上最热衷使用汽车的国家，特别是在战后，人们开启了奔向郊区、依赖汽车的生活方式。美国道路上的轿车和其他轻型车从 1945 年的 2 500 万辆，增加到 1973 年的 1 亿多辆，相当于每千人拥有 500 辆汽车，是欧洲私人拥有汽车水平的两倍。美国汽车不仅以数量取胜，而且个头也比其他国家的汽车大得多。平均而言，美国车要比欧洲车和日本车重 0.75 吨，其八缸发动机容量是其他地区最普遍的四缸发动机的两倍多。结果自然是，美国汽车油耗要高得多。

越来越多的汽车燃料来自进口石油。到 1973 年，从中东这个最主要进口来源地进口的石油已经占到美国石油供应量的 27%。同年 12 月，石油输出国组织（OPEC）的中东成员国切断了对美国的石油出口，以抗议美国在赎罪日战争中对以色列的支持。石油价格的暴涨以及供应的突然减少导致了汽油价格飙升配给制度的引入，加油站前排起了长队。（一个让事情更加复杂的情况是，当时美国的汽油价格受到管制，炼油商不愿意以低于生产成本的价格出售燃料，这也进一步限制了供应。）美国的驾驶者第一次意识到，他们不能把汽油供应视为理所当然。石油危机导致政府引入了每小时 55 英里的全国限速和燃油经济性标准，要求美国制造商的整个产品线达到平均燃油经济性：到 1978 年达到每加仑 18 英里，到 1985 年达到每加仑 27.5 英里。

但是美国的汽车制造商几乎没有对其产品进行什么改动，到 20 世纪 70 年代末，80% 美国制造的汽车仍在使用八缸发动机。1979 年，在第二次石油危机中，来自中东的石油供应再次中断，这一次是由于伊朗的伊斯兰革命和第二年两伊战争的爆发。石油的实际产量几乎没有下降，但价格飙升，随之而来的是恐慌性购买。第二次石油危机刺激了人们对小型汽车的需求。在欧洲，小型掀背车的销量有所增长，而在美国，更多的买家转向进口汽车，其中 80% 来自日本。除了比大得多的美国车更经济，日产、丰田和本田等日本品牌的车型也更加可靠。到 1980 年，日本汽车在美国市场的占有率从 1970 年的 3.5% 上升到 16%。

也有人曾经预测，耗油量巨大的汽车的可持续性令人担忧，人们可能因此转向电动汽车。但是，电动汽车技术自 20 世纪 20 年代以来几乎没有什么进步。最大的问题依然是电池：铅酸电池仍然非常笨重，单位重量无法储存太多能量。其他不同材料（如镍氢）的可充电电池，也不比铅酸电池好，而且会更贵。20 世纪 70 年代最著名的电动汽车是由美国宇航员在月球上驾驶的四轮月球探测车，因为只需要运行几个小时，探测车使用的是不可充电电池。而在地球上，将电动汽车作为商品复兴的尝试最后还是以失败告终了。

1974 年，时值第一次石油危机，一款楔形奶酪形状的微型电动汽车 Sebring-Vanguard CitiCar 应运而生。这款车的 6 马力发动机由座椅下的铅酸电池驱动，续航里程约为 40 英里，最高时速约为每小时 30 英里。在 1977 年停产之前，大约售出了 2 300 辆。另一款在意大利生产的微型电动汽车 Zagato Zele（在美国的名称是 Elcar），共售出了大约 500 辆。这款车使用的也是铅酸电池，车身材料使用了玻璃纤维，以减轻重量。1975 年，《消费者报告》对这两款车进行了评测，对它们结构的脆弱、基本功能的缺失（CitiCar 的车门没有车锁）和糟糕的防撞保护效果均不甚满意。该杂志警告说，翻车或侧面碰撞“会危及这些小型车内司乘人员的生命，因为塑料车身是易碎的。如果发生翻车或严重碰撞，甚至可能导致硫酸从破裂的电池中流出来”。该杂志同时表示：“一辆实用、安全、经济的电动汽车，可能正好适合用作短途通勤和购物的第二辆汽车。但无论是 CitiCar 还是 Elcar，都谈不上实用、安全或经济。”最终结论是：“在任何公共道路上驾驶两款车中的任何一款都是鲁莽的。”

电动汽车归来

◆

然而，电动汽车在 21 世纪的重新出现，依然可以追溯到石油危机时代。1972 年，埃克森石油公司（Exxon）的研究员斯坦利·惠廷厄姆对一种基于锂的新电池设计进行了研究。锂是元素周期表上最轻的金属，每千克重量的锂在电池中存储的电荷是铅的 15 倍。20 世纪 70 年代，非充电锂电池开始被用于手表、计算器和医疗植入物。惠廷厄姆的突破在于，他向人们展示了，至少是在理论上，制造可充电锂电池的可能性。然而，在实践中，使用他设计制造的电池很容易着火，因为作为电池负极的高活性锂，在几次充放电循环后就会呈现出不稳定的状态。这个问题在 20 世纪 80 年代得到了解决，当时英国和日本的研究人员在各自的研究中都找到了一种避免使用固体锂作为负极的方法。他们使用了晶格状结构作为电极，一种由碳制成，另一种由氧化钴制成。这种电池中的锂以离子形式存在，而不是金属形式，这使得它更安全、更稳定。因此，这种电池被称作锂离子电池。

1991 年，索尼公司推出了第一款商用锂离子电池，用于便携式电子设备，如便携式摄像机。索尼的工程师通过增加安全功能对原设计进行了改进。锂离子电池在过度充电的情况下，会变得过热、解体并着火。索尼为锂离子电池添加了一种多孔聚合物，如果电池过热，这种聚合物就会融化，将电池关闭。该公司还开发了一种“智能”充电器，可以在电池充满时停止充电。到 21 世纪初，锂离子电池已经成为笔记本电脑和移动电话的首选电源。

但对电动汽车来说，锂离子电池组仍被认为过于昂贵：2002 年，能够为电动汽车提供动力的锂离子电池组成本约为 1 万美元。铅酸电池虽然比它重 5 倍，体积大 4 倍，而且储存的能量更少，但是价格却便宜得多。

出于这样的原因，20 世纪 90 年代后期，通用汽车曾经短暂地生产过一款使用铅酸电池的电动汽车 EV1。EV1 只租赁，不出售，公司于 1996 年开始与洛杉矶、图森和凤凰城的驾驶者签订租赁协议。1999 年推出的 EV1 第二代车型使用的是镍氢电池，续航里程从 90 英里增加到 120 英里左右。EV1 吸引了一批忠实的追随者，但是只制造了 1 100 辆。2002 年，通用汽车宣布计划关闭该项目，次年，通用汽车召回了 EV1，并几乎全部销毁了这些汽车。（有几辆被保存下来，关闭动力传动系统后，在博物馆里展出。）通用汽车的决定引发了 EV1 车迷的强烈抗议，他们中的许多人曾提出直接购买自己正在租赁的汽车。通用公司坚称，EV1 已经表明，汽车电池技术还远不够成熟，不足以使电动汽车具有商业上的可行性。但是有批评人士称，通用汽车一直希望 EV1 以失败告终，因为电动汽车的活动部件很少，这会蚕食其利润丰厚的备件市场。与此同时，某款电动汽车一旦取得成功，可能也会导致对汽油汽车更严格的管控。

EV1 的终结所带来的愤怒产生了一个意外的连带后果。20 世纪 90 年代末，两位电动汽车爱好者，艾伦 · 科科尼和汤姆 · 盖奇制作了一辆名为 tzero 的电动跑车，将一套由铅酸电池驱动的电力传动系统安装在一款名为 Piontek Sportech 的汽车上，车身材料为玻璃纤维。他们希望将 tzero 投入生产，并以大约 8 万美元的价格出售。2003 年，两人决定将一辆原型车的电池组由铅酸换成锂离子。他们用 6 800 个小型锂离子电池组装了新的电池组，这些小型锂离子电池原本是用于笔记本电脑、电动工具和摄像机的。小型锂离子电池比大型锂离子电池要便宜得多，因为它们被用于消费型电子产品，所以产量也大得多。新电池组比旧的轻了 1/4，却可以存储三倍于旧电池组的能量，将 tzero 的续航里程从 90 英里延长到 250 英里左右。这辆车还可以在不到 4 秒钟的时间内，从 0 英里加速到每小时 60 英里。

2003 年末，就在通用汽车开始回收并粉碎 EV1 汽车时，tzero 引起了两位美国科技企业家及汽车爱好者的注意，他们就是马丁 · 埃伯哈德和埃隆 · 马斯克。两人都对 tzero 的表现印象深刻，同时也对 EV1 的终结感到愤怒，他们分别敦促科科尼和盖奇将 tzero 投入生产，以证明通用汽车的错误。盖奇因此将埃伯哈德介绍给马斯克，两人决定通过一家名为特斯拉汽车的新公司进行合作，将 tzero 的技术商业化。公司的第一款汽车“Tesla Roadster”将 tzero 的动力传动系统及电池，与路特斯 Elise 跑车的底盘结合在一起。通过强调性能和速度以及展示锂离子电池在可靠性和长距离行驶方面的潜力，这款 2006 年推出的跑车改变了人们对电动汽车的看法。以前的电动汽车不但性能差，续航能力有限，而且车身的形状也很古怪。开“Tesla Roadster”，司机不需要再为这些事情做出妥协。事实上，在某些方面，“Tesla Roadster”的表现可能已经超过汽油驱动的保时捷或法拉利。但是，“Tesla Roadster”的成本高达大约 10 万美元，确实只有富人才能买得起。

不过，从一开始，特斯拉创始人的目标就是大规模地将电动汽车商业化。2006 年，马斯克（2008 年接替埃伯哈德担任特斯拉首席执行官）在一篇博客文章中称，“Tesla Roadster”是“特斯拉汽车总体计划”的第一步：

> 我们的长期计划，是要打造多种车型，包括价格合理的家庭用车。这是因为特斯拉汽车的首要目标（也是我资助该公司的原因）是帮助促进从以开采－燃烧为模式的碳氢经济向太阳能电力经济的加速转变。我相信，这是一个主要的，但不是唯一的，可持续的解决方案……特斯拉的战略是，首先进入高端市场，客户愿意支付溢价，然后尽可能快地压低市场价格，

> 每一款后续车型的销量都会更高，价格都会更低……在不透露过多信息的情况下，我可以说，第二款车型将是一款运动型四门家庭用车，价格约为目前 89 000 美元的 Tesla Roadster 的一半，第三款车型将更加实惠……当人们购买 Tesla Roadster 时，他们实际上是在帮助支付低成本家庭汽车的研发费用。

在随后的若干年里，特斯拉大体上遵循了这一计划。2012 年，公司推出了运动款四门车——Model S，2017 年又推出了 Model 3（尽管最便宜的特斯拉车型也要大约 4 万美元，也不是大众负担得起的）。特斯拉已经成为世界领先的电动汽车制造商，并在 2020 年 7 月超越丰田，成为世界上最有价值的汽车制造商——尽管它的汽车出货量要小得多。2019 年，特斯拉交付使用的汽车是 36.72 万辆，而丰田的这一数字是 1 050 万辆。特斯拉的估值反映出，投资者乐观地认为，电动汽车是汽车行业的未来，而特斯拉领先了老牌汽车制造商好几年。除此之外，特斯拉还与日本电子巨头松下合作，建立了一系列大型工厂，以最大限度地提高汽车所需电池组的产量，并将成本降至最低。随着锂离子电池技术的改进以及生产的扩大，每千瓦时电的价格从 2010 年到 2020 年下降了 90%。2019 年，诺贝尔化学奖授予了斯坦利 · 惠廷厄姆、约翰 · 古迪纳夫和吉野彰，以表彰他们在锂离子电池开发方面的工作。评奖委员会宣布："这种重量轻、可充电、功能强大的电池现已广泛应用于从手机到笔记本电脑和电动汽车的方方面面。自 1991 年首次进入市场以来，锂离子电池已经彻底改变了我们的生活。它们为一个无线的、无化石燃料的社会奠定了基础，令人类受益无穷。”

电动汽车与气候变化

◆

锂离子电池使电动汽车成为可能。与此同时，为了应对气候变化，对燃油汽车的监管进一步加强，转向电动汽车似乎也是不可避免的。汽车的出现，部分原因是解决污染问题，可是它却带来了另一个污染问题：燃烧化石燃料所产生的二氧化碳排放。要想将全球变暖控制在比工业化前的平均水平高出 2 摄氏度以内，就必须在未来几十年内大幅减少二氧化碳排放。事实上，要实现这一目标，不仅要减少排放，还要在 21 世纪中叶彻底消除排放。一些国家的政府承诺到 2050 年实现“净零排放”，为了支持这一目标，各国引入碳排放交易系统，并对许多行业实施限制，其中包括设定停止销售燃油新车的日期。从 2030 年起，英国、冰岛、爱尔兰、以色列、荷兰和瑞典将不再允许销售燃油新车；加拿大、法国和新加坡则选择在 2040 年实现这一目标。包括阿姆斯特丹、巴塞罗那、伦敦、西雅图和温哥华在内的全球 20 多个主要城市都制定了类似或更加雄心勃勃的目标。内燃机的前景非常不妙。

电动汽车将在多大程度上帮助我们应对气候变化？在全球范围内，交通运输（包括陆地、海洋和空中）占化石燃料燃烧产生的二氧化碳排放量的24%，而汽车（包括货运和客运车辆）的排放量占交通运输排放的72%。总的来说，汽车的排放量占全球总排放量的17%。在这些排放中，约1/3是由主要以柴油为动力的重型车辆（如卡车和公共汽车）产生的，另外2/3是由主要以汽油为动力的轻型车辆（如轿车和厢式车）产生的。因此可以说，使用电动汽车，或减少使用汽车，将会为缓解气候变化做出重大贡献。

但是，即使所有汽车都能在一夜之间神奇地变成电动汽车，让化石燃料的使用从此走向终结，为这些车提供充电所需的电力也是一个挑战。在许多国家，发电仍然严重依赖燃煤和天然气，这使其成为二氧化碳排放的最大单一来源，占二氧化碳排放总量的40%。只有使用风力、太阳能、核能或水力发电等零碳能源充电，电动汽车才会成为真正绿色的零排放汽车。（尽管如此，即使由不可再生能源供电，电动汽车也比化石燃料驱动的汽车更环保。这是因为发电站燃烧燃料的效率要比汽车发动机高得多，每单位能源产生的排放量自然会更少。即使考虑到传输损耗，这一点也成立。）

现有电网是否能够应对汽车向电动方向转变？问题可能会出现在充电的时间段上，而不是电网容量是否可以满足需求上。电动汽车充电所需的额外容量应该不会超过当前电力需求的10%。随着更加节能的电灯、电器和建筑的出现，许多国家的电力需求正在下降。因此，电网输送能力应该不是问题。挑战将会是风能和太阳能等间歇性可再生能源的供应，与电动汽车的充电需求之间如何协调的问题。如果电动汽车被大规模采用，就可能起到电网蓄电池的作用（即所谓的“从汽车到电网”模式）。可变电价可以鼓励人们在非高峰时段给汽车充电，并将额外的充电需求分散到一天当中。

所以，改用电动汽车将大大减少全球排放，尽管让大型卡车、轮船和飞机放弃使用化石燃料仍是一个挑战。但是，电动汽车并不能解决与汽车相关的其他问题，如交通拥堵、道路死亡，或是一辆一吨重的车只载着一个人到商店购物的固有低效率。正如汽车的崛起引发了人们对依赖石油的可持续性及其地缘政治后果的担忧一样，电动汽车也引发了类似的担忧。制造电池所需的锂和钴的供应，以及制造电机所需的“稀土”元素的供应，已经引发了环境和地缘政治问题。锂的储量相当丰富，钴则不然。钴的主要来源是刚果民主共和国，那里大约 1/4 的钴产量是借助火把和铁锹通过手工完成的。矿工的工作条件非常恶劣，而且这一行业始终摆脱不了腐败和使用童工的指控。在开采出来后，钴主要在中国提炼。中国在全球锂离子电池产能中占有很大份额，在稀土元素的生产中也占主导地位。地缘政治的紧张已经导致中国和西方国家在计算机芯片以及相关制造工具的供应上发生争执。因此，不难想象，在制造电动汽车所需的矿物质和零部件问题上也会发生类似分歧。（这就解释了为什么特斯拉与矿业巨头嘉能可公司达成协议，以确保钴的供应，并且在中国境内外运营自己的电池工厂。这也解释了为什么一些公司正在探索深海采矿，寻求钴的替代来源地。）

此外，历史经验表明，你如果认为，从一种动力形式转换到另一种动力形式，并不会影响其他方面的事情照原样继续发展，那将是幼稚的。汽车取代马车后，其他的一切也跟着发生了变化。有些人认为，现在不仅要重新思考驱动汽车的推进技术，还要重新思考“拥有汽车”这个整体概念。100 年前，托马斯·爱迪生在锂离子电池技术方面的探索以失败告终；100 年后，埃隆·马斯克取得了成功。如今，锂离子电池技术不仅支撑着电动汽车，也支撑着智能手机。正是由于智能手机的发展，21 世纪初才出现了许多探索新型交通模式的试验，人们希望能够在私人车辆与公共交通之间找到可以交错的空间。与人们对电动汽车的思考一样，其中一些想法的根源可能比我们想象的要深。

第十章

网约车时代

有一个小男人，
他有一条木头腿，但是没有钱。
他不想去乞讨，所以拿了四个线轴和一个旧锡罐。
他叫它“小公共汽车”，
这个鬼东西就跑起来。

——一首关于“小公共汽车”的短诗，1915

从历史深处看拼车

◆

1914年7月1日，L. P. 德雷珀，一位颇具进取心的私家车车主，在开车驶过洛杉矶的一个有轨电车站时，让一位正在等车的乘客上了自己的福特T型车。他载了这位乘客一小段路程，向他收取了5美分的车费。当时，美国大多数城市有轨电车的票价就是5美分，所以德雷珀的乘客支付的费用就是平时的乘车费。德雷珀却因此发明了一种新的城市交通模式：私家车以统一票价提供短途搭乘服务。德雷珀认为，只要自己拥有驾驶执照，这样做就完全是合法的。而从市政府获取驾驶执照是一件很容易的事情。消息传开后，洛杉矶其他的一些驾驶者也开始做同样的事情。以这种方式提供乘车服务的私家车后来被称为“小公共汽车”（jitneys），这个词原本是5美分的一个俚语说法。有些驾驶者在开车往返工作地点时会让搭乘者上车。但是，自从 1913 年经济开始放缓后，对那些失去工作，但是还拥有一辆汽车，想要尽快赚点儿钱的人来说，经营“小公共汽车”成为一个有吸引力的选择。从事“小公共汽车”服务的通常是福特 T 型车车主，他们会在城市的主要街道上巡游，揽上三四个乘客，往返于中央商务区。

起初，这种情况只出现在南加州。在 1914 年的前 11 个月里，洛杉矶警察局平均每天发放 6 张驾驶执照，但是在 12 月 2 日这一天，却发放了 60 张。有轨电车业的行业杂志《电气铁路期刊》记录道，“在洛杉矶的街道上，以每次 5 美分的价格拉活的私人汽车数量大幅增加”。据说，当地的有轨电车系统每天为此损失 600 美元的收入，不得不解雇 84 名工人，并在 6 条线路上撤销了 21 辆有轨电车。此时，“小公共汽车”的理念已经传到了旧金山，在那里的市场街上，至少有 6 辆“小公共汽车”在运营。随着美国各地报纸的报道，“小公共汽车”热潮迅速蔓延，各个城市的驾驶者和搭乘者争相尝试。例如，在堪萨斯城，“小公共汽车”的数量在两周内从零增长到 200 辆，每天运送客人 2.5 万人次。两周后这个数字翻了一番。到 1915 年夏天，美国各城市运营的“小公共汽车”已经达到 6.2 万辆。当时的一份报纸将这样的情况称作“‘小公共汽车’的入侵”。由于大多数小轿车都是敞篷的，所以，“小公共汽车”在美国温暖干燥的地区最受欢迎。

“小公共汽车”为搭乘者提供了便利，给许多人带来了第一次乘坐小轿车的体验。因为有多位乘客共同负担费用，“小公共汽车”比出租车要便宜得多，为那些买不起车的人提供了一个可以替代拥挤有轨电车的选择。“小公共汽车”的速度是有轨电车的两倍，因为它们不需要停靠那么多站，也不需要在铁轨上运行，可以绕过障碍物。有些“小公共汽车”还会在特定路线上为老客户提供上门服务。它们还会为一些热门目的地提供服务，比如购物区或体育场馆等一些没有电车线路经过的地方。在有轨电车和传统出租车都停止运营的深夜，“小公共汽车”仍然欢快地畅行在路上。许多城市的有轨电车公司总是想着优先为投资者提供高回报，而不是为乘客提供服务，因此备受诟病。于是，人们像当初欢迎公共汽车一样为“小公共汽车”欢呼，将其视为自由的象征。1915 年 5 月，一名“小公共汽车”爱好者在《独立报》上撰文称，“集方便和省钱于一身”的“小公共汽车”，翻开了“人类移动史的新篇章”。“现在已经没有什么能阻止‘小公共汽车’前进的脚步，不论是大公司，还是立法部门。勒索和腐败的时代一去不复返了。”

事实证明，这一预测不太靠谱。有轨电车公司开始疯狂游说反对“小公共汽车”。《电气铁路期刊》谴责它们是“一种威胁”“一种恶性增长”，是“交通运输界的弗兰肯斯坦”。该杂志提出，“小公共汽车”应该像出租车一样必须获得经营执照，遵守同样的保险要求，而且要有固定路线和固定时间表。市政府站在了有轨电车公司一边。原因之一就是，电车公司会根据市政府要求维护人行道，提供沿

1915年，纽约，一辆被用作“小公共汽车”的小轿车

图片来源：George Grantham Bain Conation,Library of Congress,LC-DIG-ggbain-22846

路的路灯，并支付城市税，通常是其收入的1% ～ 2%。因此，如果电车公司因“小公共汽车”的发展而倒闭，城市运行成本就会增加，地方政府的收入也会减少。其次，有轨电车的统一定价意味着短途乘客可以补贴长途乘客，对住在离市中心更远的有轨电车经过的郊区住户来说更加实惠。市政府喜欢这种模式，因为它通过降低通勤成本，使城市得以扩张，从而增加了应税人口。通常只提供2英里左右短途旅行的“小公共汽车”，在不提高价格的情况下无法提供长途旅行。这会导致需要通勤的郊区不再那么有吸引力，并因此阻碍城市的发展。此外，“小公共汽车”也造成了交通堵塞和道路事故的增加。1915年，洛杉矶的交通事故数量上升了22%，其中四分之一的事故与“小公共汽车”有关。“小公共汽车”司机还被控告过抢劫、强奸，以及为罪犯提供逃跑车辆等罪行。由于缺少针对“小公共汽车”司机的法律法规，这些问题很难得到解决。

有些关于加强“小公共汽车”管理的建议是有意义的，例如要求购买适当的保险，禁止危险超载等。但是在很大程度上，相关规定的出台是为了通过取缔“小公共汽车”来保护有轨电车。“小公共汽车”司机得到了一些报纸的支持，但他们没有形成什么集体影响力，因为司机的更迭太快了。一项对某城市“小公共汽车”的调查发现，在89天内，有1 308辆“小公共汽车”在该市的街道上运营过。其中，约有1/3只干了1天，另外1/3干了不到15天，只有1/3超过了15天。换言之，很少有“小公共汽车”司机是全职司机。“小公共汽车”的吸引力在于它的灵活性，让司机可以在他们想干的时候才干，但这也意味着，“小公共汽车”司机作为一个群体，根本无法与人脉广泛的有轨电车公司及其商业和政治上的支持者较量。最终，有“小公共汽车”运营的所有州和城市都强行出台了新规定，抬高“小公共汽车”的运营成本，以各种方式限制其运营。在有些州，一辆“小公共汽车”运营执照费用达到全职“小公共汽车”司机收入的一半。运营执照需要按年购买，这使得兼职做“小公共汽车”司机实际上成了违法行为。其他新规定还包括：禁止“小公共汽车”在有电车轨道的街道上行驶，禁止在电车站搭载乘客，禁止超越行驶中的有轨电车或公共汽车。有些城市的“小公共汽车”司机发起了对相关法律的挑战，但是到1915年底，在175个“小公共汽车”运营的城市中，有125个引入了对抗“小公共汽车”的规定，其余的城市在第二年也纷纷效仿。有些“小公共汽车”司机转行做了出租车司机，但大多数人没有。“小公共汽车”这一运营实验开始后不到3年就结束了。

禁止“小公共汽车”的运行并没有缓解交通拥堵，因为一些乘客对此做出的反应是自己购买汽车，而不是反身回去搭乘有轨电车。20世纪20年代，对“小公共汽车”的压制并没有阻止电车被取代，只不过代替者变成了运营成本更低的公共汽车。与之前的有轨电车一样，公共汽车也由垄断者经营，按照固定的线路和严格的时间表运营（不像“小公共汽车”，可以根据乘客的需求调整线路）。面对严格死板的城市公交系统，对那些负担得起的人来说，拥有私家车是一个更有吸引力的选择。20世纪50年代，公共汽车开始衰落，许多市政当局不得不接管并补贴其运营。公共汽车的减少使人们再次转向私家车。私家车的较低使用率是造成交通拥堵的原因之一。1972年，两名美国学者罗斯·埃克特和乔治·希尔顿发表了一份关于“小公共汽车”热潮的分析报告，并得出这样的结论：“取缔‘小公共汽车’的政策直接导致了许多当代城市交通中最令人不满的问题的出现。”

民权运动之路

◆

对居住在美国南方的非洲裔美国人来说，“小公共汽车”的消亡影响尤为严重。由黑人司机为黑人乘客运营的全黑人“小公共汽车”线路，曾经在几个南方城市兴盛一时，因为搭乘“小公共汽车”可以避免因乘坐公共汽车和火车而不得不面对实行种族歧视的“吉姆·克劳法”。该法规定，在公共汽车上，黑人乘客必须坐在后面；如果车上有白人乘客，黑人就必须从后门上下公共汽车，并把自己的座位让给没有座位的白人乘客；在火车上，黑人乘客只能乘坐黑人专用车厢。比起为白人乘客提供的车厢，黑人车厢更拥挤，更不卫生，也更不舒适。公共汽车站和火车站的候车室也是隔离的。因此，“小公共汽车”带来的自由和自主权对非洲裔美国人来说具有特殊的价值。“小公共汽车”可以让他们回避必须遵守种族隔离制度所带来的羞辱，让他们能够在确保隐私和安全的情况下，随时前往自己想去的地方。

1932 年，在《全国有色人种进步协会》杂志上，民权活动人士（也是该杂志的编辑）W.E.B. 杜波伊斯撰文指出，黑人车主的数量越来越多，“无论在哪里，到哪儿去，有色人种都开着自己的车前往”。他自己就经常开车到很远的地方去开会。有一次，他从纽约一路开车到肯塔基时高兴地看到，黑人拥有汽车这一事实正在削弱支持种族隔离的企业。他写道："我们偶然遇到的唯一歧视，反倒令我们开怀大笑起来。在杰克逊维尔至代托纳的公路上，一个加油站挂着'仅供白人加油'的牌子。我们从那里经过了四次，没有看到一辆车。"

20 世纪 30 年代，随着越来越多的非洲裔美国人开始拥有汽车，一种新型旅游指南应运而生，其中最著名的就是黑人旅行作家维克多·格林所著的《黑人司机绿皮书》（*The Negro Motorist Green Book*）。格林的灵感来自那些旨在帮助犹太旅行者避免遭受歧视的类似图书。这些旅游指南列出了全国各地欢迎黑人顾客的酒店、餐馆和度假村，以及黑人理发店、美容院和商店。格林在 1937 年出版的《黑人司机绿皮书》第一版中写道："多年来，白人旅行者在住宿方面一直没有任何困难，但是对黑人来说，情况就大不相同了。在黑人旅游指南出现之前，他们不得不依靠口口相传的方式，很多时候都找不到住处。现在情况不同了。黑人旅行者可以在《绿皮书》上找到他所需要的一切信息。"在 20 世纪二三十年代，没有多少酒店是向黑人顾客开放的，所以名单上列出的许多住房都是黑人家庭的私人住宅。

这些指南大多会避免直接提到种族主义和种族歧视，尽管其写作初衷是让读者避免遭遇种族歧视。1931 年出版的《旅行者指南：有色人种旅行者的旅馆、公寓、房间、餐饮、车库旅店等》（*The Travelers Guide: Hotels, Apartments, Rooms, Meals, Garage Accommodations, etc. for Colored Travelers*）一书的前言写道："我们没有也不会去寻求制造或解决社区问题。我们发现，在一个州之内的毗邻城市中会存在完全相反的种族态度和关系……在许多地方，人们的态度正在发生转变，无论是变得更好还是更糟，其原因是很容易追溯的。”该指南的作者说，考虑到拥有汽车的非洲裔美国人的数量正在增加，这本书写作的目的就是想让黑人司机更多地了解这个国家，帮助大学和俱乐部团队通过会面保持联系，同时也是鼓励休闲旅游。帮助旅行者避免骚扰和歧视本是这本书写作的初衷，却被排在了最后。同样，格林和他的团队也避免使用明显的政治语言，只是拐弯抹角地提到出版黑人旅行指南的必要性。《绿皮书》1951 年版这样写道：“我们的想法是给黑人旅行者提供信息，使他们避免陷入困境和尴尬，让他们的旅行更愉快。”黑人读者很清楚这意味着什么，但是把政治隐藏起来更容易吸引广告商（如汽车制造商），从而可以更广泛地宣传和销售该书。

在避免遭受种族歧视的同时，开车出行也是黑人驾驶者拒绝接受交通系统的种族隔离习俗，并拒绝为这样的系统提供资金的一种方式。与此同时，汽车也可以在争取公民权利的斗争中发挥更直接的作用。非洲裔美国驾驶者在 1956 年就是这样做的，他们用自己的汽车支持了蒙哥马利巴士抵制运动。1955 年 12 月 1 日，罗莎·帕克斯因拒绝在蒙哥马利市的公交车上给一名白人乘客让座而被捕，当时，全城范围内的公交车抵制计划已经进行了好几个月。帕克斯后来回忆说：“我只知道，只要他们逮捕我，那么这将会是我最后一次在这样的羞辱中乘车。”在随后的那个星期天，通过分发传单以及在该地区的黑人教堂发布通告，一项关于在第二天举行为期一天的抵制活动计划被公之于众。抵制活动发生的那一天，也是帕克斯因拒绝让座而出庭的日子。“因此，我们要求每一个黑人星期一都不要乘坐公交车，以抗议这次逮捕和审判。”宣布抵制行动的传单上写道：

> 周一不要乘公交车去上班、进城、上学或是去任何地方。如果你别无选择，只能乘公交车去上学，那就少去上一天学，没什么大不了的。一天不进城更没什么大不了的。如果你得去工作，那就坐出租车或步行。但是，孩子们，成人们，星期一请千万不要乘坐公交车。星期一请远离公交车。

为了帮助那些被迫步行的人，抵制活动的组织者制订了一个计划。黑人出租车司机同意在抵制当天以10美分的价格搭载乘客，这个价格与公交车票价相同。此外，组织者还安排了一个志愿者拼车系统，车辆是从黑人车主那里借来的，或是由黑人车主本人驾驶。这些车在公交线路上来回行驶，免费将那些步行吃力的人送达目的地。这次抵制行动受到了广泛关注。由于蒙哥马利市75%的公交乘客是黑人，这一行动产生了显著效果，在街道上穿梭的公交车内几乎空无一人。组织者决定将抵制行动继续下去，并且成立了蒙哥马利改善协会（MIA）来监督这次运动。当地年轻的牧师马丁·路德·金被选为领袖。

在接下来的几个星期里，市政府官员颁布命令，禁止有执照的出租车司机以低于45美分的价格搭载乘客。MIA对此做出了回应，他们用来自全美各地支持者提供的资金建立起了自己的车队。MIA为蒙哥马利的每一座黑人教堂都购买了一辆旅行车，用来运送教友上下班。这些汽车被登记为教堂财产，后来被称为“车轮上的教堂”。这些车辆，以及志愿者提供的其他车辆，每天从黑人教堂、殡仪馆、商店等86个指定车站接送乘客。从上午5点到上午10点，每10分钟发一班车。这300多辆车会一直运行到晚上8点。乘客们向MIA捐款，MIA就可以偿还司机的燃油费和其他费用。MIA还通过糕饼销售和食品销售来筹集资金，购买三明治、蛋糕和馅饼的白人顾客并不知道他们在资助抵制活动。在白人拥有的保险公司撤销了这些车辆的保险后，MIA安排由伦敦的劳埃德保险公司直接承保。

公交系统的收入全线崩溃，官方不得不削减线路，解雇司机。在这种情况下，一些抵制运动的反对者开始通过恐吓司机的方式，试图关闭抵制运动所使用的拼车系统。警察会让这些司机靠边停车，声称他们违反了交通规则。金于1956年1月26日被捕，当时他正用自己的车从MIA指定的车站接送3名乘客。警方声称他当时的车速是每小时30英里，而该地区的限速是每小时25英里。他是那一周被控违反交通法规的100多名拼车司机中的一员。包括金在内的 MIA 领导人的家都遭到了燃烧弹袭击。但是抵制活动仍在继续。在接下来的一个月里，根据 1921 年出台的反抵制法，有 89 名参与者遭到起诉，其中包括金在内的 24 人是牧师。金是第一个被送上法庭的人，他被处以 500 美元的罚款，并在监狱里待了两个星期。此时，MIA 已经对公共汽车种族隔离制度提起了联邦诉讼。

在 1956 年 11 月 5 日，也就是抵制运动开始后的第 11 个月，蒙哥马利市最终找到了关闭拼车系统的方法：通过法官裁定，宣布拼车系统没有合法许可证。但是在同一天，最高法院对 MIA 的联邦诉讼也做出了裁决，宣布亚拉巴马州的公交车种族隔离违宪。公交车抵制运动以胜利告终。一个月后，蒙哥马利的公共汽车再次搭载上了黑人乘客，不过现在他们已经可以随意坐在任何地方。这次抵制行动使马丁·路德·金在全国范围内受到关注，其他城市相继开始效仿 MIA 的策略。当谈到汽车在支持民权运动方面的重要性时，《匹兹堡信使报》的一位作者宣称："汽车的钥匙，就是运动的钥匙。"

从"小公共汽车"到优步

◆

21 世纪初，用私家车为陌生人提供乘车服务的想法，以拼车或叫车应用程序这种新形式重新出现。这种新模式起源于美国，之后被广泛复制到世界各地。如果没有智能手机、移动互联网的接入以及能够精准测定乘客和司机位置的卫星定位系统，这一切不可能实现。这种新模式也借鉴了“小公共汽车”以及在世界上许多地方曾经出现过的共享小型面包出租车的早期传统。在东欧国家，共享出租车被称作“苏式小巴”（marshrutka），在土耳其被称作“合租小巴”（dolmus），在特立尼达和多巴哥被称作“大号出租车”（maxi taxi），在西非被称作 kia kia，就是“快，快”的意思，在泰国被称为“双排车”（songthaew），在菲律宾被称为“吉普尼”（jeepney），就是吉普（jeep）与“小公共汽车”（jitney）的组合。这种共享出租车通常在特定的线路上运行，但没有固定的时间表，乘客的人数够了就出发。

2008 年，两位美国企业家洛根 · 格林和约翰 · 齐默开始为学生提供城际拼车服务。在加州大学圣塔芭芭拉分校学习期间，格林曾经通过网上留言板安排拼车去洛杉矶看望他的女朋友。齐默在康奈尔大学学习期间，也曾使用拼车服务往返于学校和位于纽约北部的家。两人都对互联网如何能够让拼车服务更高效、更普及感兴趣。在经过一位共同的朋友介绍认识后，他们萌生了使用脸书将乘客和司机联系起来的想法。当时脸书正在迅速崛起，成为美国最主要的在线社交网络。通过这个平台，乘客和司机在搭乘前可以很好地了解彼此。他们希望这会让司乘双方彼此更加信任，从而鼓励更多的人在城际旅行时拼车。他们给新公司起名叫 Zimride—— 这个名字不是跟随齐默

（Zimmer）这个姓氏，而是来源于格林在 2005 年去津巴布韦（Zimbabwe）旅行时乘坐的共享出租车。到 2012 年，Zimride 已经拥有来自 150 所参与该项目的大学和公司中的数千名用户。这一成功促使格林和齐默开始考虑，司机和乘客的配对是否可以从长途城际旅行扩展到城市内的短途旅行。

与此同时，2011 年，在旧金山，一家名为优步的初创公司也推出了叫车服务。该公司创始人加勒特·坎普和特拉维斯·卡兰尼克都是科技企业家，两人看到了智能手机将司机和乘客联系在一起的潜力。一开始，用优步的智能手机应用程序只能叫到黑色的林肯城市车，费用比出租车还贵。但是在智能手机上点击几下就能叫到车的便利，加上在旧金山很难找到一辆普通出租车的现实，意味着一些人会愿意支付更多的费用。2013 年，优步扩展了服务，开始允许普通车辆的司机通过应用程序提供服务。Zimride 的创始人此时也萌生了同样的想法，并推出了自己的叫车服务，起名为来福车，乘客也是通过访问智能手机应用程序叫车。从 2014 年开始，两家公司都推出了共享出行的选择，为那些愿意放弃一些便利来换取更低费用的乘客提供服务。

优步随后开始在全球其他国家扩张，与使用同样运营模式的本土竞争对手展开了激烈竞争，其中包括印度的 Ola、中国的滴滴出行、中东的 Careem，以及东南亚的 Grab。叫车服务的市场竞争变得异常激烈，促使优步不得不与全世界许多地方的本地竞争对手合作，以避免昂贵的价格战。最终，优步公司将其地区运营业务与中国的滴滴出行、东南亚的 Grab 和中东的 Careem 进行了合并。

事实证明，优步开创的网约车服务模式很受欢迎，但也饱受争议。就像一个世纪前的“小公共汽车”一样，网约车公司面临着来自出租车司机、公共交通公司和城市当局的反对，他们认为网约车公司不遵守现有的规定，没有对司机进行适当的审查，而且加剧了交通堵塞。随着各个网约车公司竞相向其他城市扩张，为了吸引客户，它们之间展开了激烈的价格战，以低于现有出租车的价格将乘客从公共交通体系中抢走。网约车平台还坚持做的一件事情，就是将网约车司机认定为承包人，而不是公司雇员，这样，公司就可以不受最低工资、假期工资、失业保险等规定的约束。在雇佣关系状况、对司机的背景调查水平，以及其他一些问题上，网约车公司，特别是优步，与世界各地的监管机构打了一系列法律战。在很多情况下，这些公司最终会获得在某个特定城市运营的牌照，但是监管机构也会威胁说，如果不满足某些条件，牌照就会被吊销。

网约车公司表示，网约车模式为司机和乘客都带来了好处。一旦在网约车平台上注册，司机就可以在他们想做这份工作的时候开始工作，以便在需要的时候补充收入。乘客则会受益于基于智能手机的网约车服务的便利性，以及与出租车相比网约车所具有的价格优势。此外，乘客如果选择与其他人共用一辆车，就可以享受到更优惠的价格。

网约车可能还会带来一个更为广泛的社会效益：网约车服务在一个城市的普及似乎可以降低醉酒驾驶的人数（尽管可能会增加酗酒者的数量）。同时，网约车还可以帮助解决“交通荒漠”问题，即城市中大量人口（通常是穷人或老人）依赖公共交通，但是该系统却常常运力不足，或是服务不到位。美国的几个城市已经与网约车公司合作，尝试让网约车在乘客家和附近交通枢纽之间的“最后一英里”运送乘客。或许最重要的是，网约车服务还可以为一些人提供一种可行的选择，让他们省去拥有汽车的麻烦和花费。“拥有一辆车意味着每月支付车款、寻找停车位、购买燃油和保养。”齐默在2016年的一篇博客文章中写道。现在他是来福车公司的总裁。他经常说，他公司的目标，就是要通过减少汽车拥有率和人们对汽车的依赖，将分配给汽车的空间和资源用作其他用途，如修建公园、游乐场或住房，“建设一个以人为中心，而不是以车为中心的世界”。

今天关于网约车服务的许多争论，与一个世纪前关于“小公共汽车”的争论非常相似。私家车价格昂贵，但是灵活性更强；公共交通系统对乘客来说更便宜，但运行路线和时间表都是固定的。企业家再一次试图在这两者之间寻找到一种新的、响应更加迅速的交通方式。而反对者再一次声称，这样的交通方式在保险、安全和税务等方面都不守规矩——这样说也不无道理。但是网约车与“小公共汽车”有一个重要的不同点，那就是“小公共汽车”司机无法发出集体的声音，在与监管机构、有轨电车信托公司和出租车公司的对抗中几乎没有取胜的机会。相比之下，网约车平台拥有雄厚的资金，而且早已成为熟练的说客。网约车平台虽然做不到随心所欲，而且也不应该随心所欲，但是它们的出现却意味着，一种新的、更灵活的交通服务将会比一个世纪以前拥有更好的前景，为司机、乘客和城市本身带来更多好处。

骑自行车出行，或是滑板车

◆

智能手机重新启动了“小公共汽车”这样一个旧概念，同时也给另一种交通方式——自行车带来了新变化。近年来，共享单车，即在城市里做短途旅行时短期租赁自行车，已经解决了阻止其良好运营的诸多问题，并开始迅速流行起来。

第一个共享单车项目起源于1965年的阿姆斯特丹，项目名称为Witte Fietsen，在荷兰语中是“白色自行车”的意思。设计师兼政治活动家鲁德·希梅尔彭宁克收集了几十辆自行车，都漆成白色，然后把它们放在城市的各个角落，不上锁，这样任何人都可以使用它们，然后把它们留给下一个骑车的人。但是，这些自行车很快要么被偷，要么被扔进运河，要么被损坏，要么被警察没收了。这个短命的实验就这样结束了。直到20世纪90年代，第二波共享单车风潮在丹麦兴起，这个想法才被人们熟知。自行车被锁在存放架上，只要投一枚硬币就可以解锁。在旅程结束时，将自行车卡入别的存放架，另一枚硬币就会吐出来，这是退还给客户的小额押金。这些自行车都经过了特殊设计，包括在车身上安装广告板，一方面用来补贴服务费用，另一方面也是为了防盗。但是骑车的客户是匿名的，所以最终还是有许多自行车被偷，或是被损坏。

下一波尝试来自法国。1998 年，雷恩市启动了一个项目，客户使用智能卡，而不是硬币，将自行车从存放架上取出来，用完后再把车锁起来，并为骑行付费。由于用户必须注册一张智能卡，并对使用该卡解锁的自行车承担个人责任，盗窃行为大幅下降了。雷恩的这一项目促成了在里昂的一个更大的项目，并且在 2007 年，这一项目又转战巴黎，规模进一步扩大。该项目的名称为 Vélib'，由法语中的“自行车”和“自由”两个词合成。项目一开始就提供了 1 万辆自行车和 750 个停靠点，而且规模很快就扩大了一倍。在 5 年内，Vélib' 就拥有了超过 22.4 万名用户，总骑行次数超过了 1.3 亿。Vélib' 激发了世界各地的类似项目：在全球范围内，拥有共享单车系统的城市数量从该项目推出时的 70 个左右，激增到 2013 年的 700 多个。

在此之后，智能手机以两种方式进一步推动了共享单车的发展前景。智能手机应用程序的出现，意味着使用共享单车不再需要注册智能卡。每辆自行车内部都安装了一个具有卫星定位功能的智能芯片，其位置可以随时被跟踪。

这一做法为两家中国初创企业，ofo 和摩拜，首先推出的“无桩”共享单车模式开辟了道路。(摩拜的联合创始人王晓峰当时是优步上海总经理。)无桩自行车可以通过应用程序扫描车架上的条形码解锁，费用根据用户的骑车距离和时间收取。用户在到达目的地后需要重新锁上自行车，让其等待下一个使用者。卫星定位可以让用户很容易地看到附近是否有自行车。

2017 年，中国的无桩共享单车项目激增到 30 多个，主要城市的街角和树下出现了成堆的自行车。在竞争对手争夺市场份额的过程中，各公司提供高额补贴，甚至免费骑行服务的时间长达几个月。(通过追踪自行车的位置，运营商可以在每次骑行的起点或终点向骑行者发送特定地点的广告，比如附近的咖啡店正在打折等。)市场自此开始稳定下来，许多运营商相继倒闭。与此同时，无桩模式迅速在世界范围内传播开来。因为不需要对接基础设施，开展新服务时就不需要规划许可。但是有许多城市当局没收了那些停放不当的自行车，并对无桩项目的经营者实施了限制。就像早期的私家车参与叫车服务一样，无桩共享自行车已经从蛮荒的西部混战(互为竞争对手的初创企业竞相招揽客户)，进入了一个监管日益严格的环境。共享自行车最新的一个变化是，骑行者可以选择租用电动自行车。在电动马达的辅助下，长途骑行就没那么费力了。

无桩共享单车模式的出现，再加上电池以及电力推进系统的改进，也催生了大量提供短途电动滑板车服务的初创企业。共享电动滑板车模式是由两家美国初创企业 Bird 和 Lime 在 2017 年率先推出的，第二年，优步和来福车也推出了自己的电动滑板车共享服务。那之后，这一模式就在全世界传播开来，不过传播速度没有无桩共享单车那么快，因为一些城市的法律禁止人们使用电动滑板车。与无桩自行车一样，电动滑板车也引起了人们对人行道的杂乱景象以及骑手和行人安全的担忧。为了避免出现人行道上的杂乱现象，许多城市采用了旧金山首创的一种模式，限制获准在该市运营的共享滑板车公司的数量，以及它们可以提供的滑板车数量。一旦有了新的运营执照，相互竞争的各个公司就会参与竞标，当地政府便可以制定共享电动滑板车的相关规则。此外，电动滑板车的最高速度通常还会被限制在每小时 8～10 英里。这个速度听起来可能不高，但是它与许多城市的平均交通速度相当，骑电动滑板车甚至还会更快一些。

无桩电动自行车和电动滑板车都需要解决定期充电这一问题。很显然，用停靠电桩给电池充电是不可能的，因为这些车根本就没有停靠桩。运营商的做法是，为那些到城里将需要充电的车辆收揽起来，带回家充电，然后把它们放回街道的人支付费用。如果是在特别偏僻的地方收揽起一辆车，就会得到奖励。承担协调调度工作的，是一个可以显示需要充电车辆位置的应用程序。在巴黎，人们经常可以看到有人骑着一辆电动滑板车，上面还堆放着另外两三辆。这种做法还可以让车辆每天早上在城市中得以重新分配，使供需匹配更加容易。卫星定位系统可以找到那些出现故障的自行车、电动自行车和电动滑板车，以便运营商在必要时将它们带回来维修。

现在，所有这些基于小型车辆，在需要时可以通过智能手机应用程序访问的新型交通方式已经被统称为“微移动”（micromobility），一个由科技分析师霍勒斯·德迪欧在2017年创造的词。德迪欧和其他微移动的支持者指出，与使用汽车（包括电动汽车）相比，微移动对环境更有好处。在美国、中国和欧盟，大约60%的汽车出行单次旅程不足5英里。既然是短途，为何要用1吨或2吨重的交通工具去载一个人？微移动可以为很多出行提供一个颇具吸引力的替代选择。据麦肯锡咨询公司估计，到2030年，全球微移动市场的价值将达到3 000亿～5 000亿美元。

当然，有时候天气可能不适合使用微移动，有时候我们需要几个人一起出行，抑或带着沉重或大件的物品。如果你需要一辆车去一日游，或是周末游呢？这些需求借助智能手机为租车业务带来新转机。像Zipcar这样的汽车共享服务公司可以做到让司机按分钟、按小时或是按天租车。智能手机应用程序可以显示附近可用的汽车，这些汽车通常停在指定的停车位上。用户用手机解锁汽车，需要使用多长时间就使用多长时间，然后把车放回别的停车位，并按要求付费。对很少使用汽车的那些城市人来说，这样的服务意味着，他们不再需要拥有自己的汽车，但是在需要的时候仍然可以用车。

新技术与新商业模式结合，为我们提供了越来越多的交通选择。总的来说，网约车、微移动和按需租车为越来越多的人提供了新的出行方式，为不需要自己拥有私家车的人提供了便捷。德迪欧将这种境况称为“汽车的拆解”，因为更便宜、更快速、更清洁、更方便的替代品正在慢慢侵蚀大众拥有汽车的理由。这一进程已经开始，但是会走多远呢？此外，尽管电力推进技术使汽车变得更加环保，智能手机技术开辟了新的交通方式，但是，还有另一个潜在的突破正在等待我们，那就是，汽车很快就有可能实现自动驾驶。

第十一章

从无马到无人

有一天，你的汽车可能会在电气化高速公路上飞驰，车的速度和转向由嵌入道路的电子设备自动控制。出行将会更愉快，高速公路变得非常安全——哦，电力！没有交通堵塞……没有碰撞事故……没有疲劳驾驶。

——美国电灯电力公司广告，《周六晚邮报》，1957

自动驾驶汽车大赛开始了

♦

自动驾驶汽车的想法已经存在了几十年。1939 年的“未来奇观”展览描绘了 1960 年汽车在宏伟、飞速流动的“神奇高速公路”上自动行驶的景象。“未来奇观”的设计师诺曼·贝尔·格迪斯认为，无人驾驶将带来许多好处。“人的本性决定了在不加干预的情况下，人无法完成开车这件事情。”他说，“即使在开车的时候，人们也会说话，跟朋友挥手，谈情说爱，做白日梦，听广播，盯着广告牌，点香烟，冒险碰运气。”他建议，像铁路工程师控制火车一样，汽车的速度和转向也应该在塔台操作人员的监督下，实现自动控制。《商业周刊》对此表示赞同：“醉酒或睡着的司机不再会驶离马路。司机可以把手从方向盘上拿开，自由自在地欣赏风景或拥抱他们的姑娘。”今天，自动驾驶汽车的支持者再次提出：有了自动驾驶汽车，就不会再发生交通堵塞，也不会再发生碰撞事故。他们说得对吗？我们可能很快就会找到答案，因为自动驾驶汽车已经不再是设计师的凭空想象。

正如现代史上的汽车时代始于 1894 年的巴黎 – 鲁昂汽车大赛一样，近年来，制造自动驾驶汽车的努力也始于一场不同寻常的比赛。这个被命名为“大挑战”（Grand Challenge）的比赛由美国主要军事研究机构 DARPA（美国国防部高级研究计划局）组织，于 2004 年 3 月在莫哈韦沙漠举行。巴黎 – 鲁昂大赛的赞助商《小日报》当初希望的是加快无马车辆的开发，DARPA 则致力于为自动驾驶汽车的出现造势。DARPA 在 2003 年 1 月宣布这项比赛时，呼吁“各个领域的探索者都来加入‘大挑战’团队，其中包括广告商和企业赞助商、人工智能开发者、汽车制造商和供应商、计算机程序员、未来学家、发明家、汽车运动爱好者、电影制片人、越野赛车手、遥感研发人员、机器人专家、科幻作家、技术公司、大学、视频游戏发行商，以及其他开拓者”。第一辆在规定时间内完成越野赛的汽车将赢得 100 万美元的奖金。

DARPA 希望自动驾驶汽车可以在伊拉克和阿富汗被用作军车，这两个地区的路边炸弹是造成美军伤亡的最大原因。在 20 世纪 50 年代对自动驾驶汽车进行的实验中，汽车是通过在道路上放置电线或磁铁进行引导的（贝尔 · 格迪斯在“未来奇观”中设想的就是一种类似的方法）。但是，DARPA 想要的自动驾驶汽车，是能够像人类驾驶那样，在任何地方都能运行，且不需要任何特殊的基础设施。它希望通过设立奖金鼓励来自不同背景的创新者，而不仅仅是通常的军事供应商，去找寻制造这种汽车的方法。果不其然，申请参加比赛的团队超过了 100 个，其中一些来自顶尖大学、工程公司、机器人公司和初创公司，也有一些团队是由爱在自家车库里摆弄汽车的技术狂热爱好者组成的。经过严格选拔，来自 21 个团队的车辆进行了为期 5 天的资格测试。这些车需要在一条封闭的赛道上穿越一条 1 英里长的障碍跑道，以确保它们能够避开危险，并在没有人工协助的情况下沿着预定的路线行驶。在 2004 年 3 月 13 日举行的比赛中，15 辆车参加了比赛。就像 1894 年 7 月在巴黎一样，在起跑线上蓄势待发的车辆各式各样，外观看起来非常不同。

由卡内基梅隆大学的“红队”改装的“沙暴”是一辆亮红色的悍马，车身的上半部分被裁掉后，安装了一个支着一组摄像机和传感器的金属框架。其他的车辆也都经过轻微改装，但仍然可以辨认出是沙滩车，还是皮卡，或是 SUV（运动型多功能车），车身上都装配着各种各样用来感知周围环境的小玩意儿。这些车辆将要完成的挑战，是在一条未铺路面的沙漠道路上行驶 142 英里，从加利福尼亚州的巴斯托到内华达州的普里姆，整个赛程都是封闭的，不与其他车辆接触。从早上六点半开始，这些车每隔几分钟出发一批。每个团队都拿到一个标有 2 000 个路径点、

1957年，美国电灯电力公司的一则广告描绘了一辆自动驾驶汽车。有一天，你的汽车可能会在电气化高速公路上飞驰，车的速度和转向由嵌入道路的电子设备自动控制。出行将会更愉快，高速公路变得非常安全——哦，电力！没有交通堵塞……没有碰撞事故……没有疲劳驾驶

图片来源：Advertising Archive / Courtesy Everett Collection

用于指定路线的地图。但是，有地图和实际驾驶是两回事。要完成整个赛程，可不仅仅是使用 GPS（全球定位系统）从一个路径点行驶到另一个那么简单，因为 GPS 的精度只能达到几英尺，单靠它来引导自动驾驶汽车是不够的，还需要摄像机、雷达系统、激光扫描仪和其他传感器来识别道路的边缘，躲避灌木丛、岩石和任何其他障碍物。每辆

参赛车后面都跟着一辆由 DARPA 官员操控的控制车，车上安装了“紧急停车”按钮，可以远程遥控前方参赛车辆，使其停车。偏离路线的参赛车将会被取消参赛资格。

比赛从一开始就不顺利。一些车辆因机械故障或在起跑区表现怪异而退出比赛——其中一辆车在开始后立即撞到了墙上，另一辆则是偏离起跑线驶向观众台，最后不得不被远程停止。即使是进入赛道的车辆也很快遇到了问题，它们要么冲出路面，要么翻了车，要么卡在岩石上，要么无法爬坡，要么被标记赛道边缘的电线缠住。还有一辆自动停车了，因为它的视觉系统被自己的影子迷惑。只有 6 辆车在赛道上行驶了 1 英里以上，4 辆车行驶了 5 英里以上。表现最好的就是“红队”的“沙暴”，在偏离航线前行驶了 7.4 英里后被路堤卡住。在试图挣脱时，这辆车的前轮起火，令这场比赛的结局更加蒙羞，比赛最终证明的，似乎只是制造一辆自动驾驶汽车有多难。电视新闻报道展示了各种车辆出现故障的剪辑画面，《大众科学》杂志则将这场比赛称为“DARPA 在沙漠中的溃败”。DARPA 似乎把标准设得太高了，现有技术根本无法胜任这一任务。但是 DARPA 没有被吓倒。它宣布了自己的后续行动，将在第二年发动下一次挑战。

第二年，大约有 195 个团队报名参加比赛，他们的背景依然很广泛。其中 43 个团队被邀请参加了在赛车场举办的资格赛，有 23 个进入了 10 月 8 日举行的主赛。和 2004 年一样，这些车辆需穿越一条未铺路面的沙漠道路。这是一条长 132 英里的环形道路，起点和终点都在内华达州的普里姆。许多曾在 2004 年参赛的团队再次参加了比赛，并且带回来了原本参赛车辆的升级版。加入他们行列的，还有一些新参赛的队伍，包括来自康奈尔大学、普林斯顿大学和斯坦福大学的团队，以及一个由格雷保险公司支持的团队。塞巴斯蒂安·特龙是雷德·惠特克在卡内基梅隆大学的前同事，他领导了斯坦福大学的团队。他们的汽车被命名为“斯坦利”，原型是一辆蓝色大众 SUV，车顶安装了一连串激光扫描仪。

如果考虑到 2004 年参赛团队的糟糕表现，DARPA 很可能会让 2005 年的比赛内容变得更容易些。可是该组织非但没有这么做，反而让比赛内容变得更难了。这次比赛选择的道路更加狭窄，弯道也更多。整个线路要经过三条狭窄的隧道，在那里车辆会失去 GPS 信号，而最后一段路还要穿过一个啤酒瓶形状的垭口，这是一条蜿蜒的陡坡山路。为了确保参赛车辆不会预先设定路线信息，各参赛队在比赛开始前两个小时才拿到沿途路径点的 GPS 坐标。

在第一次挑战遭遇溃败后这么短的时间内，第二场比赛的结果可以用令人震惊来形容。23 个参赛团队，有 5 个完成了 132 英里的比赛全程，除了一个参赛队，其他团队都打破了去年 7.4 英里的纪录。斯坦福团队建造的“斯坦利”排名第一，卡内基梅隆大学的“沙暴”获得第二名。在仅仅 18 个月的时间里，自动驾驶从不可能变成了可能。两年后，也就是 2007 年 11 月，DARPA 组织的第三次比赛进一步提高了标准，要求车辆在模拟的城市环境中完成任务，应对道路标志、交通信号和其他车辆。有 6 个团队完成了这个更复杂的挑战，卡内基梅隆大学获得了冠军，斯坦福大学位居第二。

与 19 世纪 90 年代早期的公路赛一样，DARPA 的比赛为公众展示了一项新技术，并为勇于探索的工程师提供了一个展示平台。与法国的汽车大赛一样，他们将一群人聚集在一起，去定义围绕新技术建立起来的一个新领域。正像特龙后来告诉《连线》杂志的那样："如果没有最初的挑战，今天自动驾驶领域正在发生的一切就不会发生——它创造了一个新群落。"

受到这种快速进步的鼓舞，谷歌在 2009 年建立了一个自动驾驶汽车项目，项目负责人就是特龙。特龙聘用了他在 DARPA 挑战赛期间认识的一些人，包括卡内基梅隆大学团队的克里斯·厄姆森，和已经制造出一辆自动驾驶摩托车的安东尼·莱万多夫斯基。厄姆森在接受《连线》杂志采访时表示："项目组成员志同道合，气氛融洽到令人吃惊，这个群落培养了引领当今科技发展的一群人。"此后，这些人与 DARPA 各种竞赛的其他参与者一起，继续在谷歌、优步、特斯拉，以及从 Aurora 到 Zoox 的许多初创公司，从事自动驾驶汽车技术的研究工作。2012 年，自动驾驶原型车首次出现在美国的公路上，到今天它们已经行驶了数百万英里。正像巴黎–鲁昂汽车大赛让人们看到了无马马车的前景一样，DARPA 的挑战赛让人们看到了自动驾驶汽车的未来。

但后来的历史证明，有关自动驾驶的“机器人出租车”（robotaxis）将在2020年普及的预测还是过于乐观了。业内称为Autonomous vehicles（AVs）的自动驾驶汽车已经可以处理很多不同寻常的事情，比如在繁忙的市中心道路上导航，处理有多个交通信号灯的复杂路口等，但它们似乎被卡在了没完没了的测试过程中，车上如果没有一两个驾驶员监督安全，它们的安全性和可靠性就会被认为不足以上路。一款能够安全处理90%现实情况的自动驾驶汽车，尽管可以称为一项令人赞叹的工程，但是几乎没有实际用途。建设一项能够处理这最后10%的工程比预期要困难得多。

自动驾驶汽车的工作原理

♦

制造一辆完全自动驾驶的汽车需要解决三个彼此独立的问题：感知（弄清外面的世界正在发生什么）、预测（确定接下来会发生什么）和驾驶策略（向左还是向右转弯，加速还是刹车）。最后一部分，驾驶策略，被认为是相对简单的。感知和预测是最大的挑战。

自动驾驶汽车是通过相机、雷达和激光雷达等传感器组合来感知世界的。激光雷达是一种类似雷达的技术，它利用不可见的光脉冲，而不是无线电波，来创建周围环境的高分辨率三维地图。（自动驾驶汽车车顶上的那个圆顶状或圆柱状的小设备，就是旋转的激光雷达扫描仪。）这些传感器可以说各有利弊。摄像头价格便宜，可以看到路面上的标线，但不能精准测量距离；雷达可以测量距离和速度，但无法看到细节；激光雷达可以提供细节，但价格昂贵，而且会在下雪的环境中犯糊涂。大多数研究自动驾驶汽车的人认为，使用传感器组合是确保安全性和可靠性的最佳方式。但特斯拉是一个明显的例外，它认为有相机和雷达就足够了，不需要昂贵的激光雷达。的确，高端激光雷达系统的成本高达数万美元。不过，一些初创企业正在设计的新型固态激光雷达系统，有望将激光雷达的价格降至几百美元。

传感器搜集的数据经过组合后，汽车还需要弄清楚前方面对的东西是什么，尤其需要辨认出其他车辆、行人、骑自行车的人、路面上的标线、交通灯、交通标志等等。人类觉得这很容易，但对曾经的机器来说却很难。多亏了深度学习技术的使用，机器视觉近年来有了极大的改善。深度学习是一种人工智能技术，系统通过分析成千上万的标记样本来学习执行特定任务。对自动驾驶汽车来说，这意味着要掌握成千上万个街景图像，其中的每个元素都进行了仔细标记，这样感知系统就可以通过训练来识别它们。获得这类图像的最简单的方法，就是花钱找人手动为街道场景进行标记，比如在汽车、行人等周围画上框框。（埃隆·马斯克透露，特斯拉雇用了数百名专业标记人员，其他公司则把这项工作外包出去。）对感知系统来说，最难识别的东西就是它很少看到的东西，比如道路上的碎片，或是被风吹过的高速公路上的塑料袋。塞巴斯蒂安·特龙说过，在谷歌的AV项目早期，感知系统曾经错误地将塑料袋当成一个飞起来的小孩。路上的水坑也会造成感知问题。自动驾驶汽车还会对一辆装在汽车后面行李架上的自行车感到困惑，一个为餐馆做宣传而装扮成鸡的人，也会让自动驾驶汽车困惑不已（这个人本应该被归类为行人，但是自动驾驶汽车没有这样做）。

自动驾驶汽车看到的世界的样子。从传感器和摄像头输入的信息会被分析，以识别和标记附近的车辆、行人和地标（如红绿灯）

图片来源：© Cognata Ltd.

车辆一旦识别出周围的一切，就开始面对下一步挑战：预测接下来几秒钟会发生什么，并决定如何应对。附近的人和车还会继续沿着当前轨迹行驶吗？道路标志、交通灯、刹车灯和转向灯也提供了情况可能如何演变的信息。但是人类司机已经习惯了处理许多与正常的交通流不同的情况，比如道路施工、故障车辆、运货卡车、应急车辆、倒下的树木或恶劣天气。各个地方的例外情况和驾驶习俗也会使问题复杂化，比如“匹兹堡左转”（在匹兹堡，交通信号灯前的第一辆左转车辆可以优先于对面的直行车辆）。人类驾驶员还可以通过闪灯和其他非语言信号进行交流。在四向停车路口（four-way stop），你可以向其他人发出你打算继续缓慢前行的信号；在高速公路上改变车道时，你必须考虑到其他司机需要加速或减速多少，来判断这样做是否合理。让自动驾驶汽车来做这些事情是很困难的。

汽车驾驶在很大程度上依赖于常识，以及人们对这个世界运行方式的理解（例如，小孩是不会飞起来的）。人类认为这些事情是理所当然的，但计算机不这样认为。鉴于自动驾驶技术仍然处在开发阶段，有一种方法可以让自动驾驶汽车的感知和预测变得更加容易，那就是将测试限制在已经详细绘制好地图、天气好、交通少、道路布局简单的城市地区。这就解释了为什么像商业园区、大学校园和退休社区一样拥有充足阳光和典型方格网状道路系统的亚利桑那州凤凰城，会成为自动驾驶汽车测试的热门地点。在匹兹堡进行测试对自动驾驶汽车来说要更困难一些，因为那里天气恶劣，福特和优步都在这座城市测试过自动驾驶汽车（这里也是自动驾驶汽车行家卡内基梅隆大学的所在地）。自动驾驶汽车初创公司 Cruise（目前主要为通用汽车所有）已经在旧金山市中心复杂的街道上展示了一些令人印象深刻的自动驾驶技术，另一家初创公司 Zoox 也是如此。这座城市的陡坡给自动驾驶汽车的视觉系统带来了额外挑战，因为当自动驾驶汽车从陡坡上下来时，它可能会将前方的道路误认为是无法通过的障碍。其他公司则喜欢把波士顿作为测试地点，因为那里的天气和当地的驾驶风格都被认为尤其具有挑战性。

自动驾驶汽车的问题所在

◆

当自动驾驶汽车感到困惑，不知道如何应对，或即将做出错误决定时，坐在驾驶座上的安全驾驶员就会接管，自动驾驶系统会自动关闭。这就是所谓的“脱离”自动驾驶。每千英里的“脱离”次数可以粗略衡量一个自动驾驶汽车研发公司的先进程度。“脱离”不应该被视为失败，而应该被视为可以帮助 AV 系统改进的学习经验。通过分析从出现状况到“脱离”之间的数据，可以找到问题所在，然后通过对软件的修改来模拟它应该如何响应。经过模拟测试后，改进的软件将被用在实际车辆上。这个过程从 2012 年就开始进行，那一年谷歌的自动驾驶汽车部门——后来改名为 Waymo——在内华达州获得了测试许可证。第一次上路测试是在当年的 5 月 1 日，两位参加过“大挑战”赛的专业人士克里斯·厄姆森和安东尼·莱万多夫斯基坐在一辆经过改装的丰田普锐斯的前排，两名州官员坐在后排。这辆车成为世界上第一辆通过自动驾驶测试的汽车，尽管也出现了两次“脱离”的情况，其中一次是因为道路施工，在无法识别的情况下，自动驾驶系统停止了工作。

如果汽车在意识到自己无法处理当时的境况时进行了“脱离”，这样的“脱离”是件好事。最有可能出现危险的情况是，自动驾驶汽车误解了周围环境，没有进行“脱离”。这样的案例曾经发生在2018年3月18日，当时一辆优步自动驾驶汽车正在亚利桑那州的坦佩市进行测试。这辆车撞死了一个叫伊莱恩·赫茨伯格的行人，当时她正推着自行车穿过一条四车道的马路。虽然当时天很黑，但汽车的雷达和激光雷达在撞到她的前6秒就探测到了她，但令人悲哀的是，感知系统搞错了，误把她认定为一个未知物体，然后将她归类为一个交通工具，最后归类为一辆自行车，但是它无法预测自行车的行驶路径。在碰撞前1.3秒，自动驾驶系统意识到需要紧急刹车。但是为了防止与自动驾驶系统发生冲突，车内置的紧急制动系统已经被禁用：自动驾驶汽车曾经因为在感到困惑时突然减速而被追尾。遇到这种情况时，本应该由车上的安全驾驶员进行制动。但是那位安全驾驶员当时正抱着手机看视频，未能察觉危险并及时刹车。赫茨伯格成了第一个被自动驾驶汽车撞死的行人。

还有4个人是在使用特斯拉的自动驾驶系统 Autopilot

软件驾驶汽车时身亡的。Autopilot 并不是完全自动驾驶系统，因为它只能用于高速公路驾驶，而且需要在驾驶员的监督下使用，驾驶员可以在任何时候恢复控制。除了能够让车辆与前面的汽车保持安全距离，Autopilot 还能让车辆在车道的中间行驶。如果司机按下指示灯（转向信号），它还能执行换道。这是一种先进的巡航控制模式。但是经常使用它的司机可能会把它的功能想得过于强大，因此没能对行驶中的车给予足够的关注。这四起致命的车祸，一起发生在中国，三起发生在美国，都是因为 Autopilot 的视觉系统未能识别出车辆路径上的障碍物：要么是一辆静止的卡车，要么是一个高速公路分隔物，引发另外两起事故的是一辆正在过马路的带拖车的半挂车。在两起涉及半挂车的案例中，特斯拉在穿过拖车下方时，车顶都被削掉了。视觉系统似乎把拖车白色的一侧误认成天空了。

特斯拉声称，如果使用得当，Autopilot 是可以提高安全性的，特斯拉的汽车在使用 Autopilot 的情况下，已经行驶了超过 10 亿英里。该系统已经被安装在数千辆汽车上，通过在真实环境中采集数据，让相关车辆搜集特定事物的例子（例如，被树木部分遮挡的停车标志），特斯拉可以进一步完善其技术。特斯拉希望通过这种方式，可以从 Autopilot 这样的半自动驾驶系统稳步迈向全自动驾驶系统。但许多研究自动驾驶汽车的工程师认为，半自动驾驶系统在本质上是危险的，因为司机可能会过于信任系统，从而放弃自己的监督职责。包括 Waymo 的首席执行官约翰 · 克拉富西克在内的半自动驾驶系统的反对者认为，像 Waymo 目前所做的那样，专注于制造完全自动驾驶汽车会更安全，因为这样的汽车不需要驾驶员进行干预。但是，这同时也要求车辆必须能够在没有人为干预的情况下处理所有情况，这是一个非常艰巨的任务。到 2020 年，Waymo 的自动驾驶汽车已经在 25 个城市的公路上行驶了超过 2 000 万英里，在模拟环境中行驶了数十亿英里。该公司表示，2019 年，其汽车在加州行驶了 145 万英里，其“脱离”率为每 1 000 英里 0.076 次（相当于每 1.3 万英里“脱离”一次）。

Waymo 的成绩确实令人印象深刻，但是完全自动驾驶汽车似乎整体上陷入了困境。自动驾驶原型车的行驶里程还在不断增加，“脱离”的频率也在不断下降，但在实际使用的效果上似乎没有任何进展。2018 年，Waymo 为凤凰城地区约 1 500 名选定的客户推出了一项叫车服务，使用的是配有安全驾驶员的自动驾驶厢式旅行车。2019 年底，该公司开始在一些路线上运营一些没有安全驾驶员的厢式旅行车。（车辆在感到困惑时，可以停下来向远程操作人员咨询该如何处理当时的情况。）这是第一个真正意义上的自动驾驶机器人出租车服务，但目前只面向一个很小区域内的少数客户，未能实现 Waymo 到 2020 年让数万辆自动驾驶机器人出租车上路的目标。其他公司的机器人出租车计划也被延迟了。通用汽车曾经表示，其自动驾驶部门 Cruise 将于 2019 年底推出自动驾驶机器人出租车服务，但后来将其推迟到 2021 年。自 2016 年以来，埃隆·马斯克一直在谈论特斯拉的机器人出租车服务，并在2019年表示，将于2020年推出该项服务，但最终未能如期完成。一些自动驾驶汽车初创公司在大学校园、退休社区和商业园区推出了自动驾驶汽车服务，但是车上无一例外都有安全监视人员。在公路上进行完全的自动驾驶，没有安全驾驶员，这仍然是一个遥远的梦想。或许汽车行业仍会稳步地向完全自动驾驶汽车的方向迈进，但是如果不能实现某种突破，自动驾驶汽车就仍然不够安全，无法在车上没有监视人员的情况下在公路上自由行驶。

自动驾驶汽车之梦

◆

自动驾驶汽车的支持者并没有放弃自己的梦想。他们认为，自动驾驶汽车如果能够大量地实地部署，将会带来巨大的好处。通用汽车首席执行官玛丽·芭拉宣布，通用的目标是，利用“自动驾驶、电动共享和联网汽车”，“创造一个零碰撞、零排放、零拥堵的未来”。在2019年的一次采访中，她突出强调了这个可以降低交通事故死亡率的“巨大机会”。自“未来奇观”问世以来，人们就一直在强调，自动驾驶汽车可能比容易犯错的人类司机更安全。根据世界卫生组织的数据，全球每年约有125万人死于交通事故，另有2 000万到5 000万人受伤，交通事故是15岁至 29 岁人群死亡的主要原因。近几十年来，由于安全带和安全气囊等安全功能的使用，汽车的致死率大大降低。但是自 2014 年以来，美国的道路死亡人数有所回升，原因似乎是智能手机让司机分心了。自动驾驶汽车拥有超人般的 360 度视野，理论上说它们能够预测危险，特别是能提前发现人类司机无法发现的危险。自动驾驶汽车可以让乘客在不危及任何人的情况下发短信、喝酒或睡觉。如果自动驾驶汽车得到广泛应用，未来几代人在回顾人类驾驶汽车的时代时，可能会对与之相关的死亡人数表现出相当的惊讶。即使配备了现代化的安全设施，在 2000 年至 2020 年，仍有大约 70 万美国人死于道路交通事故——超过了整个 20 世纪美国在战争中丧生的总人数（约 63 万）。

除了更安全，自动驾驶汽车还可以让不会开车的人——非常老的人、过于年轻的人以及残疾人——获得独立和自由。自动驾驶汽车已经开始在一些退休社区运送乘客了，这些社区的居民更有可能对开车缺乏信心，或者希望避免买车的麻烦。2016 年，谷歌发布了一段视频，向人们展示了在得克萨斯州奥斯汀市的一个安静的社区里，盲人史蒂夫·马汉开着一辆自动驾驶汽车去办事的情形。他是第一个在没有安全驾驶员的情况下独自使用自动驾驶汽车的非谷歌员工。马汉在接受《华盛顿邮报》采访时表示："整个过程就像是在与一位非常优秀的司机一起开车。这些汽车将改变像我这样的人的生活前景。"通过使用自动驾驶汽车叫车服务往返于公交站或火车站来解决"最后一英里"

问题，可以使公共交通在人口密度较低地区，或是服务较差的“交通荒漠”地区，变得更加可行。一些城市甚至可能运营自己的机器人出租车车队，用从富裕社区收取的出租车车费补贴贫困社区的出租车出行。共享自动驾驶汽车可能会模糊私家车与公共交通工具之间的不同。这样一来，自动驾驶汽车的支持者说，通过更广泛地使用这种廉价、便捷的交通工具，交通公平性也可以获得提升。

分析人士预测，城市居民将大量涌向自动驾驶汽车。在需要时叫一辆机器人出租车比拥有一辆汽车更便宜。其中的逻辑如下：如今，叫车服务每英里的成本约为 2.5 美元，相比较而言，拥有并使用一辆私家车，每英里的成本约为 1.2 美元。支付给司机的费用约占叫车费用的 60%。因此，投资银行瑞银集团（UBS）预测，如果撤掉司机，同时改用电动汽车，将使叫车服务的成本降低 80%，达到每英里 0.5 美元左右。（其他机构的分析甚至认为成本会更低。）因此，一个每年开车 1 万英里的典型西方家庭，如果改用机器人出租车，每年的交通成本将从 1.2 万美元降至 5 000 美元。正如瑞银集团的一位分析师所言：“汽车一旦变成自动驾驶，拥有汽车的重要性就会大幅下降。”廉价的机器人出租车可能会降低汽车拥有率，这就解释了为什么优步和来福车等网约车公司，以及一些汽车制造商，已经投资了数十亿美元，一直在研究自动驾驶技术。任何一家能够开发出可行的机器人出租车的公司，都有可能与依赖人类司机的网约车公司，以及商业模式依赖于卖车的汽车制造商进行价格竞争。对这一结果的担忧，导致自动驾驶汽车初创企业、网约车公司和汽车制造商之间不断变化的联盟网络，因为大家都在试图两面下注，进行风险对冲。Waymo与来福车、菲亚特、克莱斯勒，以及捷豹与路虎都建立了合作关系，而丰田则投资了优步的自动驾驶汽车部门。通用汽车旗下的自动驾驶汽车部门 Cruise，也已经与来福车和优步展开了合作。这样的例子不一而足。

如果自动驾驶汽车确实能够降低汽车拥有率，那将对城市规划产生重大影响。车辆少了，意味着浪费在私家车停车位上的空间也少了，而私家车在 95% 的时间里都是闲置的。对葡萄牙里斯本的自动驾驶汽车使用情况进行建模的一项研究发现，该市的 20.3 万辆汽车，用 2.6 万辆机器人出租车就可以取代。弗吉尼亚大学历史学家彼得 · 诺顿指出，实际上，城市以停车位和车库的形式囤积了大量有价值的房地产，如何使用这笔意外之财，各个城市可以做出自己的决定。住房是一个显而易见的选择，另一个选择就是公园或游乐场。街道也可以重新配置，为行人和骑自行车的人提供更多的空间。而且，由于自动驾驶汽车预计是电动的，噪声和污染也将大大减少。交通流量可能也会减少一些。共享机器人出租车的广泛使用会让道路空间的利用更加有效；计算机控制的车辆可以智能规划路线，从而避免拥堵；一旦获得广泛使用，自动驾驶汽车就可以比现在的汽车跟车距离更近，以提高道路的有效通行能力。不管自动驾驶汽车能否缓解交通拥堵，乘客至少可以在旅途中做些其他事情。不用自己开车让乘客节省了大量时间，这些时间他们可以用来工作、娱乐、社交或睡觉。据波士顿咨询集团预测："美国人每年总共可以找回 300 亿小时的开车、堵车或找停车位所花费的时间。"根据摩根士丹利银行的计算，如果美国所有的车辆都是自动驾驶车辆，由此带来的生产力收益每年将高达 5 070 亿美元。

自动驾驶汽车还有可能创造出新的郊区类型，让 20 世纪的花园城市梦想获得最新表达。麻省理工学院城市研究教授艾伦·伯格提议，大部分用于汽车、道路和停车场的土地可以在收回后用于生态功能，带来更多的绿化空间，更广的生物多样性，以及更大的粮食生产区域。生态功能的改善也将提高蓄水能力，降低城市核心区的洪水风险。市中心没有足够的空间来生产太阳能或种植粮食，但郊区有。伯格预测，简言之，"自动驾驶汽车的使用一旦允许我们设计出不同类型的郊区"，城市就可以更好地运转起来。

不会那么快

♦

许多关于自动驾驶汽车的预测听起来与早期人们对无马马车的预测非常相似。这说明，我们应该对这些预测慎之又慎。当初，人们认为汽车比马车更安全，因为汽车不会像马一样脱缰，或是踢人，也不会被突然出现的噪声吓到。但事实证明，汽车反而更加致命，因为它的数量更多，速度更快。除非自动驾驶比人类驾驶要安全得多，否则，自动驾驶汽车不太可能会被广泛应用（业内人士指出，自动驾驶汽车必须比人类驾驶员安全 1 000 倍，才能将美国每年的道路死亡人数从 4 万左右降至 40 左右）。自动驾驶汽车即使在道路驾驶时更加安全，也会引发新的安全问题，比如网络安全，人类驾驶的车辆是不会出现这样的问题的。例如，一些自动驾驶原型车在遇到困惑时可以向远程操作人员寻求帮助，但是如果一辆自动驾驶汽车被远程劫持，并故意撞向另一辆汽车会怎样？

当初人们也曾希望汽车能减少交通拥堵，因为汽车在道路上占的空间比马车要小。事实证明，结果正好相反。20 世纪的教训是，增加道路容量以缓解拥堵的做法，反而会鼓励更多的汽车出行。同样，如果乘坐机器人出租车比拥有汽车要便宜得多，人们可能会更愿意使用出租车。但是使用量会增加多少呢？为了找到答案，2017 年，穆斯塔法·哈布领导的一组研究人员在加州大学伯克利分校进行了一项新颖独特的研究。旧金山湾区的一组志愿者同意课题组用 GPS 跟踪他们的汽车使用情况，时间为一周。课题组为志愿者安排了司机，为他们驾驶汽车一个星期，包括那些不需要志愿者随行的出行。例如，这些司机可以开车去取杂货，在晚宴后送朋友回家，或者去学校接孩子。通过模拟自动驾驶汽车的效果，研究人员可以看出参与者的汽车使用习惯会如何发生改变。

结果令研究人员感到震惊。研究对象用车的次数比平时多了 58%，无论他们自己是否坐在车里，汽车行驶的距离平均增加了 83%。正如预期的那样，所有的受试者都派自己的车出去办事了。不需要自己开车的便利也会鼓励研究对象到更远的地方去。例如，研究小组中的几位退休人员选择了开车到北部的纳帕谷去品酒。平时他们是不会这么做的，因为距离太远（单程两个小时），而且喝大量的葡萄酒就不能开车。其中一名参与者在实验期间的“车辆行驶里程”（VMT）增长了 341%。

这一研究让我们看到，自动驾驶汽车将给予人们更多自由，但是它也将带来另一个结果，那就是人们的出行很可能会更多，交通流量会随之增大。道路上也将挤满自动驾驶的送货车辆，因为如果用自动驾驶汽车送货更便宜，就会鼓励更多的网上购物。发生在共享电动滑板车身上的事情告诉我们，作为竞争对手，车辆运营商为了争夺市场份额，可能会大量推出自己公司的自动驾驶汽车，并提供高额补贴服务，从而加剧交通拥堵。另一个噩梦场景是，拥有自动驾驶汽车的通勤者可能会在自己的汽车送他们上班后，命令汽车回家，或者在办公室附近转悠一整天，然后晚上接他们回家。自动驾驶汽车还有可能破坏公共交通系统。加州大学戴维斯分校的一项研究发现，在美国使用优步和来福车的客户，其公交车的使用率下降了 6%，轻轨的使用率下降了 3%。廉价的自动驾驶汽车可能会把更多的人从公共交通吸引到公路上。这可能会阻碍对公共交通的进一步投资，最终反而可能会扩大而不是缩小“交通荒漠”的面积。简言之，自动驾驶汽车既可以轻而易举地提高交通公平程度，也可以轻而易举地降低它。

解决这一问题的一个显而易见的方法，就是通过定价来鼓励某些行为，阻止其他行为。一些城市已经出台了不同程度的拥堵收费计划，或是鼓励车辆共享的规定，如设置专用拼车车道。为了最大限度地利用共享、减少拥堵，并提高交通公平性，可以对自动驾驶汽车采取更精细的每英里道路使用及拥堵收费措施——根据时间、地点、车辆类型、乘客人数、交通流量等调整价格。比如，可以对无人乘坐的自动驾驶汽车征收“僵尸税”，在空车的情况下，每英里收费更高。市政当局可以决定是否从政策上支持使用自动驾驶汽车进行远距离通勤，或是给较贫困社区乘坐自动驾驶汽车提供补贴。价格的微调可以促进获得乘坐自动驾驶汽车出行机会的公平性，同时可以控制拥堵。一些城市可能会希望对自动驾驶汽车进行微观管理，运营自己的自动驾驶汽车服务，并将其与其他形式的公共交通结合起来。

然而，这些收费计划虽然有可能让拥堵程度降至最低，或是为公共交通服务不足地区的机器人出租车服务提供补贴，但是它也可能带来阴暗的一面。人们选择到哪儿去，什么时候去，以及花多少车费去，都不可避免地会体现其政治倾向。监控自动驾驶汽车的去向，根据不同的行程和不同的用户调整价格，这样一个体系既可以成为一个可以让城市发生转变的工具，也有可能变成一种强有力的社会控制手段。机器人出租车运营商将会对乘客了如指掌，记录下他们的一举一动。网约车公司已经这样做了。出于安全原因，一些出租车也已经开始记录乘客的举动。机器人出租车一定会监视自己的乘客（例如，孩子独自乘车去上体育课时，父母会要求提供实时视频），以及周围的环境（万一发生事故，视频证据将会至关重要）。摄影机和面部识别技术意味着每一辆自动驾驶汽车都将变成一个移动的摄影机平台。调查犯罪的警察可以通过附近的车辆了解发生了什么，看到了谁。

在一个人们需要依靠汽车出行的世界里，新的种族隔离和歧视将会成为可能。有些地点可能会对自动驾驶汽车的使用进行限制，只允许某些自动驾驶汽车网络进入该区域，就像一些网站设有付费墙，只为订阅者提供访问权限一样。物理空间可能也需要设立与“网络中立性”等效的规则，要求所有自动驾驶汽车都能平等地访问所有位置。难道不可以骑自行车或者走路出行吗？如果某些道路或车道被指定为自动驾驶汽车专用，那就不行。在某些国家，机器人出租车还可能会限制人们的活动。自动驾驶汽车虽然具有给人们带来更多自由的潜力，但是这并不意味着它会那样做。

上述问题也可能永远不会出现，因为自动驾驶汽车技术可能永远都会被认为不够安全，无法广泛应用。但无论如何，这些问题都是值得思考的。人们对自动驾驶汽车的预测可能很离谱，就像一个多世纪前人们对汽车的预测一样，而且肯定也会出现一些人们无法预见的后果——认识到这些问题对我们很有帮助。正如历史学家彼得·诺顿所言：“自动驾驶汽车将会打开潘多拉的盒子，带来意想不到的结果。”但是现在还没到时候，机器人出租车预计最早2025年或2030年才能够被广泛应用。自动驾驶汽车公司在寻找一些更短期的机会时，开始转移自己的关注点。一些公司正在研发自动驾驶卡车，因为它们认为，在高速公路上驾驶要比在城市街道上驾驶简单得多。其他一些公司，尤其是中国的公司，正在与相关部门合作，让城市环境对自动驾驶汽车更加友好——比如安装专门的基础设施支持自动驾驶汽车、限制某些地区其他车辆的通行，以及在发生事故时让自动驾驶汽车公司只承担有限的法律责任。如果这些目标最终达成，那么机器人出租车似乎就可以为汽车时代之后的世界提供部分答案了——但也只是部分答案。那么，后汽车时代的世界会是怎样的呢？

第十二章

前方的路

技术没有好坏之分，但也并非中立。

——梅尔文·克兰兹伯格(1917—1995)，美国历史学家

汽车走向终结的漫长历史

♦

几十年来，人们一直在预测汽车时代的终结。1958年，美国讽刺作家约翰·基茨的作品《傲慢的战车》(*The Insolent Chariots*)出版了，当时正值美国汽车文化的巅峰时期。该书以幽默的方式对美国过度开发的汽车工业和汽车文化予以抨击，可以说是作者对郊区扩张进行猛烈抨击的作品《落地窗的裂缝》(*The Crack in the Picture Window*)的续篇。《傲慢的战车》是在经济低迷时期推出的，低迷的一个原因就是汽车销量的突然下降——与1957年相比下降了31%。基茨将经济衰退直接归咎于美国汽车制造商，称公众已经看穿了他们花里胡哨的营销手段，也看透了他们所承诺的所谓自由和社会地位，因此不再对他们的产品感兴趣。(当时福特刚刚推出了埃德塞尔汽车，一个臭名昭著的失败品牌。）基茨抱怨说，过于强大的汽车工业非但没有满足经济的需求，反而把它推下了悬崖。他的许多批评在今天听起来都非常耳熟：他哀叹高速公路和郊区都是围绕着汽车建造的，使所有风景都同质化了。他写道："现在，你如果开着车去看看整个国家的面貌，就会觉得自己哪儿都没去，也什么都没做。"不过事实证明，他所宣讲的美国人最终会不再热爱汽车的说法是错误的。当年晚些时候，汽车销量和经济都出现了反弹。

在 20 世纪 60 年代出版的反汽车书籍中，最著名的就要数拉尔夫·纳德的《任何速度下都不安全：美国汽车内置的危险》（*Unsafe at Any Speed: The Designed-In Dangers of the American Automobile*）（1965）。该书关注的是汽车的安全问题，以及汽车行业未能设法解决这些问题。然而，这些书［包括《高速公路杀人案》（*Highway Homicide*）和《杀人执照》（*Licensed to Kill*）］并没有呼吁让汽车走向终结，而是理所当然地认为汽车在现代生活中的中心地位不可动摇。他们提出的要求是采取行动，让汽车变得更安全。

到了 20 世纪 70 年代初，汽车的批评者开始认为，是时候该彻底摆脱对汽车的依赖了。在《汽车与人类：对暴政的分析、反叛的建议及重建计划》（*Autokind vs. Mankind: An Analysis of Tyranny, a Proposal for Rebellion, a Plan for Reconstruction*）（1971）一书中，城市规划师肯尼斯·施奈德解释了他是如何意识到，城市优先考虑的是汽车以及汽车制造商而不是人类本身的："隐藏在汽车背后的社会，恶意地把人们引向了一种不可避免的依赖。这种依赖源自一种恶性循环，汽车的魅力与环境的改造相互加持。汽车逐渐渗透到人们的日常行为、制度的目标以及城乡的结构。汽车暴政的推行，一直披着给人们带来更多自由与财富的神话外衣，并因此大受欢迎。当前的汽车暴政现实是一种文化权力、一种社会勒索、一种身体剥夺、一种伤害与死亡。”他呼吁城市应该围绕人进行重新设计。

或许最令人感到意外的对汽车的批评来自约翰·杰尔姆，《汽车与驾驶员》杂志的前执行主编。在《汽车之死》（*The Death of the Automobile*）（1972）一书中，他宣称：“这本书假定的前提是，汽车必须消失。”书中列举了汽车造成的诸多问题：

> 汽车每年夺走近 6 万人的生命，造成 400 多万人受伤，比任何其他工业源都更严重地污染环境，像吞食吃上就停不下来的鸡尾酒花生一样大量吞噬自然资源，摧毁城市，阻断更高效或服务更好的交通系统的发展，在大地上散播肮脏与污秽……激化我们尚未解决的贫困和种族问题，像自然灾害一样随意且异想天开地改变房屋所有权模式及零售业模式，改变人们的性习俗，让家庭关系变得松散，硬生生挤进我们的生活空间（尽管我们尽了最大努力想要将其拒之门外），重置国家的社会结构与道德结构，主导国民经济——甚至达到颠覆神圣的资本主义制度的地步。

杰尔姆预言，尤其是污染，会让人们清醒过来，看到“汽车终究是我们的敌人”，认识到我们必须“让汽车逐步从我们的经济和生活中退出”。到了1973年石油危机时期，美国的汽车批评者更有理由相信，汽车的霸主地位即将终结。然而事实却是，人们对汽车的热情丝毫未减。学者凯瑟琳·马歇尔在1980年的《密歇根季评》上哀叹道：“总有一天美国人会承认，汽车在我们的社会生活和经济生活中都已过时。”她呼吁社区转向适合步行的模式，更多地强调步行和骑自行车，保留较少的小型汽车以备不时之需——这些都是我们今天熟悉的处方。她预言：“我们未来的生活当然还是会有一辆汽车。但是我们使用它的方式，以及我们允许它主宰我们生活模式的程度，都将发生改变。”事实却是，什么改变都没有发生。

无论是在美国还是在全球，汽车销量都在不断创造新的峰值。20世纪90年代，随着SUV的出现，汽车非但没有变得更小、更省油，反而走向了完全相反的道路。SUV的出现利用了美国的一个监管漏洞：由于被归类为轻型卡车，SUV成功地避开了政府为客车制定的排放、燃油经济性和安全标准。SUV的崛起恰逢另一波为汽车时代即将结束而欢呼的评论浪潮，不仅是在美国，在欧洲也是这样。

历史再次证明，这些宣布汽车死亡的消息发布得过早了。2000年，轻型汽车的总销量创下历史新高，美国销量超过1 700万辆，全球销量达到5 500万辆。在2008年至2009年金融危机期间暴跌后，汽车销量迅速恢复上升势头，2017 年全球轻型车销量再创历史新高，达到 9 500 万辆。这波销量上升有两个驱动因素，一是 2010 年汽车在中国市场销量暴增，中国成为全球最大的汽车市场；二是 SUV 开始在全球普及。之前认为对交通、安全、污染、气候变化或“石油峰值”的担忧将会让人们改变主意的想法，到此戛然而止。尽管数十年来大家一直做着相反的预测，但没有任何迹象表明用户会远离汽车。历史学家布莱恩·拉德在 2008 年出版的《汽车恐惧症》（*Autophobia*）一书中总结道：“变革似乎是不可避免的，也是至关重要的。但是似乎并非迫在眉睫……个人的决策一直倾向于更多地使用汽车，无论公共政策对此是鼓励还是抑制。因此，我们有充分的理由得出这样的结论：汽车已经取得了胜利，它的对手只是在自寻烦恼。”

“汽车峰值”出现的证据

♦

但是到了 21 世纪 20 年代，我们已经开始看到明显的迹象，人们对汽车的热情终于开始消退。现在一些业内人士甚至也承认，世界正处于或者已经经历了“汽车峰值”——在这个时间点上，汽车的拥有和使用量趋于平稳，并开始下降。汽车产量可能永远不会再超过 2017 年的水平。全球最大汽车零部件制造商博世集团的首席执行官沃尔克马尔·邓纳尔在2020年1月表示：“全球汽车产量的峰值可能已经过去了。”他说这个话的时候，新冠病毒大流行还没有重创汽车的销量。

21世纪初期，中国一直是汽车销售的驱动力，汽车销量从2004年的500万辆上升到2017年的2 900万辆。但此后中国汽车销量开始放缓，部分原因是中国新兴的网约车服务，这一服务在中国形成了一个巨型行业。中国网约车服务巨头滴滴出行每天在中国提供的叫车服务，是优步在全世界其他地区的两倍。（2018年，滴滴出行在中国提供了100亿次叫车服务，即每天约3 000万次，而优步每天在全球其他地区提供的叫车服务是1 400万次。）麦肯锡咨询公司2016年的一项调查显示，60%的中国用户不再认为拥有一辆汽车是身份的象征，40%的人认为拥有一辆汽车似乎不再那么重要，因为他们现在已经可以很容易找到私家车的替代品，比如网约车，或是出租自行车，等等。在中国，由于税收、保险成本和停车费相对较高，拥有私家车的吸引力正在逐渐减弱，而较低的劳动力成本使得中国的叫车服务比西方国家更实惠。中国的汽车拥有量还没有达到西方国家那样的程度——中国每百人拥有19辆汽车，而在美国这一数字是84辆，欧洲是61辆。现在看来，可能永远达不到了。不过，中国日益壮大的中产阶层似乎更乐于接受新服务和新产品，他们似乎乐得跳过买车的麻烦，转而选择通过智能手机来安排以需求为基础的出行服务。如果是这样，可以说驱动全球汽车销量的发动机已经关闭了。

与此同时，西方国家出现“汽车峰值”也有了更充足的证据。在美国，汽车行驶的总里程依然在持续增加，但是它的增长速度比汽车总数以及人口的增长速度都要慢。每辆汽车的行驶里程和处在驾驶年龄内的人平均行驶里程数都在 2004 年达到峰值，之后又降至 20 世纪 90 年代的水平。在包括伦敦、斯德哥尔摩、维也纳、休斯敦和亚特兰大在内的许多西方城市，人均驾驶里程在 2000 年甚或更早的时候就达到了峰值。在澳大利亚、比利时、英国、法国、德国、意大利、日本、新西兰和西班牙，自 21 世纪初以来，人均行驶里程一直持平，或下降（在英国，2018 年驾车者的平均行驶里程是 7 600 英里，低于 2002 年的 9 200 英里）。意大利、英国、荷兰和瑞典的人均汽车行驶里程分别在 2000 年、2002 年、2004 年和 2005 年达到峰值。

在美国，2011 年至 2014 年，所有年龄段中拥有驾照的人口比例都有所下降。年轻人要么会等到年龄大一些才去考驾照，要么根本不考了。密歇根大学的一项研究表明，自 20 世纪 80 年代以来，16 岁的美国人拥有驾照的比例已经从 46% 降至 25%，18 岁拥有驾照的比例从 80% 降至 60%，而 20 岁到 24 岁拥有驾照的比例则是从 92% 降至 77%。在英国、加拿大、法国、挪威、韩国和瑞典，年轻人获得驾驶资格的时间也比过去晚了。即使是在热爱汽车的德国，1998 年至 2008 年，没有汽车的年轻家庭的比例也从 20% 上升到 28%。欧盟 2017 年的一份报告指出：“在大多数经济发达的国家，驾驶汽车的人口比率已经停止增长，在许多情况下甚至正在下降，这是毫无疑问的。此外，人们普遍认为，在驾驶汽车的人口比率中，变化最大的人群是年轻人，尤其是年轻男性，越来越多的年轻男性开始不学开车。”这种情况的出现，也许与年轻人推迟人生选择的广泛趋势有关。但是，这些人似乎以后也不太可能再去开车。来自英国的一些证据表明，那些在快 30 岁时才学开车的人，比早 10 年学开车的同龄人少了 30%。

是什么让人们发生了改变？“汽车峰值”理论将其归因于几个互有重叠的因素。大多数人现在都住在城市里，大部分车辆的行驶里程都是在城市而不是在农村，驾驶人数的下降主要是城市驾驶人数的下降。随着交通拥堵的加剧，城市引入了拥堵收费区和市中心的步行区，造成停车位越来越少，越来越贵，拥有汽车的成本和麻烦随之增加。对许多城市人，尤其是年轻人来说，汽车不再被视为必需品，因为拥有了智能手机，他们就可以在网上购物或社交了。向电子商务的稳步转变，也意味着需要开车去购物的次数减少了。在需要用车时，比如周末外出或帮助朋友搬家，共享汽车和汽车租赁服务都很容易获得。

近年来，城市对汽车使用的限制变得更加严格，有些道路或地区干脆禁止私家车使用。甚至在热爱汽车的美国也是如此。例如，旧金山的市场街和曼哈顿的第 14 街都禁止私家车通行，以便为公共交通腾出更多空间。一些城市已经宣布，将于 21 世纪三四十年代禁止非电动汽车的使用，以改善空气质量，减少碳排放。这些举措有时被指责为一场“对汽车发动的战争”，但实际上，许多驾驶者现在自己也支持这样做。例如，2017 年在欧洲 10 个首都城市进行的一项有 1 万人参与的调查发现，63% 的居民拥有汽车，但 84% 的人表示，他们希望城市道路上的汽车更少一些。随着私家车的使用变得不那么方便，一些替代方式——网约车服务、共享单车和其他出行服务——开始激增。一些“出行计划应用程序”也让公共交通成为一个更有吸引力的选择，它们能够显示公共汽车、火车或有轨电车何时到达，以及如何将它们组合起来完成旅程。但是，至少是在西方国家，这些替代品的出现似乎只是加速了一种已经持续了数年的趋势。

总的来说，新冠病毒大流行似乎加速了这一进程。由于担心感染病毒，人们不愿乘坐公共交通工具，一些人转而选择开车上下班。但这似乎不太可能预示着全球汽车销售的再次繁荣。来自亚洲的证据表明，在公共交通上感染病毒的风险可以通过适当佩戴口罩、使用热扫描仪测温，以及错峰出行减少拥挤来控制。新冠肺炎疫情还鼓励更多的人采用电子商务和远程办公模式。这些模式取代了开车出行，在疫情过去后可能会在一定程度上保持下去。根据毕马威咨询公司的预测，新冠肺炎疫情将导致全世界“出行次数、行驶里程和汽车数量的减少”。该公司指出，通勤和购物占美国人行驶里程的 40%，而疫情对电子商务和远程办公的推动，将产生“强大而持久”的影响，使美国道路上的车辆减少700万至1 400万辆。一些城市已经利用封锁措施提供的机会，通过封闭道路、创建新的自行车道和引入更宽的人行道，从汽车手中收回了部分道路空间。在很多情况下，这些变化都有望成为永久性变化。这些措施会鼓励更多人尝试自行车、滑板车或步行，同时进一步阻止了汽车的使用。从更广泛的意义上讲，这场大流行让人们看到了一个人类对汽车依赖程度降低的世界，它表明，生活与工作习惯的巨大改变是完全可能的，而且可以迅速实施。

简言之，潮流似乎正朝着不利于汽车的方向发展。尤其是在城市里，拥有汽车的成本变得越来越高。从公共汽车和火车，到网约车和共享单车，这些越来越有吸引力的替代品促成了进一步的转变，让天平更加倾斜。多亏了智能手机，这些替代品现在首次被聚集在一起，创造出一种比汽车更有吸引力的前景。

出行互联网

◆

在后汽车时代，什么会成为主导城市的交通方式？是公共汽车、火车和电车、出租车、网约车、汽车俱乐部、共享单车还是滑板车？以上这些答案都是肯定的。单独来看，由于覆盖区域、票务系统、应用程序、会员要求和计费系统不同，以上选项可能都不如私家车方便。但是如果将它们组合成一个产品，用户可以通过同一个应用程序寻求服务并付费，问题就会迎刃而解。对于任何特定的旅程，用户都可以选择不同的价格和旅程时间，以及多种交通方式。他们可以根据成本（最低价格），便捷程度（最少变化），或速度（最快到达）来做出选择。实际上，我们需要做的，就是将多个交通网络连接在一起，形成一个单一的、无缝衔接的、更强大的网络。这个过程就是计算机网络形成的过程，让“网络连接网络”，形成互联网。同样的互联现在也发生在交通运输领域，形成所谓的“出行互联网”。

这种在业内被称为“出行即服务”（mobility as a service），简写为 MaaS 的方法，在赫尔辛基已经得到了应用。在那里，火车、电车、公共汽车、自行车租赁、出租车、电动摩托车和汽车租赁都可以通过一个单一的应用程序获得。（2014 年，芬兰的一位研究生索尼娅·海基拉将 MaaS 这个术语当作自己硕士论文的题目，此后这个词开始广为人知。）这款名为 Whim 的应用程序可以让用户规划路线，提前查看价格，付款并购票。除了“随用随付”的访问模式，Whim 还可以提供月购计划，类似于移动电话合同，为不同的用户提供捆绑式的各种选择。例如，针对学生的套餐包括不限次数的自行车租赁和公共交通服务，而“周末”套餐还可以提供不限次数的汽车租车服务。开发这款应用的芬兰公司 MaaS Global 表示，公司的目标是，“让人类交通发生自人们普遍买得起汽车以来的最大改变”。公司在安特卫普、伯明翰、新加坡和维也纳也推出了类似的服务。MaaS Global 只是众多争相为世界各地的城市提供此类服务（即将不同的交通方式组合在一起）的初创企业之一。网约车公司（如优步）和大型汽车制造商（如福特和戴姆勒）也在进入这一领域，它们也认为这是城市交通的未来。

所有这些都是可行的，因为智能手机已经内置了卫星定位系统和支付功能，新的可供选择的交通形式也在不断出现。还有另外一个关键因素：各城市做出了开放公共交通系统实时数据的决定。这样，使用地图应用程序（如谷歌地图）就可以了解如何通过开车、骑自行车或步行，以及如何使用一系列公共交通工具，从一个地方到达另一个地方。其他交通服务提供商，比如网约车服务商或共享单车服务商，也可以提供类似的数据接口，这样一来，通过谷歌地图搜索就可以叫到优步车了。而且，像优步这样的交通服务提供商，也在试图将其应用程序转变成通用的交通门户。例如，优步的应用程序除了可以叫车，还可以用来寻找 Lime 电动滑板车，并支付费用，同时还可以显示公共交通线路。在一些城市，优步应用程序还可以用来购买公共交通车票。优步首席执行官达拉·科斯罗萨西表示："减少私家车拥有量，是我们与全球各城市的共同目标。"他希望优步成为"交通运输界的亚马逊"——换句话说，就是成为一站式商店。

优步并不孤单。包括 Transit、Citymapper、Moovit 和

Trafi 在内的一些初创企业也在追求交通聚合模式，希望成为它们所覆盖城市的出行首选，或为这些城市提供技术支持，帮它们推出自己的赫尔辛基式的捆绑服务。Jelbi 是柏林的一个 MaaS 项目，由 Trafi 提供技术支持，号称是世界上最大的 MaaS 项目，它将公共汽车、有轨电车、火车、渡轮和共享出行服务（如共享单车、电动滑板车、公共汽车、共享汽车和出租车等）全部结合在一起。Moovit 与 106 个国家 3 200 个城市的 4 000 多家公共交通运营商，以及 360 家网约车及“微移动”服务提供商建立了联系。Citymapper 可以实时显示 50 多个城市的方位图和票务信息，Transit 的覆盖范围更是达到了 200 多个城市。Citymapper 在其网站上表示：“我们利用开放数据、移动技术和支付技术的力量，让交通变得可持续，更畅通无忧。”Transit 则说得更加明确，它的目标是要把城市带入后汽车时代的未来。该公司网站称：“我们憧憬着一个更加快乐的社区，在那里多种模式可以一起运行，使用 Transit 从 A 点到 B 点比开车更简单。我们的城市早在汽车出现之前就存在了，并在所有汽车消失后仍将存在。”

这些项目的一个明确目标，就是要提供私家车的替代品。考虑到这一点，我们会觉得，汽车制造商进入这一领域似乎有些奇怪。毕竟，在未来，当不同的交通方式可以无缝衔接后，小汽车和私家车的保有量将会更少。汽车制造商期待的，是为网约车服务商和汽车共享服务商提供车辆（包括以后的自动驾驶汽车）。有些汽车制造商也在尝试自己提供出行服务。福特曾短暂经营过一个名为 Chariot 的网约车服务公司，电动滑板车初创公司 Spin 也是福特的公司。宝马和戴姆勒联合运营了一项汽车共享计划，允许 Smart、梅赛德斯–奔驰、宝马和 Mini 等几个品牌的汽车，通过一款应用程序在几个欧洲城市按分钟出租。汽车制造商声称，这种新模式为他们提供了一个机会，让他们从销售汽车转向利润可能更高的销售乘车和用车服务。全球每年汽车销售总额加起来约 2 万亿美元，但是据业内人士估计，包括车辆、服务和软件在内的个人交通市场的价值，每年可能会达到 10 万亿美元。

因此，随着人类交通的重点从私家车转向出行服务，在未来几年，汽车制造商、网约车服务巨头和出行服务初创企业将展开一场残酷的竞争。要想获得成功，“出行网络”必须克服几个挑战。第一，并不是每个城市居民都拥有或买得起智能手机。第二，那些一辈子都在使用私家车的人可能不愿意放弃自己的汽车。第三，随着与汽车相关的税收收入的减少，必须探索新的资金来源。第四，需要在不同城市的出行服务之间开通漫游功能。最后，可能也是最大的挑战，就是公共交通系统和市政府之间必须合作，同时网约车服务提供商和“微移动”服务提供商之间也必须合作。各方并不缺少合作动机，例如，一家被纳入城市 MaaS 应用程序的电动滑板车公司会获得更高的使用率，因为用户不需要单独注册其服务。但是，双方并不总是意见一致，在某些情况下，他们在价格、安全、员工的权利和数据的共享等问题上会产生公开冲突。如果优步希望在它所运营的城市中成为交通基础建设不可或缺的一部分，它就必须接受比目前水平更高的税收和监管。

将多个交通系统综合到一项服务中，政府就更方便补贴某些用户（老年人或低收入者）和某些社区（比如那些公共交通服务较差的社区）的出行，或是鼓励某些行为——例如，如果选择骑自行车而不是乘坐共享出租车，你就可以免费使用这项服务。在柏林，为了鼓励人们使用自行车和踏板车，Jelbi 应用程序会为使用者提供折扣券。通过调整价格，实施激励措施，城市将在实现健康和环境目标方面取得进展，消除因依赖汽车而产生的一些有害后果。

不过，“出行网络”的最大优点，应该是它的灵活性。它可以根据当地情况，在不同城市采用不同的混合交通模式，同时它还可以监测城市发展带来的交通工具使用及出行模式的变化，并随之调整改变。它允许城市通过试验进行迭代，例如，通过对公交车或自行车专用道进行测试，通过将住宅街道改造为“小公园”的小片绿地，或是通过创建步行广场，探索它们对街道使用和出行模式的影响等。这是一种被称为战术性城市规划的方法。通过试验证明可行的可以永久施行，证明不可行的可以改正。“出行网络”将为城市提供一个架构，用以容纳未来新出现的交通方式，如自动驾驶汽车、类似无人机的飞行出租车，或是任何未来几十年将会出现的新发明。虽然这一模式目前在城市实施最有意义，但是随着新的交通技术的出现，它将扩展到乡村或整个国家及地区。多种公共和私人交通服务编织成一幅壁挂，将更容易防止单一的交通方式像汽车那样过度占据主导地位。与此同时，汽车也可以逐渐从城市的肌理中剥离出来，街道和停车场被收回后可另作他用。20 世纪，汽车让人们获得了独立；21 世纪，“出行网络”将让他们从汽车中独立出来。

历史的教训

♦

未来的城市交通将不会基于单一技术，而是基于由智能手机技术编织在一起的多种交通系统的混合体。智能手机，而不是某种特定的交通工具，才是汽车真正的继承者。就像之前的汽车一样，智能手机给用户带来社交、购物和探索的自由——不只是在虚拟世界里。苹果公司的联合创始人史蒂夫·乔布斯说过，计算机就像是“思想的自行车”，为思想提供了交通工具。事实证明，智能手机还可以为身体提供交通运输服务。在此基础上产生的“出行网络”为我们提供了一种方法，让我们可以摆脱存在于许多城市中的以汽车为基础的单一交通文化。对此我们应该大力欢迎，因为 20 世纪的经验表明，用一种单一交通文化去取代另一种单一交通文化是错误的，就像从马匹到汽车的转变一样——如果自动驾驶汽车成为未来主要的交通方式，这种情况会再次发生。单一的交通文化缺少灵活性，由此造成的意想不到的后果就更容易被锁定，也更加难以解决。在一个混合的灵活系统中，“路径依赖”（指在一个系统中，过去所做的决定使得后续的改变更加难以实施）的危险要小得多，而试验的空间则大得多。这是人类出行史为未来提供的三个教训中的第一个。

尽管如此，我们还是要期待意想不到的事情，这是第二个教训。所有的技术都会有一些意想不到的后果，交通技术因其需求的广泛性而跨越了物理世界，它们的影响可能特别深远，正如汽车的历史所证明的那样。一开始的那些年，有些人预见到了高速公路和郊区，但大多数时候，人们想象中的拥有汽车的世界基本上还是老样子，只是马匹少了，污染少了。对于后来发生的一切——汽车改变了日常生活的方方面面，从大规模生产到年轻人的约会，从快餐到购物中心——这些都是完全出乎意料的。因此，新交通方式的采用，以及不再使用私家车的选择，肯定会产生大大小小意想不到的后果。例如，自动驾驶汽车是否会加剧不平等，产生新的种族隔离形式？考虑到美国超过一半的烟草是在加油站销售的，汽车的减少是否意味着吸烟的减少？新型交通方式将如何影响城市布局、人口密度和房价？我们不知道这些问题的答案。但是，考虑到汽车的历史，我们现在懂得，至少要提出这些问题，而且要注意到其他意想不到的后果。自动驾驶汽车尚未被广泛应用，甚至可能永远不会被广泛应用，但关于其可能产生的社会、文化和经济影响的争论已经非常激烈。

第三个教训是，在交通技术带来的所有意想不到的后果中，有一点特别值得密切关注：排放物。排放物的历史令人厌恶，它曾经给所有人带来意想不到的长期影响。在青铜时代，当第一辆马车开始隆隆前行时，没有人担心马粪会堵塞城市的街道。同样，内燃机的二氧化碳排放物虽然摸不着看不到，却导致了全球环境危机，而对这样一个后果的认识，却是直到第一辆汽车上路大约一个世纪后才被人们接受。人们最初关注的，只是“烟排放”（smoky exhaust），后来开始关注阳光作用于汽车及工厂排放的废气所产生的“烟雾”（smog）。当马匹和汽车的排放物引发的问题变得明显起来时，它们的存在已经根深蒂固了。同样的事情会再次发生吗？

随着内燃机被淘汰，汽车、火车和其他地面交通工具转向电动，这些车辆直接排放的废气对环境不再构成大威胁。（只有在使用零碳电网中的可再生能源供电时，电动交通才会真正实现零排放。）但是交通系统将产生另一种形式的潜在问题：数据。大量关于谁、何时、以什么方式、和谁在一起、去了哪里的数据开始出现。例如，在 2012 年一篇臭名昭著（后来被删除）的博客文章《荣耀之旅》中，优步对乘客的行为进行了分析，找出了一夜情最盛行的城市和日期。这个帖子引起了轩然大波，被视为当时盛行于优步公司内部“ tech bro”男性文化的表现。共享单车和电动滑板车也可以记录谁何时从何地去了何处，以供计费使用。运营出行服务的公司热衷于将这些数据抓在自己手中，因为这些数据可以帮助它们预测未来的需求，推出新的服务项目，还可以帮助分析乘客信息，定位广告目标。例如，那些骑着共享单车或坐着网约车去体育用品商店的人，可能会对体育用品感兴趣。中国的共享单车服务已经开始在骑行结束后向骑行者提供可以在附近商店使用的优惠券，等等。

市政当局也想追踪共享自行车和电动滑板车的位置和使用情况，这样就可以调整自行车道的设置，比较低收入和高收入社区的使用水平，检查车辆有没有在不该使用的地方使用，通知出行服务提供商诸如道路封闭或节假日等可能导致需求变化的特殊事件。出于这个原因，世界上有几十个城市已经采用了一个名为“出行数据规范”（MDS）的系统。该系统最初由洛杉矶市的交通部门创建，现在由“开放出行基金会”这个独立机构管理。目前，MDS 服务只覆盖了自行车和电动滑板车，未来可能会扩展到网约车服务、汽车共享服务和自动驾驶出租车服务。许多城市将 MDS 视为未来出行战略的构成要素，因为它使出行服务提供商、城市当局和监管机构之间的数据交换成为可能。

但是，出行服务提供商和隐私保护组织担心，城市当局会利用 MDS 追查个人行踪，例如，允许警察识别参加示威或访问特定地点的个人。他们还担心，监管 MDS 的基金会能不能安全地存储数据。不难想象，一个威权政权会用这些数据做些什么。美国公民自由联盟和电子前沿基金会于 2020 年 6 月对洛杉矶市提起了诉讼。市政府回应称，所有记录在与其他 MDS 参与者共享之前，都经过了匿名化和聚合处理。让事情变得更加复杂的是，一个名为“反监控乘客社团”（CARS）的反 MDS 联盟，并没有披露优步在最初成立和融资过程中所扮演的角色，最终导致一些成员退出以示抗议。

所有这些都表明，就像互联网浏览数据现在已经成为焦点问题一样，个人出行数据在未来很可能也会成为一个焦点问题。这个问题似乎有些深奥，但是在汽车时代刚刚开始时，人们对二氧化碳排放问题的担忧也是一样的，因为二氧化碳排放是看不见摸不着的。与当初不同的是，今天，那些创建及使用新型出行服务的人将有机会在为时已晚之前解决这些问题。

车轮转了一圈，我们又回到了 1895 年：城市当局和城市居民对交通、安全和环境危机感到担忧，必须针对新的交通技术做出决定。未来并不是注定的，它将取决于市民、企业家和监管机构在今后几年即将做出的选择。汽车不会很快消失，但是我们现在有机会从历史中吸取教训，选择一条不再以汽车为中心的前进道路。在思考前方的道路时，我们仔细地看一眼后视镜将会是一件非常值得的事情。

致谢

撰写这本书的过程，以及相关的研究过程，颇像是一次狂野（有时也很颠簸）的旅行。不管怎么说，自动驾驶汽车是不会试图避开匹兹堡的坑坑洼洼的。我要感谢历史学家、城市规划专家和技术专家，他们慷慨地与我分享了自己的专业知识和经验，帮助我一路走过来。当然，如果出现了任何错误，都要归咎于我。感谢理查德·布利特、埃里克·莫里斯、乔尔·塔尔、卡西亚·圣·克莱尔、斯蒂芬·戴维斯、汤姆·惠勒、托尼·哈兰德、彼得·诺顿、布莱恩·拉德；感谢乔尔·科特金、唐纳德、舒普、什洛莫·安吉尔、艾伦·伯格、杰瑞特·沃克、威廉·里格斯、理查德·佛罗里达、切诺·哈特；感谢塞巴斯蒂安·特龙、埃隆·马斯克、克里斯·厄姆森、斯特林·安德森、奥利弗·卡梅隆、斯坦·博兰、卡尔·伊格内穆。最后，我要向家人表达自己的感激之情：感谢我的父母，感谢他们对我从小痴迷汽车的纵容；感谢我的儿子迈尔斯，感谢他在骑士桥和古德伍德的汽车丛林中为我猎寻各种汽车；感谢我的女儿泰特，感谢她作为编辑规范、专业和敏锐的眼光，感谢她忍受了那些关于马粪的故事；感谢我的妻子克里斯汀，这本书就是献给她的。

附录

Albert, D. M. *Are We There Yet?: The American Automobile, Past, Present, and Driverless*. New York: W. W. Norton & Company, 2019.

Anthony, D. W. *The Horse, the Wheel, and Language: How Bronze-Age Riders from the Eurasian Steppes Shaped the Modern World*. Princeton: Princeton University Press, 2010.

Anthony, D. W., and Vinogradov, N. B. "Birth of the Chariot." *Archaeology*, vol. 48, no. 2 (1995): 36–41.

Bailey, B. L. "From Front Porch to Back Seat: A History of the Date." *OAH Magazine of History*, vol. 18, no. 4 (July 2004): 23–26.

Berger, M. L. *The Automobile in American History and Culture: A Reference Guide*. Westport: Greenwood Publishing Group, 2001.

Blakemore, E. "How Automobiles Helped Power the Civil Rights Movement." Smithsonianmag.com, February 28, 2020

Bondár, M., and Székely, G. V. "A New Early Bronze Age Wagon Model From the Carpathian Basin." *World Archaeology*, vol. 43, no, 4 (2011): 538–553.

Buder, S. *Visionaries and Planners: The Garden City Movement and the Modern Community*. Oxford: Oxford University Press, 1990.

Bulliet, R. W. *The Camel and the Wheel*. Cambridge: Harvard University Press, 1975.

Bulliet, R. W. *The Wheel: Inventions & Reinventions*. New York: Columbia University Press, 2016.

Burmeister, S. "Early Wagons in Eurasia: Disentangling an Enigmatic Innovation." From Stockhammer, P. and Maran, J. (eds), *Appropriating Innovations: Entangled Knowledge in Eurasia, 5000–1500 BCE*. Oxford: Oxbow Books, 2017.

Burmeister, S. "Innovation as a Possibility: Technological and Social Determinism in Their Dialectical Resolution." From Stefan Burmeister and Reinhard

Bernbeck (eds), *The Interplay of People and Technologies: Archaeological Case Studies on Innovation*. Berlin: Edition Topoi, 2017.

Candelo, E. *Marketing Innovations in the Automotive Industry: Meeting the Challenges of the Digital Age*. Cham, Switzerland: Springer, 2019.

Chondros, T. G., Milidonis, K. F., Rossi, C., and Zrnic, N. "The Evolution of the Double-Horse Chariots From the Bronze Age to the Hellenistic Times." *FME Transactions*, vol. 44 (2016): 229–236.

Cohen, M. M. "Forgotten Audiences in the Passion Pits: Drive-In Theatres and Changing Spectator Practices in Post-War America." *Film History*, vol. 6, no. 4 (Winter 1994): 470–486.

Cormier, B., and Bisley, L. (eds). *Cars: Accelerating the Modern World*. London: V&A Publishing, 2019.

Davison, B. "Super City: Los Angeles and the Birth of the Supermarket, 1914–1941." *California History*, vol. 93, no. 3 (Fall 2016): 9–27.

Dell, R. M., Moseley, P. T., and Rand, A. J. *Towards Sustainable Road Transport*. Waltham: Elsevier Academic Press, 2014.

Dickinson, H. W., and Titley, A. *Richard Trevithick: The Engineer and the Man*. Cambridge: Cambridge University Press, 2011.

Eckert, R., and Hilton, G. W. "The Jitneys." *The Journal of Law & Economics*, vol. 15, no. 2 (October 1972): 293–325.

Fogelson, R. M. *Downtown: Its Rise and Fall, 1880-1950*. New Haven: Yale University Press, 2003.

Fotsch, P. M. "The Building of a Superhighway Future at the New York World's Fair." *Cultural Critique*, no. 48 (Spring 2001): 65–97.

Gallagher, L. *The End of the Suburbs: Where the American Dream Is Moving*. New York: Portfolio/Penguin, 2014.

Gerbino, A. *François Blondel: Architecture, Erudition, and the Scientific Revolution*. London: Routledge, 2013.

Guroff, M. *Mechanical Horse: How the Bicycle Reshaped American Life*. Austin: University of Texas Press, 2018.

Hadland, T., Lessing, H.-E., Clayton, N., and Sanderson, G. W. *Bicycle Design: An Illustrated History*. Cambridge: MIT Press, 2016.

Halberstam, D. *The Fifties*. New York: Random House, 1994.

Hanchett, T. W. "U.S. Tax Policy and the Shopping-Center Boom of the 1950s and 1960s." *The American Historical Review*, vol. 101, no. 4 (October 1996): 1082–1110.

Harb, M., Xiao, Y., Circella, G. et al. "Projecting Travelers Into a World of Self-Driving Vehicles: Estimating Travel Behavior Implications via a Naturalistic Experiment." *Transportation*, vol. 45 (2018): 1671–1685.

Hardwick, J. M. *Mall Maker: Victor Gruen, Architect of an American Dream*. Philadelphia: University of Pennsylvania Press, 2010.

Herlihy, D. V. *Bicycle: The History*. New Haven: Yale University Press, 2004.

Hess, A. "The Origins of McDonald's Golden Arches." Journal of the Society of Architectural Historians, vol. 45, no. 1 (March 1986): 60–67.

Horváth, T., Svingor, E., and Molnár, M. "New Radiocarbon Dates for the Baden Culture." *Radiocarbon*, vol. 50 (2008): 447–458.

Jackson, K. T. "All the World's a Mall: Reflections on the Social and Economic Consequences of the American Shopping Center." *The American Historical Review*, vol. 101, no. 4 (October 1996): 1111–1121.

Jackson, L. *Dirty Old London: The Victorian Fight Against Filth*. New Haven: Yale University Press, 2014.

Jacobs, J. *The Death and Life of Great American Cities*. New York: Random House, 1961.

Jakle, J. A., and Sculle, K. A. *Fast Food: Roadside Restaurants in The Automobile Age*. Baltimore: Johns Hopkins Univ. Press, 2002.

Kostof, S., and Castillo, G. *The City Assembled: The Elements of Urban Form Through History*. New York: Thames & Hudson, 2014.

Kostof, S., and Tobias, R. *The City Shaped: Urban Patterns and Meanings Through History*. New York: Bulfinch Press, 2012.

Ladd, B. *Autophobia: Love and Hate in the Automotive Age*. Chicago: University of Chicago Press, 2011.

Larsen, L. H. "Nineteenth-Century Street Sanitation: A Study of Filth and Frustration." *The Wisconsin Magazine of History*, vol. 52, no. 3 (Spring 1969): 239–247.

Lipski, P. W. "The Introduction of 'Automobile' into American English." *American Speech*, vol. 39, no. 3 (October 1964): 176–187.

Longstreth, R. "The Drive-In, the Supermarket, and the Transformation of Commercial Space in Los Angeles, 1914-1941." *Modernism/Modernity*, vol. 7 (January 2000): 194–196.

Luther, R. "Drive-In Theaters: Rags to Riches in Five Years." *Hollywood Quarterly*, vol. 5, no. 4 (Summer 1951): 401–411.

Maggs, C. *Great Britain's Railways: A New History*. Stroud: Amberley Publishing, 2018.

Marshall, C. "The Obsolescent Auto." *Michigan Quarterly Review*, vol. 19, no. 4 (Fall 1980): 750–753.

McCarthy, T. "The Coming Wonder? Foresight and Early Concerns about the Automobile." *Environmental History*, vol. 6, no. 1 (January 2001): 46–74.

McShane, C. "The Origins and Globalization of Traffic Control Signals." *Journal of Urban History*, vol. 25, no. 3 (March 1999): 379–404.

McShane, C. *Down the Asphalt Path: The Automobile and the American City*. New York: Columbia University Press, 1994.

Milne-Smith, A. "Shattered Minds: Madmen on the Railways, 1860-80." *Journal of Victorian Culture*, vol. 21, no. 1 (2016): 21–39.

Morgunova, N. L., and Turetskij, M. A. "Archaeological and Natural Scientific Studies of Pit-Grave Culture Barrows in The Volga-Ural Interfluve." *Estonian Journal of Archaeology*, vol. 20, no. 2 (2016): 128–149.

Mumford, E. P. *Designing the Modern City: Urbanism Since 1850*. New Haven: Yale University Press, 2018.

Norton, P. D. *Fighting Traffic: The Dawn of the Motor Age in the American City*. Cambridge: MIT Press, 2011.

O'Connell, S. *The Car and British Society: Class, Gender and Motoring, 1896–1939*. Manchester: Manchester University Press, 1998.

Painter, D. S. "Oil and the American Century." *The Journal of American History*, vol. 99, no. 1 (June 2012): 24–39.

Parpola, A. "Proto-Indo-European Speakers of the Late Tripolye Culture as the Inventors of Wheeled Vehicles: Linguistic and Archaeological Considerations of the PIE Homeland Problem." From Jones-Bley, K., Huld, M. E., Della Volpe, A., Dexter M. R. (eds), *Proceedings of the 19th Annual UCLA Indo-European Conference*. Washington, D.C.: Institute for the Study of Man, 2008.

Peiss, K. "Charity Girls and City Pleasures." *OAH Magazine of History*, vol. 18, no. 4 (July 2004): 14–16.

Piggott, S. *The Earliest Wheeled Transport. From the Atlantic Coast to the Caspian Sea*. London: Thames and Hudson, 1983

Poehler, E., Van Roggen, J., and Crowther, B. "The Iron Streets of Pompeii." *American Journal of Archaeology*, vol. 123, no. 2 (2019): 237–262.

Poehler, E. "Romans on the Right: The Art and Archaeology of Traffic." *Athanor*, vol. 21 (2003): 7–15.

Poehler, E. *The Traffic Systems of Pompeii*. New York: Oxford University Press, 2017.

Reid, C. *Roads Were Not Built For Cars*. Washington, D.C.: Island Press, 2015.

Rhodes, R. *Energy: A Human History*. New York: Simon & Schuster, 2019.

Schlich, T. "Trauma Surgery and Traffic Policy in Germany in the 1930s: A Case Study in the Coevolution of Modern Surgery and Society." *Bulletin of the History of Medicine*, vol. 80, no. 1 (Spring 2006): 73–94.

Schlosser, E. *Fast Food Nation: What the All-American Meal is Doing to the World*. London: Penguin, 2007.

Schwantes, C. A. "The West Adapts the Automobile: Technology, Unemployment, and the Jitney Phenomenon of 1914–1917." *Western Historical Quarterly*, vol. 16, no. 3 (July 1985): 307–326.

Shelton, T. "Automobile Utopias and Traditional Urban Infrastructure: Visions of the Coming Conflict, 1925–1940." *Traditional Dwellings and Settlements Review*, vol. 22, no. 2 (Spring 2011): 63–76.

Shishlina, N., Kovalev, D. S., and Ibragimova, E. "Catacomb Culture Wagons of the Eurasian Steppes." *Antiquity*, vol. 88, no. 340 (2014): 378–394.

Slater, C. "General Motors and the Demise of Streetcars." *Transportation Quarterly*, vol. 51, no. 3 (Summer 1997): 45–66.

Sloan, A. P. *My Years with General Motors*. Garden City, NY: Doubleday, 1972.

Sorin, G. S. *Driving While Black: African American Travel and the Road to Civil Rights*. New York: Liveright Publishing, 2020.

Standage, T. "Reinventing Wheels: A Special Report on Autonomous Vehicles." *Economist*, March 3, 2018.

Tarr, J. A. *The Search for the Ultimate Sink: Urban Pollution in Historical Perspective*. Akron, OH: University of Akron Press, 1996.

Tarr, L. *The History of the Carriage*. London: Vision Press, 1969.

Tedlow, R.S. "The Struggle for Dominance in the Automobile Market: The Early Years of Ford and General Motors." *Business and Economic History*, second series, vol. 17 (1988): 49–62.

Thompson, F. M. L. *Victorian England: The Horse-Drawn Society. An Inaugural Lecture*. London: Bedford College, 1970.

Tilburg, C. V. "Traffic Policy and Circulation in Roman Cities." *Acta Classica* vol. 54 (2011): 149–171.

Townsend, C. "Year Without a Summer." *Paris Review*, October 26, 2016.

Trevithick, F. *The Life of Richard Trevithick: With an Account of His Inventions*. London: E. and F. Spon, 1872.

Volti, R. *Cars and Culture: The Life Story of a Technology*. Westport, CT: Greenwood Press, 2004.

Vuchic, V. R. *Urban Transit Systems and Technology*. Hoboken: John Wiley & Sons, 2010.

Weaver, R. C. "The Suburbanization of America." Paper presented to the Commission on Civil Rights, Washington, D.C., December 1975.

Weiland, J. H. "The Adolescent and the Automobile." *Chicago Review*, vol. 9, no. 3 (Fall 1955): 61–64.

Wells, C. W. "The Road to the Model T: Culture, Road Conditions, and Innovation at the Dawn of the American Motor Age." *Technology and Culture*, vol. 48, no. 3 (July 2007): 497–523.

Williamson, J. "Retrofitting Suburbia: A Pedagogical Perspective." Paper in *Proceedings of 97th ACSA Annual Meeting*. Portland: ACSA Press, 2009.

Wrigley, R. *The Flâneur Abroad: Historical and International Perspectives.* Newcastle upon Tyne: Cambridge Scholars Publishing, 2014.

Zimmerman, M. M. "The Supermarket and the Changing Retail Structure." *Journal of Marketing*, vol. 5, no. 4 (April 1941): 402–409.